Adolf Bauer

Die Entstehung des herodotischen Geschichtswerkes

Eine kritische Untersuchung

Adolf Bauer

Die Entstehung des herodotischen Geschichtswerkes

Eine kritische Untersuchung

ISBN/EAN: 9783955641368

Auflage: 1

Erscheinungsjahr: 2013

Erscheinungsort: Bremen, Deutschland

EHV
HISTORY

DIE ENTSTEHUNG

DES

HERODOTISCHEN

GESCHICHTSWERKES.

EINE KRITISCHE UNTERSUCHUNG

VON

ADOLF BAUER

DR. PHIL.

WIEN 1878.

WILHELM BRAUMÜLLER

K. K. HOF- UND UNIVERSITÄTSBUCHHÄNDLER.

VORWORT.

Im historischen Seminar der Wiener Universität wurde im Winter 1873/4 Herodot VII—IX gelesen. Im Anschlusse an diese Lectüre, die in einem engeren Kreise fortgesetzt wurde, welcher einen Theil dieses Seminars bildet, entstand die nachfolgende Untersuchung über die Composition dieses Autors.

Möchte damit für die Erkenntniss von Herodot's Werk ein Beitrag geliefert sein, und dem Verfasser es so gelingen, mit dieser Erstlingsarbeit die Bestrebungen „der griechischen Section“ zu kennzeichnen und auch ihren Mitgliedern, den Herren J. Bass, Dr. Th. Fellner, Em. Nedwed, H. Rückeshäuser, H. Swoboda und J. Wenzel zum Danke für freundliche Unterstützung ein μνημεῖον zu errichten.

Linz a/D., Ostern 1877.

Der Verfasser.

INHALT.

EINLEITUNG.

Es kann gewiss niemals der grosse Unterschied geleugnet werden, der in Bezug auf Composition und Darstellung die beiden Werke Herodot's und Thukydides kennzeichnet. Der erste, freilich gescheiterte Versuch eine Universalhistorie zu schreiben, ausgehend von einem Grundgedanken, und die pragmatische Darstellung der Ereignisse des peloponnesischen Krieges müssen, abgesehen von der Individualität der Verfasser, dem Leser sich grundverschieden darbieten.

Herodot's so viel gerühmtes Erzählertalent und seine reiche Darstellung ist aber wohl hauptsächlich der Grund gewesen, dass man bei Untersuchungen über Entstehungszeit und Art der Entstehung seines Buches absehen zu können glaubte von gewissen, sich selbst ergebenden Voraussetzungen, auf Grund welcher nur Werke, wie das Herodot's, zu allen Zeiten entstanden sind. Man hat unter dem Eindrucke der naiven, ansprechenden und doch anspruchslosen Darstellung sich allzu zwanglosen Vorstellungen hingegeben, welche die Bezeichnung des Autors als „Vater der Geschichte“ sehr unbegründet erscheinen liessen, falls sie richtig wären.

Ueber die Ansichten von Dahlmann bis auf Kirchhoff's Untersuchungen ist hier, soweit sie die Abfassungszeit und Entstehung des Werkes betreffen, nur wenig zu sagen. Die beiden Ueberlieferungen, Herodot habe auf Samos sein Werk geschrieben, oder dies sei in Thurioi geschehen, wurden theils gegenseitig in Bezug auf ihre Glaubwürdigkeit verglichen, theils suchte man auch zu vermitteln. Erst Kirchhoff [1]) hat darauf hingewiesen, dass das Kriterium für die Abfassungszeit der einzelnen Theile des Werkes gelegen sei in den Anspielungen auf gleichzeitige Ereignisse, die in der kurzen gelegentlichen Art, welche dieselben charakterisirt, erklärt werden müssten, indem man sich den Autor gerade an der betreffenden Partie arbeitend denke. Da sich ferner zeigte, dass diese Anspielungen von V. c. 77 an, welches die Propyläen als bereits vollendet voraussetzt (432 Sommer), auf Ereignisse des peloponnesischen Krieges gingen, in den ersten Büchern dagegen dergleichen Hinweise auf Ereignisse nach 449 sich nicht fänden, da zudem unverkennbare Beweise vorlagen, dass die Arbeit zwischen dem ersteren und dem letzteren Theile unterbrochen worden sei; so setzte Kirchhoff in Uebereinstimmung mit der Ueberlieferung an, Herodot habe vom ersten Buche beginnend bis an eine bestimmte Stelle in Athen geschrieben, wofür auch Belege beigebracht sind, und habe ebenda, wie am natürlichsten anzunehmen, von dem bereits fertigen Theile der Arbeit 445/4 vorgelesen. Die Unterbrechung, die aus der Betrachtung des Werkes sich ergeben hatte, schliesst sich auf's beste an: Herodot geht, wie überliefert, nach Thurioi, dort wird die Arbeit wenig gefördert, und V. 77 beginnt abermals die Bekanntschaft mit Athen, er muss also dahin zurückgekehrt sein. So lange Perikles noch am Ruder war, ging die Arbeit rüstig weiter; wo Herodot jedesmal stand, ersieht man aus den Hinweisen auf Ereignisse der ersten Jahre des peloponnesischen Krieges. Nach dem Tode des Perikles verliert der Autor die Lust an der ursprünglich noch weiter geplanten Arbeit, und das ganze Werk bleibt ein Torso. —

Dagegen wurde geltend gemacht [2]), dass von der Vor-

---

[1]) Abfassungszeit des herod. Geschichtswerkes. Abhandlungen d. Berl. Akad. 1868 und: Nachträgliche Bemerkungen dazu, ebenda 1871.

[2]) Büdinger: Zur ägyptischen Forschung Herodot's, Wien 1873. Aus dem LXXII. Bde. der Sitzungsber. d. phil. hist. Classe der kais. Akad. S. 563 flgde. Dieser Ansicht schliesst sich an Wecklein: Ueber die Tradition der Perserkriege. Sitzungsber. der Münch. Akad. phil. hist. Cl. 1876, I. B., III. Heft, S. 271, Anm. 9, während im Ganzen Kirchhoff's Resultate anerkannt wurden von Curtius: Griech. Geschichte, II., S. 242, Nieberding: Sophokles

stellung ausgegangen sei, Herodot müsse in derselben Reihenfolge gearbeitet haben, in der sein Werk uns jetzt vorliege, was von vornherein nicht als wahrscheinlich angenommen werden kann. Da man jedoch die bei Kirchhoff als Beweismittel verwendeten Anspielungen stets wird benutzen müssen, so wird die Untersuchung gerade bei diesen zu zeigen haben, dass sie nicht richtig aufgefasst sind, und dass die von demselben für die Abfassungszeit der betreffenden Partien gewonnenen Resultate nur für eine zu erweisende Schlussredaction Geltung haben. Auszugehen ist dabei von einer inhaltlichen Untersuchung, die zum Zwecke hat zu zeigen, ob Herodot überhaupt Theile seines Werkes unterscheidet, welcher Art dieselben sind und ob hieraus die Entstehung des Ganzen in einer anderen als der von Kirchhoff gefundenen Art sich erklären lässt.

Kirchhoff selbst muss gestehen [1]), dass man über den Zeitpunkt, in welchem in Herodot's Kopf der Plan zu dem Werke entstanden sei, „höchstens Vermuthungen hegen könne." Gleichwol scheint die Vermuthung, Herodot habe mit einem bestimmten Plan in der vorliegenden Reihenfolge gearbeitet, mit einer apriorisch nicht gerechtfertigten Gewissheit als richtig vorausgesetzt zu sein. Man muss annehmen, wenn man sich zu Kirchhoff's Ansicht bekennen will, Herodot's Reisen seien, mit Ausnahme der unteritalischen, zum grössten Theile beendet gewesen, als er zu schreiben begann, und er habe begonnen mit der Absicht, die in dem Proömium niedergelegt ist, zu schildern den Kampf der Hellenen und Barbaren. —

Man kann ja zugeben, dass es sogar sehr möglich ist, dass einem in Kleinasien geborenen Autor, zu dessen Jugendeindrücken die Eurymedonschlacht doch wol gehörte, das Entstehen eines solchen Gedankens, ja selbst die Erhebung desselben zum Grundgedanken seiner Lebensarbeit nahe gelegt war. Allein trotzdem braucht Herodot nicht in der Folge

---

und Herodot. Gymnasialprogr. Neustadt, Oberschlesien 1875. S. 5, K.W. Nitzsch: N. Rh. Mus. 27. B. S. 232. Stein: Herodot. 3. Aufl. Berlin 1870, Vorrede p. XXII hat Kirchhoff's Versuch einfach als missglückt bezeichnet.

[1]) Abfassungszeit. S. 2.

gearbeitet zu haben, wie uns das Werk jetzt vorliegt, da andererseits denn doch auch die Möglichkeit bleibt, dass diese Grundidee des Werkes sich dem Autor allmählich erst während der Arbeit ergab und er ihr entsprechend das bis dahin geschriebene anordnete. Wenn es also in der That misslich ist, sich darüber Klarheit verschaffen zu wollen, wann ein derartiger Gedanke eines Schriftstellers sich zuerst greifbar fixirt hat, selbst wenn die Reihenfolge seiner Schriften ermittelt ist; so ist dies vollends schwer bei Herodot, von dem ausser den vorliegenden Büchern wenig zuverlässiges bekannt ist. Aber es handelt sich auch gar nicht um die Zeit der Entstehung dieses Planes, sondern um die Entscheidung, welche der beiden eben gekennzeichneten Ansichten, die bei der thatsächlichen Richtigkeit von Kirchhoff's Beobachtungen nur möglich sind, mehr Berechtigung hat. Mit der Entscheidung dieser Frage ist das ür die Untersuchung über Herodots Composition mögliche gethan, und diejenige der beiden Hypothesen, welche als die allein zulässige erscheint, kann den Anspruch auf Richtigkeit erheben. Diese Entscheidung muss aber gefällt werden, soll nicht von diesen beiden, den Gang der Untersuchung ganz wesentlich beeinflussenden Grundvorstellungen die eine oder andere verhängnissvoll für die Endresultate werden.

Dass hier mit der Ueberlieferung bei Plinius [1]) und Suidas [2]) oder gar bei Ptolemaios Chennos [3]) nichts anzufangen ist, ergibt sich von selbst, wie dies auch Kirchhoff hervorhebt; wir sind also wieder auf Herodot allein angewiesen und es würde sich die Frage so stellen, ob es möglich sei zu zeigen, dass Herodot Einzelarbeiten, die als Vorarbeiten seines Geschichtswerkes zu betrachten sind, unterscheide und wenn dies, ob man nachweisen könne, dass dieselben ursprünglich selbständig gearbeitete Partien waren, zu denen er später bei einer zusammen-

---

[1]) Hist. nat. XII. 4. 18 ed. Sillig p. 334.

[2]) Lexic. s. v. *Ἡρόδοτος* ed. Bernhardy I. 2, p. 893.

[3]) Photius, bibl. p. 148. b. ed. Bekker *καὶ ὡς Πλησίρροος ὁ Θεσσαλὸς ὁ ὑμνογράφος, ἐρώμενος γεγονὼς Ἡροδότου καὶ κληρονόμος τῶν αὐτοῦ, οὗτος ποιήσειε τὸ προοίμιον τῆς πρώτης ἱστορίας Ἡροδότου Ἁλικαρνασσέως*. Vergl. Hercher: Ueber die Glaubwürdigkeit der neuen Geschichten des Ptol. Chennus. Leipz. 1856. Kirchhoff, Abfassungszeit. S. 2.

fassenden Schlussredaction Zusätze machte und die er bei dieser Gelegenheit in eine von ihrer Entstehung verschiedene Reihenfolge brachte. Das Resultat müsste ein derartiges sein, dass man nicht annehmen kann, bei einer Arbeitsweise, wie sie Kirchhoff sich denkt, seien solche Theilungen vorgenommen worden, etwa zum Zwecke des leichteren Vor- und Rückweises.

I. Eintheilung von Herodot's Werk.

An der hergebrachten Eintheilung [1]) des Werkes in 9 Bücher muss zu zweifeln möglich sein, wenn eine solche Frage überhaupt aufgeworfen werden kann. Nach dem Stande der Dinge könnte man vielleicht eher behaupten, es sei an der Unmöglichkeit der Annahme nicht zu zweifeln: Herodot habe sein Werk eingetheilt, wie wir es jetzt thun. Es ergibt sich dies aus einer einfachen Betrachtung der Enden, beziehungsweise Anfänge der Bücher; für denjenigen, der diese Abtheilung gemacht hat, waren es wesentlich äusserliche Gesichtspunkte, die ihm so bedeutend waren, dass es demselben nicht darauf ankam, zu wiederholten Malen die mit *μὲν* und *δὲ* verbundene Periode zu trennen und deren erste Hälfte dem einen, die zweite Hälfte dem anderen Buche zuzuschreiben.

Die ganz eigenthümliche Art, in der die ägyptischen Geschichten in den Zusammenhang der persischen eingeschoben sind, legte es natürlich nahe, dieselben als den Inhalt eines solchen, meist sechzig bis hundert Seiten eines gewöhnlichen Octavdruckes [2]) umfassenden Abschnittes zu betrachten. Da war denn auch ganz leicht ein bestimmter Satz, mit dem der Ein-

---

[1]) Die Eintheilung ist vermuthlich alexandrinisch, schon Lukian kannte sie; Herod. sive Aetion c. 1. ed. Jacobitz vol. I. p. 528, Hist. c. 42 vol. II. p. 40; auch Plutarch: de malign. Herod. citirt nach unseren Büchern, er nennt das II. c. 12, III. c. 21, V. c. 23, VI. c. 25, VIII. c. 34, und IX. c. 41. (ed. Wyttenbach vol. IV. 1). Ein Epigramm der Anthol. IX. 160, Jacobs B. IV. p. 54. heisst *Ἡρόδοτος Μούσας ὑπεδέξατο, τῷ δ' ἄρ' ἑκάστη ἀντὶ φιλοξενίης βίβλον ἔδωκε μίαν.* Dass diese Eintheilung aber zu Pausanias Zeit noch nicht allgemein anerkannt war, darüber weiter unten

[2]) Z. B. der Teubner'schen Ausgabe v. Dietsch.

schnitt zu Anfang zu setzen war, gefunden: *Τελευτήσαντος δὲ Κύρου* u. s. w., mit Kyros Tod, was man sich in der That auch gefallen lassen kann. Der Einschnitt für das Ende des zweiten und den Anfang des dritten Buches ergab sich von selber da, wo die Erzählung der Geschichte des Kambyses, speciell seines Zuges gegen Aegypten, die eben durch den Excurs über Aegypten unterbrochen war, wieder anfing; sonst lässt sich in Wirklichkeit nichts dafür geltend machen mit *ἐπὶ τοῦτον δὴ τὸν Ἄμασιν Καμβύσης ὁ Κύρου ἐστρατεύετο* ein neues Buch zu beginnen, und es ist nicht zu denken, dass ein solches Verfahren Herodot zugemuthet werden könne. Noch einmal wird die Geschichte des Perserreiches unter Dareios da getheilt, wo dessen Unternehmen gegen Babylon zu Ende ist und die Geschichte des Skythenfeldzuges dieses Königes beginnt. Vollends gewaltsam ist die Abtrennung des fünften Buches: *ἡ μὲν δὴ Φερετίμης τῆς Βάττου τοιαύτη τε καὶ τοσαύτη τιμωρίη ἐγένετο ἐς Βαρκαίους* — Ende des vierten Buches. Anfang des fünften: *οἱ δὲ ἐν τῇ Εὐρώπῃ τῶν Περσέων καταλειφθέντες ὑπὸ Δαρείου .... κατεστρέψαντο.* —

Der Grund, mitten in der Geschichte des ionischen Aufstandes das sechste Buch beginnen zu lassen, ist derselbe wie beim Anfange des zweiten Buches. Wenn man äusserlich ziemlich gleich lange Abschnitte herstellen wollte, so war mit *Ἀρισταγόρης μέν νυν Ἰωνίην ἀποστήσας οὕτω τελευτᾷ,* wie oben *τελευτήσαντος δὲ Κύρου,* ein Anhaltspunkt gewonnen. In der Geschichte der Kämpfe der Griechen mit Dareios und Xerxes ergab sich folgende Zusammenfassung auch ganz leicht: nach der Marathonschlacht einen Abschnitt zu machen, dann des Xerxes Zug und die Schlacht von Thermopylae zusammenzunehmen, dann wieder einen Abschnitt zu setzen, wo die Schlacht am Artemisionvorgebirge, die erste Seeschlacht berichtet wurde. Leider passirte da dem Urheber wieder, dass er *ταῦτα μὲν δὴ οὕτω λέγεται γενέσθαι — οἱ δὲ Ἑλλήνων ἐς τὸν ναυτικὸν στρατὸν ταχθέντες ἦσαν οἵδε..* auseinanderriss. Dann wurde zusammen betrachtet die Schlacht von Artemision und von Salamis. Des Xerxes Rückzug mit des Mardonios erneutem Angriffe im folgenden Frühjahre konnte man füglich unter den angeführten Voraussetzungen gleichfalls als ganzes betrachten und mit ersterem einen Abschnitt machen, wenn auch wieder auf Kosten eines doppelgliedrigen Satzes: *Οἱ μὲν ταῦτα ὑποκριναμένων Ἀθηναίων ἀπαλάσσοντο ἐς Σπάρτην — Μαρδόνιος δὲ... ὁρμηθεὶς ἐκ Θεσσαλίης ἦγε τὴν στρατιὴν σπουδῇ ἐπὶ τὰς Ἀθήνας.*

So also, wie wir es thun, hat Herodot sein Werk nicht eingetheilt. Dies negative Resultat erhält seine weitere Bestätigung, indem es möglich ist, die Spuren seiner Eintheilung zu verfolgen; dass wir jedoch dieselbe nicht mit Bestimmtheit reconstruiren können, wird einer Erklärung bedürfen.

Die Stelle, von der bei Aufsuchung derselben auszugehen ist, steht II. 161. Wenn uns die hier versprochenen libyschen Geschichten verloren wären, wie es die, beiläufig gesagt vielleicht nur intendirten, I. 106 und 184 erwähnten assyrischen sind, dann könnte über das, was Herodot unter *λόγοι* versteht, ein Zweifel bestehen, der nun, wenn wir IV. 159—200 eine kleinere, ausschliesslich mit Libyen sich beschäftigende, Darstellung der Besiedlung desselben durch die Griechen und ausserdem einen Excurs ethnographisch-geographischen Inhaltes lesen, unmöglich ist. Ferner wird man ja bei dem Charakter des zweiten Buches dasselbe von den allerdings durch eine Verweisstelle (vgl. unten) nicht ausdrücklich so bezeichneten *Αἰγύπτιοι λόγοι* nach Büdinger's [1]) Nachweis behaupten können. Herodot verweist auf zwei Arten, entweder in allgemeiner unbestimmter Weise mit *ὡς πρότερόν μοι εἴρηται* [2])

---

[1]) a. a. O. S. 7. Die Auffassung von *λόγος* und *λόγοι*, die K. W. Nitzsch im neuen Rhein. Museum XXVII. Bd. S. 227 flgde. vorträgt, in dem Sinne: es bezeichne dies eine zusammenhängende Ueberlieferung, im Gegensatz zu Einzelnachrichten, widerlegt sich durch die unten noch zu verwendende Stelle V. 36 *ὡς δεδήλωταί μοι ἐν τῷ πρώτῳ τῶν λόγων*, gehend auf I. 92, an welchem Orte nach Nitzsch Auffassung längst nicht mehr der erste Logos sein kann, nachdem I. c. 20 ein delphischer und milesischer, c. 23 ein korinthischer, c. 51 abermals ein delphischer, c. 65 ein lakedaimonischer, endlich c. 87 ein lydischer Logos angeführt worden wären.

[2]) Auf die Schlussfolgerungen, welche O. Nitzsch: Programm des Gymnasiums und der Realschule von Bielefeld, 1873, aus dieser Art des Verweises zog, wird an den drei von ihm behandelten Stellen unten einzugehen sein.

oder sonst einem Ausdruck, oder aber auf einen λόγος oder λόγοι, und hat dabei stets etwas bestimmtes, einen oft näher bezeichneten Theil seines Werkes im Auge, und es ist nicht einzusehen, warum man sich mit dieser allein dem Sinne des Autors entsprechenden Eintheilung nicht befreunden will [1]).

Herodot spricht von seinem ganzen Werke als πᾶς ὁ λόγος an zwei Stellen, wo er Bemerkungen so allgemeiner Art macht, dass über die Ausdehnung des Begriffes λόγος ein Zweifel nicht bestehen kann. Ich setze dieselben neben einander. Im zweiten Buche c. 123 ἐμοὶ δὲ παρὰ π ά ν τ α τ ὸ ν λ ό γ ο ν ὑποκέεται, ὅτι τὰ λεγόμενα ὑπ' ἑκάστων ἀκοῇ γράφω, und im siebenten Buche c. 152 ἐγὼ δὲ ὀφείλω λέγειν τὰ λεγόμενα, πείθεσθαί γε μὴν οὐ παντάπασι ὀφείλω, καί μοι τοῦτο τὸ ἔπος ἐχέτω ἐ ς π ά ν τ α τ ὸ ν λ ό γ ο ν. Unser Autor scheint also zu unterscheiden zwischen λόγοι und λόγος und diese Annahme wird weiter bestätigt, wenn wir V. 36 und VII. 93 von einem πρῶτος τῶν λόγων und von πρῶτοι τῶν λόγων lesen und die Thatsache wird ganz evident, wenn im folgenden gezeigt werden kann, dass in der That diese zwei Stellen sich auf mehrere ursprünglich gleichfalls für sich ausgearbeitete Stücke beziehen, deren e r s t e s die lydischen Geschichten behandelt, die sich von den folgenden persischen abermals als geschieden zeigen, indem von I. 75 auf 107 folgende, (von einem Capitel, das inhaltlich noch den lydischen Geschichten angehört, auf spätere des ersten Buches, die nicht mehr dazu gehören) mit ἐν τοῖς ὀπίσω λόγοισι σημανέω verwiesen wird. Die Grenze zwischen beiden ist auch nicht zu verkennen: mit ἐπιδίζηται δὲ δὴ τὸ ἐνθεῦτεν ἡμῖν ὁ λόγος (I. 95) ist der Uebergang hergestellt. Aehnlich wie mit den Ἀσσύριοι λόγοι steht es wol mit den ὄπισθε λόγοι, VII. 213, in denen Herodot von der Ursache des Todes des Ephialtes erzählen wollte, es aber in dem uns vorliegenden Werke nicht thut. Wenn also Herodot von λόγοι spricht, so hat er etwa mit Ausnahme des etwas vagen Ausdruckes ὄπισθε (ὀπίσω) λόγοι stets ganz bestimmtes im Auge.

---

[1]) So Schweighäuser an der gleich anzuführenden Stelle seiner Herodotausgabe: „λόγος in hujus modi locis nihil aliud nisi narrationem vel historiam, ut nos vulgo vocamus, significat.“ Nicht ganz richtig: Stein a. a. O. p. XXVIII.

Hingegen weniger genau ist er scheinbar in dem Gebrauche von λόγος und ich sehe mich genöthigt, falls das, was ich hier zeigen will, richtig ist, dass nämlich Herodot mit den bezeichneten Stellen eine Art Eintheilung seines Werkes gegeben hat, anzunehmen, dass er auch mit λόγος, nicht bloss mit λόγοι solche Theile bezeichnet. Denn wenn man auch an der Stelle I. 5 [1]), dem gewiss recht spät abgefassten Proömium, wie denn Vorreden doch stets das letzte sind, was ein Autor schreibt, das ganze Werk verstehen muss, ebenso wie VI. 19 [2]) und dies noch möglich ist II. 3. 18. 65 [3]) und 95 [4]), so kann man an zwei anderen Orten II. 38 τὰ ἐγὼ ἐν ἄλλῳ λόγῳ ἐρέω, auf III. 28, und VI. 39 τὸν ἐγὼ ἐν ἄλλῳ λόγῳ σημανέω, ὡς ἐγένετο, auf VI. 103 gehend, unmöglich, nachdem innerhalb unserer neun Bücher dieser ἄλλος λόγος vorkommt, die neun Bücher, das ganze Werk, darunter verstehen. Ein gleiches gilt von I. 140, wo Herodot sagt, er kehre nun zu dem πρότερος λόγος zurück und II. 35, wo es heisst Ἔρχομαι δὲ περὶ Αἰγύπτου μηκυνέων τὸν λόγον, an welchem letzten Satze die früher gegebene Bezeichnung der Αἰγύπτιοι λόγοι ihre weitere Bestätigung findet, deren sie jedoch nach II. 99 Μέχρι μὲν τούτου ὄψις τε ἐμὴ καὶ γνώμη καὶ ἱστορίη ταῦτα λέγουσά ἐστι, τὸ δὲ ἀπὸ τοῦδε Αἰγυπτίους ἔρχομαι λόγους ἐρέων κατὰ ἤκουον nicht bedarf.

Wir sehen also, die Behauptung, Herodot verweise mit λόγοι oder auch ἄλλος λόγος auf bestimmte Theile seines Werkes, in einem notorischen Falle, (die libyschen Geschichten), sicher auf eine Gründungsgeschichte, die mit einem ethnographisch-geographischen Abschnitt verbunden wurde, ist richtig, ebenso

---

[1]) ἐς τὸ πρόσω. τοῦ λόγου (προβήσομαι).

[2]) ἐπεὰν κατὰ τοῦτο γένωμαι τοῦ λόγου und μνήμην ἑτέρωθι τοῦ λόγου ἐποιησάμην.

[3]) c. 3. ὑπὸ τοῦ λόγου ἐξαναγκαζόμενος,
c. 18. ὅσην τινὰ ἐγὼ ἀποδείκνυμι τῷ λόγῳ,
c. 65. καταβαίην ἂν τῷ λόγῳ ἐς τὰ θεῖα πρήγματα.

Diese Stellen sind geradezu als neutrales Gebiet zu bezeichnen, da eine Nöthigung, unter λόγος gerade das zweite Buch, (Αἰγύπτιοι λόγοι) zu verstehen nicht vorliegt, wiewol dies durchaus das wahrscheinlichere ist.

[4]) ἐπιδίζηται δὲ δὴ τὸ ἐνθεῦτεν ἡμῖν ὁ λόγος... (Ueber VII. 137 und 238 siehe unten, ebenso IV. 30. 83. V. 62).

wie die, dass λόγος schlechthin oder πᾶς ὁ λόγος das ganze Werk bezeichnen könne und bezeichnet. Eine weitere Bestätigung erhält dies, wenn wir sehen, dass Herodot, (worauf Schweighäuser aufmerksam macht) von λόγοι des Hekataios [1]) spricht und ihn II. 143, V. 36 und 125 λογοποιός nennt. Darauf ist vielleicht für die später zu erweisenden Λύδιοι λόγοι nicht einmal zu viel zu geben, dass Pausanias [2]) von einem λόγος ὁ εἰς Κροῖσον spricht und anderswo [3]) sagt Ἡρόδοτος ἐν τοῖς λόγοις. Nach unseren Büchern citirt Pausanias, so oft er auch Herodot's gedenkt, niemals, wogegen er das ganze Werk einmal Ἡροδότου συγγραφή nennt (X. 33. 8. ed. Schubart. p. 352). Das Wort λόγος in der Bedeutung von liber geradezu kommt übrigens vor [4]); dass aber Herodot die Bücher, die wir seine nennen, nicht gemeint hat, ergibt sich ausser allem anderem auch noch daraus, dass der Tod von Kimons Vater, der VI. 139 ἐν ἄλλῳ λόγῳ versprochen wird, in c. 103 desselben Buches berichtet ist. Die Terminologie liegt somit ganz klar: das ganze Werk wird an zwei Stellen ausdrücklich πᾶς ὁ λόγος genannt, was ja ganz unnöthig gewesen wäre, wenn man mit λόγος allein diese Vorstellung verbinden müsste; λόγος oder λόγοι bezeichnet die Theile, in welche Herodot sein Werk zerfallen liess. Dass diese Theile ursprünglich und selbständig und unabhängig zu verschiedenen Zeiten abgefasst sind, das ist damit freilich nicht gesagt, muss sich aber, falls es überhaupt richtig ist, ergeben, wenn man die einzelnen λόγοι getrennt hat und sie für sich untersucht und mit einander vergleicht, und kann die eben gemachte Beobachtung und die an sie ge-

---

[1]) VI. 137. Ἑκαταῖος μὲν ὁ Ἡγησάνδρου ἔφησε ἐν τοῖς λόγοισι . . Herodoti Musae ill. J. Schweighäuser praef. p. XXVI. tom. II.

[2]) Pausan. III. 2. 3. ed. Schubart p. 195. Vgl. die Skizzirung von Herodot's Werk bei Dionys. Halic. ep. ad Cn. Pomp. III. 14. ed. K. W. Krüger p. 37.

[3]) Pausan. V. 26. 4 ed. Schubart p. 416, vgl. id. X. 23. 12 κατὰ Ἡροδότου τοὺς λόγους ibid. p. 353.

[4]) Wenn z. B. Xenophon am Ende des Buches περὶ ἱππικῆς (Didot's Ausgabe p. 726) sagt: ἃ δὲ ἱππάρχῳ προσῆκεν εἰδέναι τε καὶ πράσσειν ἐν ἑτέρῳ λόγῳ δεδήλωται, was geschieht im Ἱππαρχικός sc. λόγος. Vgl. noch andere Stellen in Stephanus Thesaurus s. v. λόγος.

knüpfte Behauptung durch die so von ganz anderen Gesichtspunkten gefundenen Resultate nur an Gewissheit gewinnen, da ein solches Zusammentreffen ausser dem Bereiche des Zufalles gelegen ist. Es wäre ja natürlich für die eben zuletzt vermuthungsweise ausgesprochene Ansicht sehr erwünscht, auch einen ähnlichen Anhaltspunkt allgemeiner Art zu haben, wie für die Eintheilung in *λόγοι*, und ein solcher ist auch aufgestellt. III. 80 sagt Herodot von den Reden, welche die Verschworenen nach des Smerdis Tod hielten *ἐλέχθησαν λόγοι ἄπιστο μὲν ἐνίοισι Ἑλλήνων, ἐλέχθησαν δ' ὦν.* In wie fern an diesen Reden Zweifel rege wurden, erhellt aus c. 43. des sechsten Buches, wo es gelegentlich der Ankunft des Mardonios in Ionien heisst *ἐνθαῦτα μέγιστον θῶυμα ἐρέω τοῖσι μὴ ἀποδεκομένοισι Ἑλλήνων Περσέων τοῖσι ἑπτὰ Ὀτάνην γνώμην ἀποδέξασθαι, ὡς χρεὼν εἴη δημοκρατέεσθαι Πέρσας* und als Bestätigung wird dann berichtet, Mardonios habe in den ionischen Städten Demokratien eingerichtet. Darin hat man nun unzweideutige Spuren einer früheren Publikation Herodot's und der an dieselbe geknüpften Zweifel von Seiten des Publikums sehen wollen [1]). Es beruht dies aber auf einer unrichtigen Auffassung des *ἔνιοι τῶν Ἑλλήνων*; Herodot übt hier Kritik an einem oder mehreren Autoren, die mit ihm aus derselben Quelle diese Reden schöpften, sie aber nicht glaubten. Dass in dieser Art Schriftsteller citirt werden, ersieht man aus dem zweiten Buche am besten: c. 20 *ἀλλ' Ἑλλήνων μέν τινες ἐπίσημοι βουλόμενοι γενέσθαι σοφίην ἔλεξαν* ... c. 15, 16 einfach *Ἴωνες*, für ionische Schriftsteller, c. 3, 45 *Ἕλληνες* in demselben Sinne. — Darauf ist also zu verzichten, wenn sich aber die verschiedene Abfassungszeit der Theile sonst ergibt, dann bleibt, wenn diese Einzelarbeiten nicht in chronologischer Reihenfolge vorliegen, zur Erklärung des von Kirchhoff geltend gemachten nur die An-

---

[1]) G. Rawlinson: History of Herodotus 2. edition, London 1862, introd. essay. p. 22, zu VI. 43 „he shows, that on the first publication of his work, the account given in the third book of a debate among the conspirators... had provoked criticism and that many had rejected it as incredible." Vgl. die Conjectur des ursprünglichen Textes von III. 80 ib. note 6. Noch neuestens O. Nitzsch. a. a. O. S. 1. wiederholt diese Ansicht.

nahme einer Schlussredaction übrig, der dann diese chronologisch verlaufenden Anspielungen angehören. Wir gewinnen aber mit der Untersuchung und Entscheidung dieser Frage einen Einblick in die Art, wie Herodot arbeitet, die uns mit den gewonnenen Resultaten das eingangs aufgestellte Dilemma zu entscheiden befähigt.

II. Aeussere Form der λόγοι.

Für Kirchhoff und die, welche seiner Ansicht sind, liegt die Sache betreffend Herodot's libysche Geschichten so: der Autor verspricht II. 161 die *πρόφασις*, die für Apries verhängnissvoll ward, ausführlicher in den libyschen Geschichten zu erzählen. Dies geschieht denn auch mit einer beabsichtigten Wiederholung des Wortes [1]) in einem Zusammenhange, der IV. 145 beginnt, (in Capitel 159 des vierten Buches) und eine Darstellung enthält, die theils die griechische Colonisation Libyens, theils dessen ethnographisch-geographischen Verhältnisse behandelt, und bis c. 200 reicht; dann erst hebt die ursprüngliche Erzählung, die Beschreibung des Zuges der Perser gegen Libyen, der zugleich mit Dareios Skythenzug stattfand [2]), wieder an. Da ergibt sich unmittelbar eine Schwierigkeit: II. 161 hat Herodot nach Kirchhoff [3]) zwischen 445 und 443 in Athen geschrieben, IV. 145—200 ist jedenfalls in Unteritalien, wenn nicht erst in Athen nach des Autors Rückkehr (nicht vor 432), geschrieben. Es ist doch sonderbar, dass es hier Herodot nicht ebenso ging, wie mit den assyrischen Geschichten, deren Ausfall eben auf Rechnung jenes Intervalles gesetzt wird. Das wird man aber unter allen Umständen zugeben müssen, dass unser Autor, als er II. 161 schrieb, bereits über diesen Excurs,

---

[1]) *ἐπεὶ δέ οἱ ἔδεε κακῶς γενέσθαι, ἐγένετο ἀπὸ προφάσιος, τὴν ἐγὼ μεζόνως μὲν ἐν τοῖσι Λιβυκοῖσι λόγοισι ἀπηγήσομαι, μετρίως δ᾽ἐν τῷ παρεόντι* und *ἐγίνετο ἐπὶ Λιβύην ἄλλος στόλος διὰ πρόφασιν, τὴν ἐγὼ ἀπηγήσομαι προδιηγησάμενος πρότερον τάδε.*

[2]) IV. 145 *οὗτος μέν νυν ταῦτα ἔπρησσε, τὸν αὐτὸν δὲ τοῦτον χρόνον ἐγίνετο ἐπὶ Λιβύην ἄλλος στρατιῆς μέγας στόλος* ...

[3]) Abfassungszeit. S. 6 und Bemerkungen S. 56.

den er *Λιβυκοὶ λόγοι* nennt, soweit im reinen gewesen sein muss, dass zu demselben wenigstens das Material vorhanden war, wenn es nicht bereits ausgearbeitet vorlag. In der That müsste diese Materialsammlung eine derartige gewesen sein, dass sich dem Autor durch die lange Zeit eines Decenniums, da ich nun einmal Kirchhoff's Ansetzung gelten lassen will, deren Verwendbarkeit zu einem Tractat über Libyen unverändert bewahrte; mit anderen Worten, es wäre vielmehr höchst wahrscheinlich, dass dieselbe bereits eine ziemlich fertige Gestalt angenommen hatte, oder dass eine bereits zu einem ziemlichen Grade der Vollendung gediehene Partie unseres Werkes bereits vorlag, als Herodot mit der Arbeit lange noch nicht da angelangt war, wo er dieselbe später einfügte. Zugleich aber muss man, immer vorausgesetzt, dass das angenommene Decennium Zwischenzeit wirklich statt hatte, sich dazu entschliessen, auch eine fertige Gestalt der persischen Geschichten des Dareios vorauszusetzen, da der Autor II. 161 doch nicht in's Blaue von einer *πρόφασις*, die er später, wie man ausdrücklich ersieht, am geeigneten Platze ausführlich darlegen will, sprechen konnte, wenn er nicht wusste, wo und wann in seiner späteren Erzählung ihm dazu Gelegenheit ward.

Die Kirchhoff'sche Hypothese, welche ganz gut ausreicht, wenn es sich später handeln wird, Discrepanzen zwischen dem früheren und dem letzteren Theile des Werkes zu erklären, erhält hier eine Gegeninstanz, die für sich dieselbe Beweiskraft in Anspruch nehmen darf, wie die Gründe, mit denen Kirchhoff seine Ansicht zu erweisen suchte. Man sieht nicht ein, warum Herodot Widersprüche zwischen beiden erwähnten Theilen bestehen lassen konnte, Versprechen zu erfüllen nicht in der Lage war, wenn er dies letztere in einem ganz notorischen Falle dennoch thun konnte. Doch dies nur beiläufig, es handelt sich hier darum an einem zweifellosen Beispiele zu zeigen, wie wir uns diese *λόγοι* Herodot's vorzustellen haben. — Ueber die eigenthümliche Art der Einfügung ist bereits gesprochen, ich fasse nun den Inhalt und das Verhältnis zu den übrigen Theilen des Werkes in's Auge. —

Gelegentlich ist schon darauf hingewiesen worden, dass die *Λιβυκοὶ λόγοι* in zwei ganz disparate Theile zerfallen, deren zweiter mit IV. 168 beginnt. Der erste derselben schliesst sich, in der Form, wie uns der Zusammenhang jetzt vorliegt, ganz leicht an. Dareios lässt (c. 143) nach dem unglücklich beendeten Skythenzuge den Megabazos als Feldherrn in Europa zurück, und im Anschlusse an diese Thatsache erzählt Herodot zwei Anekdoten, welche denselben betreffen und schliesst mit der Nachricht, dieser Megabazos habe die Völker am Hellespont, welche es nicht mit dem Perserkönige hielten, unterworfen, und fährt dann fort: *Οὗτος μέν νυν ταῦτα ἔπρησσε, τὸν αὐτὸν δὲ τοῦτον χρόνον ἐγίνετο ἐπὶ Λιβύην ἄλλος στρατιῆς μέγας στόλος διὰ πρόφασιν, τὴν ἐγὼ ἀπηγήσομαι προδιηγησάμενος πρότερον τάδε.* In c. 164 erfahren wir dann, nachdem die Vorgeschichte von Kyrene und dessen Gründung behandelt worden, Arkesilaos sei umgekommen und seine Mutter Pheretima habe bei Aryandes, dem von Kambyses eingesetzten persischen Statthalter in Aegypten, Hilfe gegen die Mörder ihres Sohnes gefunden. Herodot meint (c. 167), es sei bei Aryandes die Absicht gewesen Libyen zu unterwerfen, denn *Λιβύων γὰρ δὴ ἔθνεα πολλὰ καὶ παντοῖα ἐστί, καὶ τὰ μὲν αὐτῶν ὀλίγα βασιλέος ἦν ὑπήκοα, τὰ δὲ πλέω ἐφρόντιζε Δαρείου οὐδέν.* Dies ist also die *πρόφασις*, von der bereits c. 145 die Rede war; an die *ἔθνεα πολλὰ καὶ παντοῖα* knüpft nun der bis c. 197 reichende ethnographisch-geographische Theil, der schliesst *οὗτοι μέν εἰσι τοὺς ἡμεῖς ἔχομεν Λιβύων οὐνομάσαι καὶ τούτων οἱ πολλοὶ βασιλέος του Μήδων οὔτε τι νῦν οὔτε τότε ἐφρόντιζον οὐδέν.* Es kommt nun noch einiges über das Land selbst, was die Besitzergreifung desselben durch die Perser durchaus wünschenswerth erscheinen lässt; mit *ταῦτα μέν νυν ἐπὶ τοσοῦτο εἰρήσθω* (c. 199) schliessen die libyschen Geschichten und im folgenden geht die Erzählung von der Belagerung und Einnahme von Barka durch Aryandes fort, das Schicksal der Gefangenen und das Ende Pheretima's wird geschildert und mit c. 1 des fünften Buches kehrt der Erzähler zu den Truppen unter Megabazos in Europa zurück.

Man sieht, das ganze ist, zwar lose genug, durchaus in den Zusammenhang der Erzählung von Dareios Kriegszug verarbeitet, so dass dann vielleicht, wenn dieser Excurs nicht ausdrücklich als *Λιβυκοὶ λόγοι* bezeichnet wäre, man kaum mit viel

Hoffnung auf Beistimmung diesen Namen vermuthen dürfte. Doch wie dies zu erklären sei, soll hier nicht entschieden werden; soviel aber steht fest, dass man eine derartige Einfügung allenfalls machen kann, wenn durch bereits fertig vorliegende Partien, die in einander verarbeitet werden sollen, ein Zwang auferlegt wird, aber durch zehn Jahre wie den reifesten und durchdachtesten Plan dies aus allen Fährlichkeiten einer Reise nach Italien, eines Aufenthaltes daselbst zu retten, hat auch nicht den Schein der Wahrscheinlichkeit für sich, zumal soviel anderes ganz vergessen und übersehen wurde.

Es ist bereits erwähnt, dass das zweimal gegebene Versprechen der Ἀσσύριοι λόγοι nicht erfüllt wurde; dieselben fallen also hier nur insofern in's Gewicht, als sie zeigen, dass Herodot solcher Theile, wie den eben betrachteten, mehrere unterschied; dass er desshalb alle ausdrücklich als solche bezeichnete, folgt nicht nothwendig und wir sind berechtigt, wenn uns analog componirte und auf gleiche Weise im Zusammenhang verarbeitete Stücke begegnen, sie als solche λόγοι, sei es damit wie immer bestellt, in Anspruch zu nehmen. Ich komme daher auf den Charakter des zweiten Buches zu sprechen.

Vor allem ist hier die engere Verbindung mit der Geschichte der Feldzüge des Kambyses, in welche diese ägyptischen Geschichten eingeschoben sind, nicht vorgenommen, wie dies für die libyschen Geschichten im Verhältnis zu Dareios Kriegsthaten behauptet werden konnte. Aber man sieht leicht, die Art der Arbeit ist ganz dieselbe und man ist daher wie einerseits im Rechte mit Büdinger anzunehmen, dass dieses zweite Buch Αἰγύπτιοι λόγοι geheissen habe, so andererseits befugt, für die Λιβυκοὶ λόγοι eine solche ursprüngliche, in sich geschlossene Gestalt für wahrscheinlich zu halten; wenn die letzteren uns nicht mehr in derselben erscheinen, so kann der Grund nur in einer stärkeren Ueberarbeitung bei Einfügung der letzteren als bei Verarbeitung der ersteren gelegen sein. — Büdinger [1]) hat die Ausscheidung folgendermassen und gewiss richtig vorgenommen. „Unmittelbar schliesst sich an das Ende des ersten Capitels des zweiten Buches der Anfang des dritten

---

[1]) a. a. O. S. 7 u. 8.

Buches an; Kambyses heisst es dort, unternahm den Feldzug gegen Aegypten ἄλλους τε παραλαβὼν τῶν ἦρχε καὶ δὴ καὶ Ἑλλήνων τῶν ἐπεκράτεε; hier aber wird fortgefahren Ἴωνάς τε καὶ Αἰολέας δι᾽ αἰτίην τοιήνδε, so dass der Leser im ungestörten Zusammenhange bleiben würde, wenn auch das Stück über Aegypten fehlte. Der anf uns gekommene Text aber zeigt eine doppelte Redactionsänderung. Im dritten Buche findet sich zunächst die nothwendige Wiederanknüpfung nach dem eingeschobenen Stücke: gegen den eben geschilderten Amasis zog Kambyses ἄγων καὶ ἄλλους τῶν ἦρχε καὶ Ἑλλήνων Ἴωνάς τε καὶ Αἰολέας δι᾽ αἰτίην τοιήνδε. Es ist nun aber auch der vor der Einschiebung stehende Satz umgeformt worden. Kambyses, heist es jetzt II. 1, betrachtete die Ionier und Aioler, als ob sie Sclaven aus seinem väterlichen Erbe wären: Ἴωνας μὲν καὶ Αἰολέας ὡς δούλους πατρωίους ἐόντας ἐνόμιζε und unternahm einen Feldzug gegen Aegypten, bei welchem er unter anderen Unterthanen in der That auch Hellenen seiner Herrschaft mitnahm: ἐπὶ δὲ Αἴγυπτον ἐποιέετο στρατηλασίην ἄλλους τε παραλαβὼν τῶν ἦρχε καὶ δὴ καὶ Ἑλλήνων τῶν ἐπεκράτεε. Der Unwille über die Heeresfolge seiner Landsleute gegen Aegypten, an sich schon eine seltsame Einleitung für die Geschichte des Feldzugs — wie denn diese Heeresfolge im ersten Capitel des drittes Buches ganz unbefangen erzählt wird — ist vollends unverständlich in einem Satze, der den Uebergang zur Darstellung Aegyptens bilden soll: die Aegypter, erzählt unser Autor zunächst, hielten sich vor Psammetich für die älteste Nation [1])." In der ganzen Erzählung von c. 2 bis Ende kommt nicht ein Wort vor, welches uns vermuthen liesse, dass wir eigentlich im Zusammenhang der persischen Geschichte während Kambyses Regierung stehen. Noch in einem dritten Falle sind wir aber in der Lage uns über die Art und Weise zu unterrichten, wie Herodot solche λόγοι verarbeitete.

An zwei bereits angezogenen Stellen spricht Herodot von dem ersten der λόγοι und von den ersten der λόγοι V. 36

[1]) Die folgende Vermuthung, diese Redactionsänderung rühre von späterer Hand her, kann ich um so weniger theilen, als ich hoffe unten zu zeigen, dass auch die Anmerkg. 1. von Büdinger beanstandete Stelle von Herodot herrührt.

und VII. 93. An ersterem Orte sagt er, dass die Reichthümer in dem Branchidenheiligthum, welche Kroisos der Lyder dort aufgestellt habe, grosse gewesen seien, ὡς δεδήλωταί μοι ἐν τῷ πρώτῳ τῶν λόγων. Die Nachricht, dass Kroisos in diesem Heiligthume ebenso werthvolle und ähnliche Geschenke gestiftet habe, wie in Delphi, findet sich I. 92. Im sechsten Buche kommt unser Autor noch einmal auf diese Thatsache zu sprechen, als er von dem Brande des Tempels berichtet c. 19: τῶν δ' ἐν τῷ ἱρῷ τούτῳ χρημάτων πολλάκις μνήμην ἑτέρωθι τοῦ λόγου ἐποιησάμην, was in der That der Fall war I. 92. 157. II. 159 u. V. 36; man sieht also, in welch ganz verschiedener Art Herodot verweist und dass man VI. 19 an das ganze Werk zu denken hat. Die zweite der beiden Verweisstellen VII. 93 geht auf I. 171. ἐν τοῖσι πρώτοισι τῶν λόγων. Hier hat Herodot den früheren Namen der Karer genannt. Für den vorliegenden Zweck, den πρῶτος τῶν λόγων zu ermitteln, folgt nun unmittelbar, dass I. 171, 172 nicht mehr dazu gehören kann, sondern dass dies mindestens schon der δεύτερος τῶν λόγων sein müsse, welchen mit dem ersten zusammen Herodot eben durch den Plural kennzeichnet. Es ist bereits darauf hingewiesen, dass eine Stelle I. 95 uns auf das Ende des ersten der λόγοι verweist. Von hier an wird die Jugendgeschichte des Kyros und die allmälige Lossagung der Perser von der Mederherrschaft bis zu dem Augenblicke berichtet, in welchem wir Kyros in der vorher erzählten Geschichte der lydischen Herrscher kennen gelernt haben. I. 46 μετὰ δὲ ἡ Ἀστυάγεος τοῦ Κυαξάρεω ἡγεμονίη καθαιρεθεῖσα ὑπὸ Κύρου τοῦ Καμβύσεω καὶ τὰ τῶν Περσέων πρήγματα αὐξανόμενα πένθεος μὲν Κροῖσον ἀπέπαυσε, ἐνέβησε δὲ ἐς φροντίδα, εἴ κως δύναιτο πρὶν μεγάλους γενέσθαι τοὺς Πέρσας καταλαβεῖν αὐξανομένην τὴν δύναμιν. Zehn Capitel dieses Zusammenhanges 131—141 befassen sich mit den Sitten und Gebräuchen der Perser und den Schluss dieses Theiles macht Herodot mit den Worten: καὶ ἀμφὶ μὲν τῷ νόμῳ τούτῳ ἐχέτω, ὡς καὶ ἀρχὴν ἐνομίσθη, ἄνειμι δέ ἐπὶ τὸν πρότερον λόγον, auch fährt er in der That ganz im Zusammenhang fort, wo er mit den lydischen Geschichten aufgehört. Man sieht aus diesen ganz allgemeinen Betrachtungen, dass wir hier deutliche Spuren von abermals zwei solchen Theilen auch inhaltlich zu verfolgen im Stande sind, die Herodot wol *Λύδιοι λόγοι* und *Περσικοὶ λόγοι* genannt haben wird; auf letztere wird an der schon flüchtig berührten Stelle der lydischen Geschichten I. 75 als *οἱ ὀπίσω λόγοι* verwiesen und verspricht der Autor den Grund, warum Kyros seinen Grossvater Astyages unterwarf, später zu erzählen, was innerhalb des Abschnittes von 107—141 in der bekannten Geschichte von des Kyros beabsichtigter Tödtung geschieht.

Betrachtet man den Inhalt der lydischen Geschichten, so ist c. 6 schon das folgende bis c. 95 streng disponirt. Kroisos, erfahren wir, sei der erste gewesen unter allen Barbaren, welcher Hellenen unterjochte; der Autor will uns zeigen, wie der König Ioner, Aioler und Dorer unterworfen und mit den Lakedaimoniern ein Bündniss geschlossen habe. Dies ist auch der Inhalt bis c. 70. Schon c. 46 ist vorgedeutet [1]) der Kampf des Kyros mit Kroisos, der von c. 75 an geschildert wird, ebenso c. 16 [2]) der Kampf mit Kyaxares und den Medern, der c. 73 erzählt ist. Innerhalb dieses bezeichneten Rahmens ist eine Anzahl Verweisstellen nach vor- und rückwärts c. 18 *ὡς καὶ πρότερόν μοι δεδήλωται* auf c. 17, c. 85 *τοῦ καὶ πρότερον ἐπεμνήσθην* auf c. 34, in ganz anderen Ausdrücken als die auf c. 107 gehende Verweisstelle c. 75, von der früher gesprochen wurde.

Eine Anzahl Episoden unterbricht in erwünschter Weise den Zusammenhang. Eine heiterer Art, die zur Folie gewissermassen den Satz c. 10 Ende hat: *παρὰ γὰρ τοῖσι Λυδοῖσι, σχεδὸν δὲ καὶ παρὰ τοῖσι ἄλλοισι βαρβάροισι καὶ ἄνδρα ὀφθῆναι γυμνὸν εἰς αἰσχύνην μεγάλην φέρει.* Nach der anspruchslosen Darstellung, wie sie c. 6 und 7 von lydischer Königsgeschichte gegeben ist, wirkt diese lebhafte Schilderung in Rede und Gegenrede doppelt kräftig. Griechen aber, die seit Akanthos aus Sparta ohne Diazoma bei den olympischen Spielen aufgetreten war, in dem Erscheinen in gänzlicher Nacktheit den rechten Gegensatz zu den Barbaren erblickten, konnten

---

[1]) *μετὰ δὲ ἡ Ἀστυάγεος τοῦ Κυαξάρεω ἡγεμονίη καταιρεθεῖσα ὑπὸ Κύρου τοῦ Καμβύσεω καὶ τὰ τῶν Περσῶν πρήγματα αὐξανόμενα πένθεος μὲν Κροῖσον ἀπέπαυσε . . . .*

[2]) *οὗτος (Ἀλυάττης) δὲ Κυαξάρῃ τε τῷ Δηιόκεω ἀπογόνῳ ἐπολέμησε καὶ Μήδοισι.*

diese Geschichte einer Palastrevolution nur mit Ergötzen lesen. — Wenn man nun fragt, welchen Grund hatte unser Autor, sich über die Art, wie Gyges zur Herrschaft gelangte, so ausführlich zu äussern; so zeigt sich, dass es ihm das wichtigste sein musste, das Unrecht, welches hier verübt ward, dem Leser recht lebhaft vor Augen treten zu lassen; denn die Sühne desselben an Kroisos bildet den Kern der lydischen Geschichten. Die folgende Erzählung der Regierungsthätigkeit der einzelnen lydischen Könige wird noch durch andere solche Episoden unterbrochen; eine derselben ist nur ganz zufällig an die Namen des Kypselos und Thrasybulos geknüpft und enthält die bekannte Geschichte von Arion, eine andere berichtet Solon's Besuch bei Kroisos und deren Gespräche. Mit grosser Ausführlichkeit und besonderer Lebhaftigkeit schildert der Autor den Tod des Sohnes des Kroisos. Es kommt ihm darauf an zu zeigen, wie es der Vater selbst war, der den Sohn zur Jagd schickt, wiewol ihm dessen Ende vorausgesagt ist. Nicht eigene Kurzsichtigkeit ist es, sondern Kroisos selbst fühlt es, dass an ihm der Götter Wille in Erfüllung gehe εἶς δὲ οὐ σύ μοι τοῦδε τοῦ κακοῦ αἴτιος, εἰ μὴ ὅσον ἀέκων ἐξεργάσαο, ἀλλὰ θεῶν κού τις, ὅς μοι καὶ πάλαι προσήμαινε τὰ μέλλοντα ἔσεσθαι. Der König tröstet sich, als neue Thätigkeit ihn in Anspruch nimmt, er befragt die Orakel wegen des Krieges gegen die Perser. Der Ausgang desselben ist bekannt. Damit aber der Gedanke sich nicht rege, den König der Kurzsichtigkeit zu zeihen, so erfährt man aus dem Spruche der Pythia: nicht einmal die Götter können dem Schicksal Einhalt thun. Unter dem befremdenden Gesichtspunkte, Kroisos hätte die Geschichte der Pelasger, Athens unter den Peisistratiden und des Krieges der Spartaner gegen Tegea erfahren oder erforscht, ἱστορέων, wird ein gelehrter Excurs über Pelasger, Ioner und Dorer eingefügt, von dem noch zu sprechen sein wird; an ihn schliesst sich der eben erwähnte Theil griechischer Geschichte an. Ausser dieser ergeben sich auch im folgenden noch inhaltlich einige Schwierigkeiten. Dann geschieht der verhängnissvolle Schritt, Kroisos überschreitet den Halys, wird geschlagen, worauf er sich in seine Hauptstadt zurückzieht und dort Hilfe erwartet; wieder sendet er Gesandte nach Sparta, da trifft dort die Nachricht des Falles von Sardes ein, ein Kunstgriff historischer Darstellung, der den Geschichtschreiber in die Lage versetzt, diesen selbst nunmehr zu beschreiben. Solon kommt dem Lyderkönige noch einmal in den Sinn und c. 91 ist die Geschichte thatsächlich ganz zu Ende. Der Väter Sünden sind an den Kindern gerächt bis in's fünfte Glied, und was das Orakel am Ende von c. 13 voraussagte, ist erfüllt, ein Reich, das einst gross war, ist gefallen, untrüglich hat sich die Stimme des delphischen Gottes erwiesen; mit ὁ δὲ (Κροῖσος) ἀκούσας συνέγνω ἑωυτοῦ εἶναι τὴν ἁμαρτάδα καὶ οὐ τοῦ θεοῦ ist das ganze geschlossen. Was noch folgt bis c. 95, sind eigentlich recht unorganische Anhängsel, die aber, wie aus der Verweisstelle V. 36 hervorgeht, damals, als Herodot diese letztere schrieb, bereits zu den Λύδιοι λόγοι gerechnet wurden; der Inhalt ist einiges nachträgliche über Weihegeschenke des Kroisos, über die Sage von Tyrrhenos und weniges über lydische Sitten.

Der Inhalt der lydischen Geschichten ist hier verhältnissmässig ausführlicher betrachtet worden, als dies bei den früheren λόγοι der Fall war, um zu zeigen, dass ausser ethnographisch-geographischem Inhalte dieselben auch eine ethisch-religiöse Grundlage haben können.

Bevor nun aber zur Betrachtung der persischen geschritten werden kann, muss noch ein anderer Theil des vierten Buches in's Auge gefasst werden. Ist auch hier die ausdrückliche Bezeichnung als Σκυθικοὶ λόγοι nicht erhalten, so zeigt sich doch nach Inhalt und Form der Anfang des vierten Buches ganz den bisher unterschiedenen λόγοι ethnographisch - geographischen Inhaltes entsprechend. Als einen eigenen λόγος im Gegensatz zu dem übrigen bezeichnet sie der Autor aber immerhin IV. 16 τῆς δὲ γῆς, τῆς πέρι ὅδε ὁ λόγος ὥρμηται λέγεσθαι und c. 82 τοῦτο μέν νυν τοιοῦτό ἐστι, ἀναβήσομαι δὲ ἐς τὸν κατ' ἀρχὰς ἤια λέξων λόγον und hier setzen in der That die Geschichten des Feldzuges selbst wieder ein. Die Art der Einfügung ist folgende. Nach der Eroberung Babylons wendet sich Dareios gegen Skythien; hier beginnt unser Abschnitt, gerade wie IV. 145, nachdem der Zug gegen Skythien zu Ende ist, gelegentlich des Kampfes des Aryandes unter Dareios' Regierung gegen Libyen, die libyschen Geschichten Platz gefunden haben. Dabei findet sich, wie im zweiten Buche deren keine, nun eine einzige Stelle, welche uns nicht ganz vergessen lässt, dass wir uns eigentlich im Zusammenhang der persischen Geschichten befinden. — Auch hier soll gleich näher auf den Inhalt eingegangen und gezeigt werden, wie leicht sich das zum Skythenzug gehörige von dem übrigen trennt.

Die Darstellung des Zuges des Dareios gegen die Skythen umfasst die Capitel 1—145 des vierten Buches. Wir finden in denselben zweierlei niedergelegt: die Geschichte des Zuges selbst und topographisch-ethnographische Notizen über Skythien. Untersucht man das Verhältniss beider Theile, so gehört streng zur Geschichte der persischen Expedition c. 1—5 als Einleitung, daran schliesst sich c. 83—99, von hier schiebt sich abermals einiges dazwischen ein über die Völkerschaften, gegen welche Dareios nunmehr zieht; dies reicht bis c. 118, ausgeschlossen muss aber werden c. 102, welches nothwendig zum Zuge des Königs gehört; von c. 118—145 folgt ohne weitere Unterbrechung die Beschreibung des Verlaufes der Campagne. Vergleicht man das Zahlenverhältniss der Capitel, so sind nur ihrer 46 von 145 der Geschichte des Zuges selbst gewidmet. Dies ist gewiss auffallend in einem Zusammenhang, in dem es sich handelt, die Regierungsthätigkeit des Dareios zu schildern, die man fast aus den Augen verliert in den Theilen, die nicht den Zug selbst behandeln. Ein einziges Mal wird man in folgender Weise daran gemahnt c. 46 *ὁ δὲ Πόντος Εὔξεινος, ἐπ' ὃν ἐστρατεύετο Δαρεῖος κτλ.* Es lässt sich ganz leicht eine Disposition der Geschichte des Zuges selbst gewinnen, wenn man versuchsweise absieht von den 99 Capiteln anderen Inhaltes.

Man hat in der Einleitung Grund und Veranlassung zu dem Unternehmen. Dareios wollte es so, und Asien war gerade in geeigneter Verfassung, einem derartigen Unternehmen mit Erfolg sich zu unterziehen. Der König trat aber zugleich als Rächer seines Volkes auf, wegen der achtundzwanzigjährigen Herrschaft der Skythen über Oberasien, als sie die Kimmerier verfolgten. Dann werden die Feindseligkeiten erzählt, welche die heimkehrenden Skythen mit ihren inzwischen an die Sklaven verheirateten Frauen hatten. Man bleibt im besten

Zusammenhange, wenn man nun c. 83 fortfährt, und um so eher fühlt man sich darauf geführt, als in der That diese Disposition des Zuges selbst eine merkwürdige Analogie mit der Darstellung desjenigen des Xerxes gegen Griechenland hat. Das eine der Motive zum Kriege kehrt wieder IV. 1 *ἐπεθύμησε ὁ Δαρεῖος τίσασθαι Σκύθας, ὅτι ἐκεῖνοι* ***πρότεροι*** *ἐσβαλόντες ....* ***ὑπῆρξαν ἀδικίης*** und VII. 8. 2. *πρὶν ἢ ἕλω τε καὶ πυρώσω τὰς Ἀθήνας, οἵ γε ἐμὲ καὶ πατέρα τὸν ἐμὸν* ***ὑπῆρξαν ἄδικα ποιεῦντες***; ja dies wiederholt sich noch einmal gerade im vierten Buche in der Rede der skythischen Gesandten vor den versammelten Königen der Taurier, Agathyrsen etc. c. 119 *εἰ μὲν μὴ ὑμεῖς ἔατε οἱ* ***πρότερον ἀδικήσαντες*** *Πέρσας καὶ ἄρξαντες πολέμου* — ibid. *ἡμεῖς δὲ οὔτε τι τότε* ***ἠδικήσαμεν*** *τοὺς ἄνδρας τούτους οὐδέν* . . . ibid. *ἥκειν γὰρ δοκέομεν οὐκ ἐπ' ἡμέας Πέρσας, ἀλλ' ἐπὶ τοὺς* ***αἰτίους τῆς ἀδικίης γενομένους***. Und im folgenden, welche fast schematische Wiederholung: Dareios rüstet, Artabanos warnt den König, Oiobazes bittet um Militärfreiheit seiner drei Söhne, Dareios lässt sie tödten; wer wird nicht erinnert an die Beschreibung der Rüstung VII. 1., wie Asien in Aufruhr gebracht wird durch des Königs Dareios Gebot, und hier IV. 1 heisst es *ἀνθούσης τῆς Ἀσίης* ...; auch Xerxes wird von Artabanos gewarnt VII. 10 und der reiche Pythios, der mit derselben Bitte wie Oiobazes an den Grosskönig herantritt, hat dies mit einer gleich schrecklichen Strafe an den eigenen Kindern zu büssen, c. 38 flgde. Dareios gelangt bei seinem Skythenzuge an den Pontos und bewundert das unermessliche Meer IV. 85, ebenso wie Xerxes staunend den Wettkampf der Schiffe von jenem Fels bei Abydos betrachtet VII. 44. Es wird dann der Weg des Dareios und seine Lagerplätze, sowie der Uebergang über verschiedene **Flüsse** beschrieben, analog den vielen Stellen des siebenten Buches, wo es heisst, das Heer des Xerxes habe an Flüssen gelagert, den und jenen Fluss überschritten und das Wasser habe nicht ausgereicht [1]): wol ist diese Analogie in den Verhältnissen gelegen, aber immerhin verwerthet. Es folgt dann eine Episode, gelegentlich der Erwähnung des Getenvolkes eingefügt, die Geschichte des Zal-

---

[1]) VII. 21. 43. 58. 108. 109. 127. 187. 196.

moxis, ein Ruhepunkt für den Leser, nach den vielen Kriegsereignissen, und sie schliesst in der That mit dem skurrilen Ausruf c. 96 *εἴτε δὲ ἐγένετό τις Ζάλμοξις ἄνθρωπος, εἴτ' ἐστὶ δαίμων τις Γέτῃσι οὗτος ἐπιχώριος, χαιρέτω.* Noch einmal werden wir im Verlaufe erinnert an das siebente Buch, c. 101 flgde.; wie dort Demaratos den Xerxes auf dessen Aufforderung belehrt über die Gefahr seines Unternehmens und der König darüber heiter gestimmt wird, so hier Dareios durch den Anführer der Mitylenaier Koës. c. 97. Den Ionern wird hierauf die Wache anvertraut und ihnen die Zeit bestimmt, nach welcher sie die Donaubrücke verlassen dürfen. An diese Darstellung schliesst sich nun, allerdings getrennt durch einige Capitel, unmittelbar das c. 102, dessen Schluss sich ebenfalls ohne ein Wort zu ändern an die weitere Darstellung des Skythenzuges anfügt, der aber erst wieder c. 118 beginnt: c. 98. *Δαρεῖος μὲν ταῦτα εἴπας ἐς τὸ πρόσω ἠπείγετο* c. 102 *οἱ δὲ Σκύθαι δόντες σφίσιν λόγον .... ἦσαν δὲ οἱ συνελθόντες βασιλέες Ταύρων .... καὶ Σαυροματέων* c. 118 *ἐπὶ τούτων ὧν τῶν καταλεχθέντων ἐθνέων.* Analog der Darstellung des siebenten Buches, welche nach dem Berichte über des Xerxes Rüstungen erst die Verhältnisse bei dem angegriffenen Theile, den Griechen, schildert, folgen nun hier die Berathungen der skythischen Könige und der umwohnenden Völker. Die Skythen veröden das Land und ziehen sich vor Dareios zurück, c. 122, die Perser verfolgen, bis endlich Dareios einen Boten an den König Idanthyrsos sendet c. 126., der jedoch die Skythen umsonst durch den Vorwurf der Feigheit zum Kampf zu zwingen sucht. Ein Theil des Heeres derselben wird nun abgeschickt, die Isterbrücke abzubrechen. Dareios beschliesst umzukehren c. 136, nur durch Histiaios war die Brücke den Skythen, die sie zerstören wollen, vorenthalten worden, und so bleibt sie, die ähnlich wie die Schiffbrücke über den Hellespont das wichtigste Werk der Angreifer zu sein scheint, erhalten und Dareios kann auf derselben den Ister überschreiten, Stürme hatten des Xerxes Brücke über den Hellespont zersört. Megabazos wird in Europa zurückgelassen und von ihm werden die zwei bereits früher erwähnten Anekdoten erzählt. Man sieht, dass in diesem bescheidenen Umfange der Skythenzug und seine Beschreibung in der That als das sich herausstellt, was er nach der ganzen Anlage nur sein kann, als integrirenden Theil der Kriegsgeschichten des Dareios, und dass uns als skythische Geschichten die 99 übrigen Capitel der 145 ersten des vierten Buches übrig bleiben. Es ist aber leicht einzusehen, dass da, wo ein Zusammenhang sich so ganz von selbst ergibt, es nahe genug liegt anzunehmen, derselbe sei so ursprünglich gewesen und die nun vorliegende mehrfach unterbrochene Form erst später entstanden. Es soll nun auch noch der Inhalt der beiden ethnographisch-geographischen Excurse betrachtet und erst später die hier ausgesprochene Vermuthung ausgeführt werden.

Mit c. 5 wird uns gleichsam eine Urgeschichte der Skythen gegeben; ganz ebenso wie sich die Aegypter bis auf Psammetich zu Anfang der ägyptischen λόγοι für das älteste Volk hielten, so halten sich hier die Skythen für das jüngste. Ihre Entstehung nach skythischer und nach der Tradition der Hellenen am Pontus wird berichtet c. 11. Nun gibt Herodot seine eigene Ansicht über ihre Einwanderung und aus metapontinischer Quelle sowie nach der Sage, wie sie in Kyzikos und auf Prokonnesos gieng, berichtet unser Autor einiges über den wunderbaren Aristeas. Herodot versichert über den Norden Skythiens genauere Kunde nicht zu haben und verspricht alles sagen zu wollen, was er an Nachrichten zusammenbringen konnte c. 16. Es folgt eine Aufzählung der einzelnen Völkerschaften nebst kurzen Bemerkungen über ihre Herkunft und über das Land, das sie bewohnen, geographisch angeordnet wie in den libyschen Geschichten. Capitel 28 handelt von dem skythischen Klima, c. 32 und flgde. von den Hyperboreern und dies führt c. 36 zu einer scharfen Kritik über die, welche den Okeanos auf Karten die Erde umfliessend darstellen; im Anschluss daran gibt Herodot seine Ansicht über Welt und Welttheile und Erdumseglungen, womit man bei c. 46 anlangt. Die Natur Skythiens befähigt das Volk vor allem sich unzugänglich zu machen, dies führt zu einer bis c. 59 reichenden, ausführlichen Behandlung des Flussnetzes. Nun, wird gesagt, sollen die Sitten und Gewohnheiten betrachtet werden: die Götterverehrung und Opfergebräuche, dann die Sitte des Skalpirens und die Verwendung der Schädel erschlagener Feinde, Seher und Wahrsager, Gebräuche bei Krankheit des Königs, bei der Eidleistung, c. 71, die Königsgräber und Bestattung der Könige, sowie c. 73 die Gräber gewöhnlicher Leute. Ueber das Vorkommen von Hanf und die Verwendung der Hanfkörner handelt c. 76. Der ausgesprochene Hass der Skythen gegen fremde Sitten und Gebräuche wird belegt durch die Geschichten des Anacharsis und Skylas. Herodot gibt dann noch, da ihm die genaue Zahl des Volkes nicht bekannt ist, eine annähernde Berechnung derselben und erwähnt noch einige Merkwürdigkeiten des Landes. Eine Anknüpfung dieser ersten Partie an die zweite, die c. 99—118, mit Ausnahme von 102, umfasst, findet sich durchaus nicht; der Inhalt derselben ist allerdings im ganzen ein wesentlich gleicher, von dem ebenfalls gesagt werden muss, dass er in einem unmittelbaren Zusammenhang mit der Geschichte des Feldzuges nicht steht; es wird auch wie in dem ersten eben skizzirten Theil ein ganz anderer Stoff von ganz anderen Gesichtspunkten aus, den eigentlichen Verlauf der Erzählung unterbrechend, behandelt.

Als Resultat dieser Betrachtung kann man bezeichnen, dass sie uns einen Theil von Herodot's Werk ergab, der sich in Anlage und Inhalt derart mit den libyschen und ägyptischen Geschichten deckt, dass wir ihn als skythische Geschichten zu bezeichnen berechtigt sind.

Als Hintergrund dieser so eingefügten lydischen, ägyptischen, skythischen und libyschen Geschichten haben wir auch hier die Geschichte des Perserreiches unter Kyros, Kambyses, Dareios kennen gelernt, an deren Regierung und Kriegsthaten diese Theile sich anschlossen. Wir werden im Verlaufe noch einige Anhaltspunkte für samische Geschichten gewinnen. Die angeführten λόγοι wurden ihrer leichteren Erkennbarkeit wegen zuerst betrachtet, und es soll nun untersucht werden, welche Resultate sich aus einer Combination dieser Ergebnisse mit der früher gefundenen Art von Herodot's Vor- und Rückweisen, die mit diesen λόγοι in notorisch untrennbarem Zusammenhang steht, sich ergeben.

Es wird sich nicht leugnen lassen, eine eigentliche Eintheilung des Werkes ist nicht geboten, lässt sich aber inhaltlich ziemlich verfolgen, und man könnte dieselbe füglich als durchgeführt erwarten, wenn Herodot die lydischen Geschichten ausdrücklich als den ersten Theil und mit den persischen zusammen als die ersten λόγοι bezeichnet. Man wird doch nicht zweifeln können, dass Herodot diese Eintheilung hätte durchführen können, wenn er gewollt hätte; dass dies nicht der Fall ist, muss seinen bestimmten Grund haben. Kirchhoff's Hypothese von der Entstehung des Werkes reicht zur Erklärung der Thatsache nicht hin, denn wir finden dieselbe Unbestimmtheit vor der von ihm angenommenen Unterbrechung durch die Reise nach Unteritalien, so wie nach derselben, und anderseits ist diese Eintheilung in dem Falle der libyschen Geschichten doch wieder während des ganzen, sonst zur Erklärung so erwünschten Decenniums festgehalten. Auch die Annahme, dass das ganze Werk ein Torso sei, genügt nur zur Erklärung der Nichterfüllung einzelner Versprechen, und es ist nicht einzusehen, wie die gemachten Beobachtungen an Richtigkeit verlieren sollten, wenn auch das Werk bis zu dem von Kirchoff vermutheten Umfange gediehen wäre.

Diese unvollkommene Eintheilung, die durch des Autors äussere Lebensverhältnisse nicht erklärt werden kann, und die mit seiner Compositionsart im engsten Zusammenhange stehend sich erwiesen hat, kann nur der Ansatz einer solchen Eintheilung oder Reste derselben sein. Das erstere ist deshalb nicht zulässig, weil wir ja inhaltlich eine viel deutlichere Scheidung wahrnahmen, als uns dies die ausdrücklichen Beziehungen gestatteten, weil wir skythische Geschichten fanden, die mit diesem Namen nicht genannt sind, ägyptische, bei welchen es geradezu gar nicht einzusehen wäre, wie der Autor sie nicht nach Vorgang von II. 99 als Αἰγύπτιοι λόγοι hätte bezeichnen sollen, wenn er mit den besprochenen Verweisstellen den Versuch einer Theilung gemacht hätte. Es ist vielmehr gegenüber dem gefundenen allein möglich, sich das Werk ursprünglich aus solchen schliesslich vereinigten und ineinandergeschobenen Theilen entstanden zu denken, wobei weder deren ursprüngliche Selbstständigkeit bei genauerem Zusehen ganz verwischt wurde, noch auch Reminiscenzen in der Art des Vorwärts- und Rückwärtsverweisens vermieden wurden. Es muss also eine Schlussredaction stattgehabt haben, die aber keineswegs gleichmässig war, wie uns denn die ägyptischen Geschichten in der ursprünglichsten Gestalt vorliegen. Können daher auch für die späteren Theile des Werkes, die einmal als *ὀπίσω λόγοι* bezeichnet sind, diese Vorarbeiten nicht so leicht ausgeschieden werden, wozu später der Versuch gemacht werden soll, so ist dies keineswegs ein Beweis, dass solche nicht anzunehmen sind, sondern nur ein Zeichen, dass die Schlussredaction entweder ausgiebiger war und greifbarere Spuren verwischte, oder dass wir in diesen *ὀπίσω λόγοι* ein von Anfang an der Schlussredaction minder bedürftiges ganze zu sehen haben [1]).

Die von den beiden eingangs ausgesprochenen Hypothesen als die von vornherein wahrscheinlicher bezeichnete erweist sich also in unserem Falle als die zur Erklärung allein ausreichende. Solche kleinere Vorarbeiten können aber unmöglich alle zur selben Zeit entstanden sein und sind auch kaum in der Reihenfolge, in der sie jetzt stehen, geschrieben zu denken. Es stellt sich daher zunächst die Aufgabe, nachdem ihr Umfang im Allgemeinen ermittelt ist, die Veränderungen, die sie bei der Schlussredaction erfahren haben, zu constatiren, und, wenn es auch nicht überall möglich ist, ihre Abfassungszeit zu bestimmen, so doch ihr wechselseitiges Verhältnis in chronologischer Hinsicht zu untersuchen.

III. Die *Αἰγύπτιοι λόγοι.*

Dass Herodot gerade Geschichte, Volk und Land von **Aegypten** in einem besonderen Abschnitte behandelte, erklärt sich leicht genug durch die bekannte Thatsache seiner ägyptischen Reise, als deren literarische Frucht eben dies zweite Buch seines

---

[1]) Dieser Unterschied der Composition des ersten und zweiten Theiles ist bereits K. W. Nitzsch a. a. O. S. 240 aufgefallen: „hat Herodot in ihm (dem letzteren Theile) auch weit seltener die einzelnen Logen bezeichnet und hervorgehoben, finden wir hier kein Stück, wo der Parallelismus oder die Differenz so Schritt für Schritt notirt ist, wie bei den ägyptischen und libyschen Abschnitten des 2. und 4. Buches, so ist von vornherein die Annahme nicht abzuweisen, dass er hier gearbeitet habe, wie dort.‘ ‘

Geschichtswerkes vorliegt. Die Frage nach der Abfassungszeit wird also mit der Frage nach dem Zeitpunkte derselben auf's innigste zusammenhängen, keineswegs wird man aber die Zeit der Einfügung in den Zusammenhang der Περσικοὶ λόγοι damit gleich anzusetzen haben, da kein Grund vorliegt, die Möglichkeit zu bezweifeln, dass die ägyptischen Geschichten eine bestimmte Zeit vor der Schlussredaction existirt hätten. Im Gegentheil ist es nicht denkbar, dass Herodot ohne eine bestimmte Nöthigung den ganz guten Zusammenhang der persischen Geschichten in so auffallender Weise zu unterbrechen vermocht hätte, und zwar wieder durch eine längere, für sich als Reisebericht ganz als abgeschlossen erscheinende Abhandlung; diese Nöthigung kann aber nur darin gefunden werden, dass sowol die persischen als die ägyptischen Geschichten fertig vorlagen und der Autor bei einer Zusammenarbeitung sie mit unwesentlichen Aenderungen in einander fügte. Wer ein solches Verfahren der Naivetät Herodot's zuschreiben will, mag es thun, ich hoffe aber bei Betrachtung des letzten Theiles seines Werkes zeigen zu können, dass er, in der Composition mindestens, nicht geringes zu leisten vermag. Die Zeit der Anwesenheit unseres Autors in Aegypten und seiner Studien und Erkundigungen daselbst, deren Früchte freilich nicht die wirkliche ägyptische Geschichte, sondern nur die Aufzeichnung der zu Herodot's Zeit herrschenden Priestertraditionen waren, ist mehrfach Gegenstand der Untersuchung gewesen. Um von früheren abzusehen, fixirt sie G. Rawlinson[1]) folgendermassen: Herodot müsse nach 460 in Aegypten gewesen sein, denn er sah (III. 12) die Schädel der in der Schlacht von Papremis erschlagenen; aber auch nicht viel später könne man desselben Anwesenheit in Aegypten ansetzen, da er sonst nicht so freundlich aufgenommen worden wäre und allenthalben Zutritt erhalten hätte. Es sei daher am wahrscheinlichsten an die Zeit von 460 bis 455 inclusive zu denken, die nach Thukydides[2]) als „der Athener Herrschaft" bezeichnet werden muss, in welcher es sich sehr gut annehmen liesse, dass die Aegypter

---

[1]) a. a. O. vol. I. introd. essay p. 10.

[2]) I. 109. ed. Krüger τὸ μὲν πρῶτον ἐκράτουν τῆς Αἰγύπτου Ἀθηναῖοι.

einen Griechen freundlich empfingen. Jedoch verhehlt sich Rawlinson nicht, dass eine Stelle den Anschein habe, dagegen zu sprechen (III. 91) und voraussetze, Herodot's Reise habe nach Wiederherstellung der persischen Oberhoheit stattgefunden [1]). Stein [2]) meint im Gegensatz dazu: „Aegypten sah Herodot im ungestörten Besitz der Perser" (II. 30, 99, 149); natürlich gibt III. 12 auch für ihn den terminus a quo. Da 455 Inaros und die Athener besiegt wurden, „folglich bleibt für Herodot's ägyptische Reise nur die Zeit zwischen 454 und 449 übrig" [3]), in welch letzterem Jahre eben Amyrtaios besiegt und Pausiris, sein Sohn, von den Persern als Herrscher eingesetzt wurde (Her. III. 15.). Büdinger [4]), im Anschluss an Kirchhoff's öfter erwähnte Ansicht über die Abfassungszeit des Werkes, hält für sicher, dass die Reise nach 460 und vor 442 stattgehabt, für wahrscheinlich, dass sie vor Herodot's Belohnung in Athen zwischen Sommer 446 und 444 falle. Herodot's Reise müsse in einer Friedensepoche stattgefunden haben, deren gebe es zwischen den gewonnenen Grenzen zwei: eine von 460 bis 456/5 und eine nach 449, die erstere habe grössere Wahrscheinlichkeit für sich, jedoch wird auch für 448—446 die Möglichkeit nicht ausgeschlossen. Kirchhoff [5]) selbst, wiewol er sich über diese Frage nicht näher ausspricht, ist genöthigt, die Abfassung des zweiten Buches vor 445/4 anzunehmen.

Darin sind natürlich alle und mit Recht einig, dass Herodot's ägyptische Reise nach 460 zu setzen sei, mit Bezug auf III. 12. Geht man zu dem nächsten der in dieser Frage wichtigen Daten, so ist dies des Megabyzos Sieg über Inaros und die Athener 456/5; es entsteht die Frage, ist Herodot's Anwesenheit zwischen 460 und 456/5 möglich? Hier müssen

---

1) a. a. O. „there is one passage however (III. 91), which may seem to imply, that this visit . . . . was after the Persian authority had been restored."

2) a. a. O. p. XV.

3) Büdinger a. a. O. S. 11. Anm. 2 bezeichnet dies mit Recht als eine unverständliche Behauptung; sie beruht auf Stein's falscher Prämisse a. a. O. p. XIV.

4) a. a. S. 10 flgde.

5) Abfassungszeit S. 6.

nun die Bedenken Rawlinson's und die Behauptungen Stein's in Erwägung gezogen werden. Wenn sich aus den angeführten Stellen ergibt, dass Herodot zur Zeit persischen Regimentes in Aegypten war, dann ist es nicht denkbar, dass dies zwischen 460 und 456/5, der Zeit „der Athenerherrschaft," stattfand.

II. 30. sagt Herodot: Zu Psammetich's Zeit seien Besatzungen gelegen in Elephantine gegen die Aethiopen, in dem pelusischen Daphne gegen Araber und Syrer und in Marea gegen Libyen. Er fährt fort ἔτι δὲ ἐπ' ἐμεῦ καὶ Περσέων κατὰ ταὐτὰ αἱ φυλακαὶ ἔχουσι, ὡς καὶ ἐπὶ Ψαμμητίχου ἦσαν· καὶ γὰρ ἐν Ἐλεφαντίνῃ Πέρσαι φρουρέουσι καὶ ἐν Δάφνῃσι. An dieser Stelle sagt unser Autor ganz deutlich — das Praesens φρουρέουσι beweist dies — dass zur Zeit, als er in Aegypten war (ἔτι δὲ ἐπ' ἐμεῦ) die Perser Besatzungen in Elephantine und Daphne hatten. Bei der Unmittelbarkeit der ganzen Aufzeichnung [1]) braucht man nicht zu erwägen, ob dieser Satz etwa späterer Zusatz sei und wird dies auch durch die folgenden Angaben erspart. An einer anderen Stelle, die auch Stein entgangen ist, II. 98 heisst es, die Stadt Anthylla werde von dem jeweiligen Könige von Aegypten seinem Weibe geschenkt τοῦτο δὲ γίνεται, ἐξ ὅσου ὑπὸ Πέρσῃσί ἐστι Αἴγυπτος. An eine spätere Einschiebung ist wegen der erwähnten Eigenthümlichkeit, die dieser Theil des herodotischen Werkes an sich trägt, um so weniger zu denken, als der Zusammenhang durchaus nicht unterbrochen wird. Ich kann nun die folgende Stelle c. 99 einfach citiren: ἔτι δὲ καὶ νῦν, ὑπὸ Περσέων ὁ ἀγκὼν οὗτος τοῦ Νείλου ὃς ἀπεργμένος ῥέει, ἐν φυλακῇσι μεγάλῃσι ἔχεται φρασσόμενος ἀνὰ πᾶν ἔτος. III. 91 sagt unser Autor, dass Aegypten, Libyen, Kyrene und Barka dem König Dareios 700 Talente lieferten und überdies das Erträgniss, welches der Mörissee durch die Fische abwarf; für diese Stelle hat Büdinger [2]) hervorgehoben, dass sie im Zusammenhang der persischen Geschichten stehend zu einer Zeit geschrieben sei, als Aegypten sich nicht im Aufstande gegen die Perser befand, da sonst Herodot bei der Redaction dieses Theiles sich eine Bemerkung nicht versagt hätte. Die-

[1]) Büdinger, a. a. O. S. 7 u. 9 flgde. Vgl. unten S. 33.

[2]) a. a. O. S. 10.

selbe wird mit Kirchhoff zwischen 445 und 443 gesetzt, es bleibt aber wol möglich dieselbe Schlussfolgerung auch für ein späteres Datum festzuhalten. Doch sei dem wie immer, sicher geht aus der Stelle hervor, dass die Perserkönige diesen Ertrag bezogen, als der Autor schrieb. Wenn daher Herodot II. 149 schlechthin sagt, *καὶ ἐπεὰν μὲν ἐκρέῃ* (das Wasser aus dem Mörissee) *ἔξω, ἡ δὲ τότε τοὺς ἓξ μῆνας ἐς τὸ βασιλήιον καταβάλλει ἐπ' ἡμέρην ἑκάστην τάλαντον ἀργυρίου ἐκ τῶν ἰχθύων, ἐπεὰν δὲ ἐσίῃ τὸ ὕδωρ ἐς αὐτὴν, εἴκοσι μνέας,* so kann unter *τὸ βασιλήιον* doch nur der persische Schatz verstanden sein, zumal die Stelle III. 91 mit Bezug auf unsere gesagt ist. Nun kann man die Anekdote c. 110 erst recht verstehen, wenn sie ein unter persischer Herrschaft stehender Aegypter unserem Autor erzählte. Als Dareios gekommen sei und die kolossalen Statuen des Sesostris, seiner Gemahlin und seiner vier Söhne besichtigte, habe der damalige Hüter, auf des Königs Frage, warum ihm nicht auch solche Denkmäler errichtet seien, geantwortet, weil Dareios die Skythen nicht habe bezwingen können, die dem Sesostris auch unterthänig gewesen seien, nebst anderen ebenso tüchtigen Völkern, wie die von Dareios unterworfenen. Mit der Wiedererzählung dieser Geschichte mochte sich der Priester, der Herodot über Sesostris so viel schönes zu sagen wusste, sein Müthchen an seinem jetzigen persischen Oberherrn Artarxerxes I. kühlen. Aus den angeführten Stellen jedoch ergibt sich mit Sicherheit, dass Herodot's Reise nach und in Aegypten zu einer Zeit stattfand, in der die Perser das Land von Elephantine bis Daphne beherrschten, also nicht zwischen 460 und 456/5.

Geht man zur nächsten in dieser Frage bedeutenden Jahreszahl, so ist dies 449, wo Amyrtaios „der König in den Marschen" besiegt wurde und Pausiris sein Sohn in des Vaters Erbe eingesetzt ward [1]). Von 456/5 bis 449 „herrschten im Delta Amyrtaios, im Süden und in der Mitte des Landes die Perser;" in dieser Zeit der Unruhen und der Kämpfe konnte Herodot das Land nicht bereisen, am wenigsten die genauen Nach-

[1]) Herod. III. 15. Bezüglich der Datirung dieser Ereignisse vgl. Schöll, Philologus IX. S. 193 flgde.

richten über das Marschland selbst bringen, die II. 92 flgde. gegeben werden und noch auf Autopsie beruhen; denn erst c. 99 hört dieselbe auf, wie der Autor selbst sagt: *Μέχρι μὲν τούτου ὄψις τε ἐμὴ καὶ γνώμη καὶ ἱστορίη ταῦτα λέγουσά ἐστι . . .* Mindestens hätte Herodot angeben müssen, falls er trotz der kriegerischen Ereignisse das Marschland besichtigte, dass damals Amyrtaios dies Land beherrschte, wie er ja bei Aegypten auch gesagt hatte, dass es unter persischer Hoheit gestanden; er kann also erst nach 449 in Aegypten gereist sein.

Allein es lässt sich auch ein terminus ad quem ermitteln, und zwar aus Capitel 148 des zweiten Buches. Es wird sich nämlich sicher nur behaupten lassen, dass dieses zweite Buch mindestens (Kirchhoff [1]) meint die ganze Partie, die er sich zuerst in einem geschrieben denkt) in Athen abgefasst sei [2]); wir wissen nun aber ferner zur Evidenz gleichfalls durch Kirchhoff [3]), dass Herodot sich zweimal in Athen aufhielt, und haben ausserdem das bestimmte Zeugniss einer Vorlesung [4]) daselbst und der zwischen dem ersten und zweiten Aufenthalte liegenden Reise nach Unteritalien [5]). Wann diese letztere angetreten wurde, lässt sich nicht ausmachen, da Herodot nicht unter den ersten nach Thurioi 444/3 abgehenden Ansiedlern gewesen sein wird. Es ist daher sicher, dass Herodot entweder während seines ersten oder seines zweiten Aufenthaltes in Athen dieses zweite Buch geschrieben, dass daher die ägyptische Reise vor oder während des einen dieser beiden Zeiträume stattfand, also spätestens vor 444/3 oder aber nicht früher als

---

[1]) Abfassungszeit S. 13.

[2]) Vgl. II. 7, 177, 156. Wir werden sehen, dass Büdinger's Zweifel an der Ursprünglichkeit von c. 177 unbegründet sind. (a. a. O. S. 9.)

[3]) Abfassungszeit S. 18.

[4]) Bei Eusebios und seinen Uebersetzern und bei Plutarch de malignitate Herodoti. Näheres hierüber unten.

[5]) Schol. in Aristoph. nub. 331. Steph. Byz. s. v. *Θούριοι* ed Westerm. p. 139. Suidas s. v. *Ἡρόδοτος* ed. Bernhardy vol. I. 2. p. 893, s. v. *ἀπείπατο* vol. I. p. 564. Plinius. hist. nat. XII. 4. 18. ed. Sillig p. 334, Strabo XIV. p. 656. ed. Kramer vol. III. 132. Aristot. Rhet. III. 9 ed. Ber. p. 1409 a. Plutarch. de malign. c. 35, id: de exil. ed. Wyttenb. vol. III. 1. p. 378. Duris Samius, Müller. Frgm. 57. vol. II. p. 428. Suidas s. v. *Πανύασις*. Julian's Brief, ibid. s. v. *Ἡρόδοτος*.

432 die gleich darauf erfolgende Niederschrift anzusetzen ist. Capitel 148 des zweiten Buches aber erwähnt Herodot als bedeutende Bauwerke der Griechen, die neben den Pyramiden und dem Labyrinth genannt werden könnten, den Heratempel in Ephesos und auf Samos, kann also den Burgbau von Athen noch nicht gekannt haben, da er diesen unmöglich hätte übergehen können. Herodot muss dies also bereits geschrieben gehabt haben, ehe er zum zweiten Male nach Athen kam. Es bliebe also die Zeit von 449 bis nicht zu lange nach 444/3 frei für die Abfassung der *Αἰγύπτιοι λόγοι.*

Ein Blick auf die Composition des ganzen lehrt uns, wie die Reise und die aus derselben hervorgegangenen Notizen sich zu einander zeitlich gefasst verhalten. Es gibt in Herodot wenige Partien, die eine derartige zufällige Aneinanderreihung von Erkundigungen, Kritik an anderer Ansicht und auf Autopsie zurückgehenden Nachrichten enthalten, als diese. Während wir bei den lydischen Geschichten einen einheitlichen Gedanken verfolgt sahen, fehlt dieser hier ganz. Es sind also Aufzeichnungen, die den Charakter der Unmittelbarkeit an sich tragen, folglich von den Reiseeindrücken zeitlich nicht weit abliegen können, was zu der Annahme nöthigt, Herodot sei gleich nach seiner Reise nach Athen zurückgekehrt und habe daselbst das zweite Buch ausgearbeitet. Aber Herodot that offenbar noch mehr als dies, das geht aus c. 10 des dritten Buches hervor; hier ist des Kambyses Eintreffen in Aegypten erzählt, und es wird berichtet, er sei mit Psammenitos, dem Sohne des Amasis, zusammengestossen. *Ἄμασιν γὰρ οὐ κατέλαβε ζώοντα Καμβύσης ἐλάσας ἐπ' Αἴγυπτον, ἀλλὰ βασιλεύσας ὁ Ἄμασις τέσσερα καὶ τεσσεράκοντα ἔτεα ἀπέθανε* und begraben wurde er *ἐν τῇσι ταφῇσι τῇσι ἐν τῷ ἱρῷ, τὰς αὐτὸς οἰκοδομήσατο.* II. 169 wird die Tödtung des Apries erzählt und sein Begräbnis in Saïs erwähnt: *ἔθαψαν ἐν τῇσι πατρωΐῃσι ταφῇσι· αἱ δέ εἰσι ἐν τῷ ἱρῷ τῆς Ἀθηναίης ἀγχοτάτω τοῦ μεγάρου ἐσιόντι ἀριστερῆς χειρός*; die Saïten begruben dort alle Könige aus ihrem Nomos *καὶ γὰρ τὸ τοῦ Ἀμάσιος σῆμα ἑκαστέρω μέν ἐστι τοῦ μεγάρου ἢ τὸ τοῦ Ἀπρίεω καὶ τῶν τούτου προπατόρων* und es folgt dann eine genaue, auf Autopsie beruhende Beschreibung desselben. — Es ergibt sich unmittelbar, dass III. 10 das im zweiten Buche gesagte zur Voraussetzung hat und sich daran schliesst, wie denn auch der folgende Bericht von dem Schlachtfelde auf Autopsie desselben in Aegypten zurückgeht. Man sieht also, dass hier eine mit der Einschiebung der *Αἰγύπτιοι λόγοι* gleichzeitige Ueberarbeitung des folgenden stattfand, die uns beweist, dass Herodot es ganz wol verstand, die Resultate seiner ägyptischen Reise auch am passenden Orte in keineswegs den Zusammenhang störender Weise zu verwerthen. Aus der Natur der früher erwähnten Composition der ägyptischen Geschichten selbst ergibt sich jedoch mit Sicherheit, dass dieselben nicht überarbeitet sind, was für die Bestimmung der Zeit ihrer Einschiebung allerdings eine erhebliche Schwierigkeit ist, da sich durchaus keine Anhaltspunkte für dieselbe finden lassen; am wahrscheinlichsten ist ja freilich, dass, nachdem das zweite Buch eingefügt war, die Aenderungen mit dem dritten Buche vorgenommen wurden, dass wir also vielleicht von letzterem ausgehend der Zeit dieser Schlussredaction beikommen können.

Es zeigten sich also als Zeitgrenzen, innerhalb welcher die ägyptische Reise und die gleich darauf in Athen erfolgende Niederschrift des jetzigen zweiten Buches anzusetzen seien, die Jahre von 449 bis nicht zu spät nach 444/3. Da jedoch II. 41 und 165 die Insel Prosopitis, auf welcher die Athener vernichtet wurden, ohne irgend welchen Bezug auf diese Thatsache genannt ist, so ist es immerhin wahrscheinlich, dass doch einige Jahre seit diesem Ereignisse verstrichen waren, und man wird daher gut thun, das Jahr der Reise näher dem letzteren als dem ersteren der beiden Grenzjahre anzunehmen, wenngleich man sich nicht verhehlen darf, dass gerade, weil Herodot dies in Athen schrieb, ihm über diesen Punkt in gewisser Hinsicht Stillschweigen auferlegt war. Herodot's Vorlesung in Athen zwischen Sommer 446 und 444 kann hier noch nicht als Kriterium verwendet werden, da deren Gegenstand erst später zu untersuchen ist; dann allerdings kann es vielleicht gelingen, die Grenzen noch enger zu ziehen. (Vgl. unten das Schlusswort.)

Es soll nun das Verhältniss des zweiten Buches zu den übrigen Theilen des herodotischen Werkes in's Auge gefasst werden und an Nachrichten, die an verschiedenen Orten und in verschiedenem Zusammenhange dieselben Dinge berühren, untersucht werden, ob es denn wirklich so sich verhält, dass alles, was vor dem zweiten Buche steht, früher geschrieben ist, alles, was auf dasselbe folgt, später. Nachdem eben gezeigt worden ist, dass der Beginn des dritten Buches eine Bearbeitung zeigt, welche die Abfassung des zweiten Buches, beziehungsweise Herodot's Reise nach Aegypten voraussetzt, so sollen gleich einige andere Stellen des dritten Buches auf dies gegenseitige Verhältniss hin untersucht werden.

Im sechzigsten Capitel sagt Herodot, er habe sich mit Samos länger aufgehalten, weil da die drei grössten hellenischen Bauwerke sich befänden; das eine derselben ist der Heratempel, *νηὸς μέγιστος πάντων νηῶν τῶν ἡμεῖς ἴδμεν*, derselbe wird auch sonst schlechtweg als *τὸ Ἡραῖον* bezeichnet. I. 70. IV. 88. 152. IX. 96. Jedoch im zweiten Buche, wo Herodot das Labyrinth erwähnt, sagt er c. 148 *εἰ γάρ τις τὰ ἐξ Ἑλλήνων τείχεά τε καὶ ἔργων ἀπόδεξιν συλλογίσαιτο, ἐλάσσονος πόνου τε ἂν καὶ δαπάνης φανείη ἐόντα τοῦ λαβυρίνθου τούτου· καίτοι ἀξιόλογός γε καὶ ὁ ἐν Ἐφέσῳ ἐστὶ νηὸς καὶ ὁ ἐν Σάμῳ*. Ich glaube nicht, dass jemand wird annehmen können, ein Autor, in dessen Augen die hellenischen Leistungen auf dem Gebiete der Baukunst so unscheinbar erscheinen, wie unserem Herodot, als er den ägyptischen Riesenwerken gegenüberstand, hätte hundert Capitel später von demselben Tempel, den er beiläufig als bemerkenswerth neben dem Labyrinth und den Pyramiden genannt hat, sagen können, es sei dies der grösste, den er gesehen habe. Dies ist aber eine unabweisbare Nothwendigkeit für jeden, der die Abfassungszeit des herodotischen Geschichtswerkes mit Kirchhoff bestimmt. In der That steht die Sache vielmehr so, dass Herodot III. 60 schrieb, als er noch nicht in Aegypten gewesen war, und damals freilich den Tempel, den er nach seiner Anwesenheit daselbst II. 148 mit dem ephesischen zusammen allein des Vergleiches werth hielt, als den grössten, den er gesehen, bezeichnen musste. Doch mag man sich immerhin darauf steifen, *νηός* als Tempel zu premiren und sagen: Herodot spricht III. 60 vom Labyrinth und den Pyramiden und vergleicht damit den Tempel der Hera auf Samos, den er dann unbeschadet als grössten Tempel bezeichnen kann;

an der Sache ändert dies nichts. Es bleibt für die, welche die Stelle so auffassen, bedenklich, dass Herodot III. 60 nicht von Tempeln, sondern von den *τρία μέγιστα ἁπάντων Ἑλλήνων ἐξεργασμένα* spricht und im zweiten Buche von den *τείχεα* und der *ἔργων ἀπόδεξις* auch wieder der Hellenen, also beide Male von demselben, so dass der *νηός* nicht als *νηός*, sondern als bedeutendster Repräsentant der *τείχεα* erscheint. Unerklärt bliebe aber auch in diesem Falle, und dies legt sich nur unter der oben angeführten Voraussetzung zurecht, wie denn der Tempel von Samos, der vor dieser Notiz III. 60 einmal I. 70 als *τὸ Ἡραῖον* genannt ist, zu der Ehre kommt, allein mit den ägyptischen Bauwerken des Vergleiches für werth gehalten zu werden. Man sieht wol, von dem dritten Buch muss bereits einiges in fertiger Form vorgelegen haben, bevor der ägyptische Reisebericht eingeschoben und die folgenden Partien überarbeitet wurden. Die Thatsache aber, dass Theile des Werkes theils jetzt früher stehendes voraussetzen, theils aber unmöglich nach dem jetzt vorangehenden geschrieben sein können, lässt sich durch gar nichts anderes erklären, als durch die bereits öfter als wahrscheinlich bezeichnete Hypothese einer Schlussredaction, welche eine Anzahl bereits vorliegender, zu verschiedenen Zeiten abgefasster Einzelarbeiten unter einem bestimmten Gesichtspunkte und mit einigen nöthigen Aenderungen, die aber die Genesis des ganzen nicht zu verwischen vermochten, zusammenfasste.

Die nächste der hier zu betrachtenden Stellen wird uns zeigen, dass eine Notiz des dritten Buches mit einer Nachricht des ersten Buches in einem unheilbaren Widerspruche steht, der aber nicht geeignet ist, eine Prioritätsfrage entscheiden zu können. I. 70 erzählt Herodot von dem Mischkruge, den die Lakedaimonier an Kroisos schickten; er kam nach dem Berichte derselben nicht nach Sardes, da er von den Samiern auf der Durchreise der Lakedaimonier denselben geraubt wurde; nach samischem Berichte kamen die letzteren zu spät mit demselben und gaben ihn nach der erfolgten Einnahme von Sardes Privaten, die ihn kauften und im Heraion aufstellten; nun fügt Herodot bei *τάχα δὲ ἂν καὶ οἱ ἀποδόμενοι λέγοιεν ἀπικόμενοι ἐς Σπάρτην ὡς ἀπαιρεθείησαν ὑπὸ Σαμίων.* Daraus muss man schliessen, dass Herodot der samischen Ueberlieferung mehr glaubt. Abermals auf diesen Mischkrug kommt der Autor zu sprechen III. 47; es heisst, die Lakedaimonier zogen den rebellischen Samiern gegen Samos zu Hilfe, nach samischer Ansicht als Revanche, da sie (die Samier) einst den erstgenannten gegen Messenien beigestanden, nach lakedaimonischer Ueberlieferung aber, um für den Raub jenes Mischkruges Rache zu nehmen. Nun aber ist Herodot nicht mehr derselben Ansicht wie I. 70. In einem Satze, der seine Anschauung enthält, sagt er: *καὶ γὰρ θώρηκα ἐληίσαντο τῷ προτέρῳ ἔτει ἢ τὸν κρητῆρα οἱ Σάμιοι* und c. 48 *κατὰ δὲ τὸν αὐτὸν χρόνον τοῦ κρητῆρος τῇ ἁρπαγῇ γεγονός.* Man könnte der Ansicht sein, auch diese Stelle sei nach der Einfügung des zweiten Buches an dem Orte, wo es jetzt steht, geschrieben, denn im letzten Capitel des zweiten Buches hat Herodot von einem *θώρηξ λίνεος* erzählt, den Amasis in Lindos aufstellte, und hier sagt er von dem geraubten Harnisch, der im Heratempel auf Samos sich befand: *τοιοῦτος ἕτερός ἐστι καὶ τὸν ἐν Λίνδῳ ἀνέθηκε τῇ Ἀθηναίῃ Ἄμασις,* ein Satz, der sich unmittelbar als Glosse irgend eines aufmerksamen, aber nicht sehr geistreichen Lesers unseres Autors erweist, wenn man wenige Zeilen vorher liest, *καὶ τοῦ θώρηκος, τὸν αὐτοῖσι Ἄμασις ὁ Αἰγύπτου βασιλεὺς ἔπεμψε δῶρον.*

Ueber den Charakter der Nachrichten, die uns im zweiten Buche niedergelegt sind, erfahren wir von Herodot selbst, es seien Dinge, die er theils selber gesehen, theils von den Priestern erfahron [1]) und es wird uns dies auch inhaltlich bestätigt, und zwar durch einen Vergleich von Psammetich's Geschichte, II. 157 und einer Nachricht. I. 105. Während da, wo wir es zu erwarten hätten, bei Erwähnung der Kriege dieses Königes, in einem Zusammenhange, der sich ex professo mit der Darstellung seiner Regierungsthätigkeit beschäftigt, mit keinem Worte einer Abwehr der Skythen gedacht wird, erfahren wir im ersten Buche c. 105: die Skythen seien gegen Aegypten gezogen, *καὶ ἐπεί τε ἐγένοντο ἐν τῇ Παλαιστίνῃ Συρίῃ Ψαμμίτιχός σφεας Αἰγύπτου βασιλεὺς ἀντιάσας δώροισί τε καὶ λιτῇσι ἀποτράπει*

[1]) II. 99. *Μέχρι μὲν τούτου ὄψις τε ἐμὴ καὶ γνώμη καὶ ἱστορίη ταῦτα λέγουσά ἐστι, τὸ δὲ ἀπὸ τοῦδε Αἰγυπτίους ἔρχομαι λόγους ἐρέων, κατὰ ἤκουον.*

τὸ προσωτέρω μὴ πορεύεσθαι. Diese eigene Schmach konnten die ägyptischen Priester nicht gut dem griechischen Touristen erzählen und thaten es, wie wir sahen, wirklich nicht; dass aber Herodot hier nicht mit dem ihm sonst bekannten Kritik geübt hat an dem, was ihm in Aegypten erzählt wurde, oder bei der Einfügung der ägyptischen Geschichte auf die hier vorliegende Schwierigkeit nicht aufmerksam machte, zeigt nur, wie wenig im Zusammenhang mit dem übrigen dieses zweite Buch erst ausgearbeitet wurde und dann einfach compilatorisch mit einem oberflächlichen Anschluss nach vor- und rückwärts in den Zusammenhang eingefügt ist. Für diese ursprüngliche, unabhängig von dem ersten Buche gemachte Niederschrift der *Αἰγύπτιοι λόγοι* sprechen Wiederholungen derselben Thatsache, wie deren eine in der That sich findet. II. 34. *ἡ δὲ Αἴγυπτος τῆς ὀρεινῆς Κιλικίης μάλιστά κῃ ἀντίη κέεται· ἐνθεῦτεν δὲ ἐς Σινώπην τὴν ἐν τῷ Εὐξείνῳ πόντῳ πέντε ἡμερέων ἰθέα ὁδὸς εὐζώνῳ ἀνδρί* und I. 72. *ἔστι δὲ αὐχὴν οὗτος τῆς χώρης ταύτης ἁπάσης· μῆκος ὁδοῦ εὐζώνῳ ἀνδρὶ πέντε ἡμέραι ἀμαισιμοῦνται.* Im 104. Capitel [1]) des zweiten Buches spricht Herodot von den Syrern, die am Thermodon und Parthenios wohnen; mit Recht hat Rawlinson [2]) aufmerksam gemacht, damit könnten nur die Kappadokier gemeint sein. Dass nun der Parthenios in diesen Zusammenhang nicht passt, nachdem der Halys, wie es im ersten Buche heisst [3]), Paphlagonien und Kappadokien trennt und somit diese Syrer-Kappadokier, nach der hier vorliegenden Angabe am Parthenios wohnend, drei Längengrade westlicher anzusetzen wären, gestattet keinen andern Schluss als den der Constatirung einer Discrepanz, die Herodot nicht bemerkt und noch weniger corrigirt hat. Während die Stelle des Proömiums I. 3. und 4. [4]) keineswegs

---

[1]) II. 104. *Φοίνικες δὲ καὶ Σύροι οἱ ἐν τῇ Παλαιστίνῃ καὶ αὐτοὶ ὁμολογέουσι παρ' Αἰγυπτίων μεμαθηκέναι, Σύριοι δὲ οἱ περὶ Θερμώδοντα καὶ Παρθένιον ποταμὸν καὶ Μάκρωνες οἱ τούτοισι ἀστυγείτονες ἐόντες ἀπὸ Κόλχων φασὶ νεωστὶ μεμαθεκέναι . . .*

[2]) a. a. O. n. ad. loc.

[3]) I. 72. Der Halys ist die Grenze von Medien und Lydien, dann von Matiene und Phrygien, *παραμειβόμενος δὲ τούτους καὶ ῥέων ἄνω πρὸς βορέην ἄνεμον ἔνθεν μὲν Συρίους ἀπέργει, ἐξ εὐωνύμου δὲ Παφλαγόνας.*

[4]) I. 3. *τοὺς δὲ προϊσχομένων ταῦτα προφέρειν σφι Μηδείης τὴν*

voraussetzt, dass die Teukrer geläugnet hätten, Alexander habe Helena nach Troja gebracht, sondern im Gegentheil darin ein Zugeständniss der Thatsache liegt, dass den sich beschwerenden Griechen der ihrerseits verübte Raub der Medea vorgehalten wird und behauptet ist, dass es thöricht sei, wegen geraubter Weiber überhaupt sich zu erhitzen [1]), erfahren wir aus II. 118 [2]) flgd., dass die Teukrer behauptet hätten, weder Helena noch die Schätze zu haben, was Herodot in der That glaubt, wie c. 120 des zweiten Buches [3]) beweist. Daraus, dass der Geschichtsschreiber diese beiden Nachrichten ohne irgend eine Andeutung des bestehenden Widerspruches zu geben einmal nach persischer Quelle, einmal nach ägyptischer berichtet, muss man schliessen, dass die beiden Nachrichten in einem Grade unabhängig von einander sind, der eine gleichmässige Arbeit von I. 3. bis II. 120, wie sie Kirchhoff annimmt, ausschliesst; der Gegensatz erklärt sich aber vollständig, wenn man beide Nachrichten je einem ursprünglich unabhängig ausgearbeiteten Stücke des herodotischen Werkes zuschreibt und den Widerspruch bei einer nicht eingehenden Schlussredaction als ungetilgt annimmt. Ich könnte noch einen solchen Gegensatz herausfinden, wenn ich I. 7. [4]) so premiren wollte, wie es gewöhnlich geschieht. Wenn nämlich Herodot II. 142 [5]) das Jahrhundert zu drei Menschenaltern rechnet, so berechtigt das keineswegs stets da, wo von *γενεαί* die Rede ist, dem Autor mit diesem Ansatze nachrechnen zu wollen. Sowol IV. 163 [6])

ἁρπαγὴν ὡς οὐ δόντες αὐτοὶ δίκας οὐδὲ ἐκδόντες ἀπαιτεόντων βουλοίατό σφι παρ' ἄλλων δίκας γίνεσθαι.

[1]) I. 4. *τὸ δὲ ἁρπασθεισέων σπουδὴν ποιήσασθαι τιμωρέειν ἀνοήτων.*

[2]) *τοὺς δὲ Τευκροὺς τὸν αὐτὸν λόγον λέγειν τότε καὶ μετέπειτεν, καὶ ὀμνύντας καὶ ἀνωμοτί, μὴ μὲν ἔχειν Ἑλένην μηδὲ τὰ ἐπικαλεόμενα χρήματα, ἀλλ' εἶναι αὐτὰ πάντα ἐν Αἰγύπτῳ.*

[3]) *ἀλλ' οὐ γὰρ εἶχον Ἑλένην ἀποδοῦναι οὐδὲ λέγουσι αὐτοῖσι τὴν ἀλήθειαν ἐπίστευον οἱ Ἕλληνες . . .*

[4]) (*Ἡρακλεῖδαι*) *ἄρξαντες ἐπὶ δύο τε καὶ εἴκοσι γενεὰς ἀνδρῶν, ἔτεα πέντε τε καὶ πεντακόσια . . . .*

[5]) *γενεαὶ γὰρ τρεῖς ἀνδρῶν ἑκατὸν ἔτεά ἐστι.*

[6]) *ἡ δὲ Πυθίη οἱ χρᾷ τάδε· ἐπὶ μὲν τέσσερας Βάττους καὶ Ἀρκεσίλεως τέσσερας, ὀκτὼ ἀνδρῶν γενεάς, διδοῖ ὑμῖν Λοξίης βασιλεύειν Κυρήνης.*

als I. 7 geht auf delphische Quelle zurück, in ersterem Falle ist dies ausdrücklich gesagt, für letztere Stelle behalte ich den Beweis mir für später vor. Die Sache steht so, dass man Herodot in Delphi vorrechnete, die Herakleiden hätten 505 Jahre durch 22 Menschenalter geherrscht. IV. 163 rechnet die Pythia acht Menschenalter, es sind in der That acht Könige, vier heissen Battos, vier Arkesilaos; aber der erste Battos regiert, wie Herodot [1]) ausdrücklich sagt, 40 Jahre, der zweite, wie es an demselben Orte heisst, 10 Jahre, kurz das Wort *γενεαί* bezeichnet hier nicht Zeiträume von gleicher Länge, die man sich etwa aus II. 142 oder I. 7 herausrechnen soll, sondern die beiläufige chronologische Angabe hat als Basis die Zahl der Königsregierungen, gleichviel ob sie lang oder kurz waren. Ganz dasselbe wollte nun unser Autor II. 142 sagen. Von dem ersten Könige bis zu dem zuletzt herrschenden Priester des Hephaistos waren 341 „*ἀνθρώπων γενεαί*“ — *καὶ ἐν ταύτῃσι ἀρχιρέας καὶ βασιλέας ἑκατέρους τοσούτους γενομένους*, das heisst, es waren 341 Priester und 341 Könige, was Herodot dann nach einer geläufigen Vorstellung in Jahrhunderte umrechnete, das Jahrhundert zu drei Generationen. Dagegen die Stelle I. 7. bietet gar keine Umrechnung, sondern nach Analogie von IV. 163 will dies nur sagen, es gab zweiundzwanzig herakleidische Herrscher, die zusammen 505 Jahre regierten. Einen anderen Sinn kann ich auch der Nachricht VI. 98 nicht beilegen, wo es von Dareios, Xerxes und Artaxerxes heisst, *τριῶν τούτων ἐπεξῆς γενεέων ἐγένετο πλέω κακὰ τῇ Ἑλλάδι ἢ ἐπὶ* ... wenn auch diese Herrscher zufällig beiläufig ein Jahrhundert regierten.

Es verdient ferner Beachtung, dass nicht weniger als dreimal Herodot angibt, wie viel Stadien die Parasange hat, und dass dies einmal auch im zweiten Buche, das wir bis jetzt stets unabhängig von den übrigen gesehen haben, der Fall ist. II. 6 *δύναται δὲ ὁ μὲν παρασάγγης τριήκοντα στάδια* und V. 53. *καὶ ὁ παρασάγγης δύναται τριήκοντα στάδια*, endlich VI. 42 (*Ἀρταφέρνης*) *τὰς χώρας σφέων μετρήσας κατὰ παρασάγγας, τοὺς*

---

[1]) IV. 159. *Ἐπὶ μέν νυν Βάττου τε τοῦ οἰκιστέω τῆς ζόης ἄρξαντος ἐπὶ τεσσεράκοντα ἔτεα καὶ τοῦ παιδὸς αὐτοῦ Ἀρκεσίλεω ἄρξαντος ἑκκαίδεκα ἔτεα οἴκεον οἱ Κυρηναῖοι* . . . .

καλέουσι οἱ Πέρσαι τὰ τριήκοντα στάδια. Man wird an dieser Stelle nur sagen können, Herodot kann im fünften und sechsten Buche etwas nicht als bekannt voraussetzen, was er bereits II. 6 gesagt hat, ja er sagt dies VI. 42 mit Worten, die es wahrscheinlich machen, es geschehe hier zum ersten Male [1]). Dasselbe gilt auch für eine allgemein bekannte Thatsache, bei der eine derartige Wiederholung um so befremdlicher erscheinen muss: es ist dies der Wiederaufbau des abgebrannten Tempels in Delphi, dessen ebenfalls V. 62 und wieder II. 180 Erwähnung geschieht. An ersterer Stelle heisst es: *ἐνθαῦτα οἱ Ἀλκμαιωνίδαι πᾶν ἐπὶ τοῖσι Πεισιστρατίδῃσι μηχανεόμενοι παρ᾽ Ἀμφικτυόνων τὸν νηὸν μισθοῦνται τὸν ἐν Δελφοῖσι, τὸν νῦν ἐόντα, τότε δὲ οὔκω, τοῦτον ἐξοικοδομῆσαι,* dagegen im zweiten Buche: *Ἀμφικτυόνων δὲ μισθωσάντων τὸν ἐν Δελφοῖσι νῦν ἐόντα νηὸν τριηκοσίων ταλάντων ἐξεργάσασθαι (ὁ γὰρ πρότερον ἐὼν αὐτόθι αὐτομάτως κατεκάη, τοὺς Δελφοὺς δὲ ἐπέβαλλε τεταρτημόριον τοῦ μισθώματος παρασχεῖν)....* Allerdings kann man eine solche Thatsache mehrere Male erwähnen, wenn man gelegentlich darauf verweist, wie dies für dasselbe Ereigniss I. 50 [2]) gilt, aber unsere beiden Notizen stehen so zu einander, dass man bei jeder denken muss, der Autor spreche von dem Tempelbrande das erstemal. Hier kann ich für diese Stellen, sowie für eine Reihe der folgenden Vergleichsfragen gerne zugestehen, dass für sie Kirchhoff's Ansicht zur Erklärung auszureichen scheint; man kann sagen: bis Herodot zur Abfassung des fünften oder sechsten Buches gelangte, waren Jahre verflossen, und es erkläre sich daher das Vorkommen solcher Unebenheiten. Da wir aber gesehen, dass Kirchhoff's Erklärung in anderen Fällen sich nicht genügend erwiesen hat, so sind wir berechtigt, auch diese Discrepanzen in dem Sinne kritisch zu verwerthen, wie dies bei den früher besprochenen geboten war. Uebrigens glaube ich an einer Reihe der nun folgenden Angaben aus dem siebenten, achten und neunten Buche schon zeigen zu können, dass die Stellen der

---

[1]) Derartige Wiederholungen auch sonst; dreimal sagt Herodot, dass die Hellenen die Kappadokier Syrier nennen. Vgl. I. 72. V. 49. VII. 72.

[2]) *Οὗτος ὁ λέων, ἐπείτε κατεκαίετο ὁ ἐν Δελφοῖσι νηός, κατέπεσε ἀπὸ τῶν ἡμιπλινθίων . . .*

letzten drei Bücher die früher abgefassten seien und dass also diese wenigstens als bereits geschrieben vorausgesetzt werden müssen, bevor das zweite Buch entstanden ist.

Zu einer abschliessenden Ansicht über das Verhältniss, das zwischen Ionern, Dorern und Aiolern und dem, was Herodot Hellenen und Pelasger nennt, bestand, scheint er überhaupt nicht gekommen zu sein. Bevor man jedoch seine verschiedenen Aeusserungen hierüber zusammenstellt, muss aufmerksam gemacht werden, dass Capitel 56 des ersten Buches nicht ohne weiteres zu benützen ist: *ἱστορέων δὲ εὕρισκε (Κροῖσος) Λακεδαιμονίους καὶ Ἀθηναίους προέχοντας, τοὺς μὲν τοῦ Δωρικοῦ γένεος, τοὺς δὲ τοῦ Ἰωνικοῦ. ταῦτα γὰρ ἦν τὰ προκεκριμένα, ἐόντα τὸ ἀρχαῖον τὸ μὲν Πελασγικὸν, τὸ δὲ Ἑλληνικὸν ἔθνος. καὶ τὸ μὲν οὐδαμῇ κω ἐξεχώρησε, τὸ δὲ πολυπλάνητον κάρτα.* Es folgt dann eine Geschichte der Wanderungen der Dorer, und hierauf wird über die Sprache der Pelasger eine Untersuchung angestellt. So wie wir lesen, müsste sich das *τὸ μὲν* in *καὶ τὸ μὲν οὐδαμῇ κω ἐξεχώρησε* auf die Pelasger, respective Dorer oder Lakedaimonier beziehen, während es sich factisch auf die Athener bezieht, so etwas kann aber einem Autor, wenn er in einem Zuge schreibt, nicht passiren. Wir sind daher genöthigt bei *καὶ τὸ μὲν οὐδαμῇ κω κτλ.* einen späteren Zusatz beginnen zu lassen, der in der That bei der Art der Composition Herodot's, wie wir sie immer mehr kennen lernen, durchaus nichts befremdendes haben kann. Als späterer Zusatz erweist sich das folgende auch noch aus einem anderen Grunde. VIII. 43 heisst es: Lakedaimonier, Korinther, Sikyonier, Epidaurier und Troizenier seien *Δωρικόν τε καὶ Μακεδνὸν ἔθνος*, während wir an unserer Stelle erfahren, dass die Dorer früher, als sie am Pindos wohnten, Makedonier geheissen hätten; mit der Sache selbst beschäftigt sich Herodot im ersten Buche, während die andere Bemerkung eine bloss beiläufige ist. Es ist jedoch eher denkbar, dass ein Autor gelegentlich einmal in einem älteren Theile seines Werkes Dorer und Makedonier getrennt auffasst und sich da, wo ihm ex professo an der Sache liegt, genau ausdrückt, als dass er diese richtige Notiz früher geschrieben, dann aber vergessen hätte, die beiden identischen Völker auseinander zu halten. An zwei Stellen VIII. 44 und VII. 94 sagt Herodot übereinstimmend, die Athener seien Pelasger und hätten von Ion, dem Sohne des Xuthos, den Namen Ioner bekommen, an letzterer überdies, dass die in der Peloponnes wohnenden Ionier aigialeische Pelasger geheissen hätten und ebenfalls nach Ion benannt seien. Die Einschiebung hingegen, von der eben die Rede war, soll rechtfertigen, dass Herodot, die Athener hier Hellenen zum Unterschied von den pelasgischen Dorern nennt. Er lässt sich deshalb in eine sprachliche Untersuchung ein [1]), die ihm ergibt, dass das pelasgische eine Barbarensprache gewesen. Wenn man daher festhalten wolle daran, dass die Athener Pelasger seien (was, wie wir sahen, Herodot selbst im siebenten und achten Buche that), so müsse man annehmen, sie hätten ihre Sprache geändert; was sie nicht thaten, so wenig wie andere Pelasger, wie das Beispiel von Kreston und Plakia zeigen soll, und auch die Hellenen änderten ihre Sprache nicht, sondern entwickelten sich getrennt [2]) (*ἀποσχισθέν*) von den Pelasgern. So schroff also der Gegensatz mit der Notiz im achten und siebenten Buche ist, so wol stimmt diese spätere Einschiebung zu der Ansicht, die Herodot im zweiten Buche entwickelt, wenn er c. 51 sagt: *ἀλλ' ἀπὸ Πελασγῶν πρῶτοι μὲν Ἑλλήνων ἁπάντων Ἀθηναῖοι παραλαβόντες* .... denn die Pelasger wohnten damals mit den Athenern zusammen, die bereits zu den Hellenen gezählt wurden, *ὅθενπερ καὶ Ἕλληνες ἤρξαντο νομισθῆναι* (nämlich die Pelasger). Wenn wir aber für die Einfügung im ersten Buch aus mehreren Gründen annehmen mussten, sie sei späterer Zusatz, so wird eine solche spätere Abfassung der Stelle des zweiten Buches auch als wahrscheinlich erscheinen müssen.

---

[1]) Wie schwer es übrigens möglich ist, aus einer Vergleichung des aiolischen, dorischen und ionischen Dialectes auf das höhere Alter des einen oder anderen zu schliessen, zeigt Hirzel: Zur Beurtheilung des aeolischen Dialectes, Leipzig 1862, der die Ansicht widerlegt, den aiolischen (lesgischen) Dialect als eine besonders alte Form zu betrachten.

[2]) Diese Stelle ist bei G. Rawlinson ganz falsch übersetzt, es ist seine Auslegung des *ἀποσχισθέν* n. ad l. trotz der beigebrachten Analogien dem Sinne nach unzulässig. Der Grund für diese Auffassung war wol nur das Bestreben, den Gegensatz zu tilgen, was aber II. 57 als unnöthig erweist.

In Bezug auf die Aithiopen steht Herodot im siebenten Buche, in einer Notiz, die der Beschreibung des Heeres des Xerxes entnommen ist, noch ganz auf homerischem Standpunkt: Od. α. 23 *Αἰθίοπας τοὶ διχθὰ δεδαίαται, ἔσχατοι ἀνδρῶν, οἱ μὲν δυσομένου Ὑπερίονος οἱ δ' ἀνιόντος*. Herodot sagt VII. 70 *τῶν μὲν δὲ ὑπὲρ Αἰγύπτου Αἰθιόπων καὶ Ἀραβίων ἦρχε Ἀρσάμης· οἱ δὲ ἀπ' ἡλίου ἀνατολέων Αἰθίοπες (διξοὶ γὰρ δὴ ἐστρατεύοντο) προσετετάχατο*. Dagegen hören wir II. 90 von *νομάδες Αἰθίοπες*, der Autor nennt Meroe, *λέγεται δὲ αὕτη ἡ πόλις εἶναι μητρόπολις τῶν ἄλλων Αἰθιόπων*, III. 17 nennt er die *μακρόβιοι Αἰθίοπες*, hat also genauere Kunde gewonnen; die Stelle des dritten Buches führe ich mit Bezug auf die früher erwähnte Ueberarbeitung nach Einschiebung der *Αἰγύπτιοι λόγοι* an. (Ein gleiches gilt von IV. 185, wo *τρογλοδύται Αἰθίοπες* erwähnt sind; vgl. das im vierten Abschnitt gesagte.) — Bei Aufzählung der Streitkräfte in der Schlacht von Plataiai IX. 32 wird unter anderem auch berichtet: *ἐν δὲ καὶ Αἰθιόπων τε καὶ Αἰγυπτίων, οἵ τε Ἑρμοτύβιες καὶ οἱ Καλασίριες καλεόμενοι μαχαιροφόροι, οἵπερ εἰσὶ Αἰγυπτίων μοῦνοι μάχιμοι*. Im zweiten Buche jedoch wo Herodot sich ganz ausführlich über diese Kriegerkaste äussert, wo er nicht nur ihre Namen, wie sie hier sind, wiederholt, sondern auch sagt, aus welchen *νομοί* sich die einen und die anderen rekrutirten, wie viele ihrer waren: da wo ihm also gewiss ausführliche Kunde zu Gebote stand, erfahren wir nicht, dass sie *μαχαιροφόροι* genannt wurden, im Gegentheil c. 164 heisst es *οἱ δὲ μάχιμοι αὐτῶν καλέονται μὲν Καλασίριες τε καὶ Ἑρμοτύβιες*, der Beiname der Schwertträger ist hier nicht wieder gegeben. Wir hatten bereits (oben S. 39 Anm. 2 u. 5) an einer Stelle des ersten Buches c. 3 im Vergleiche mit II. 120 gesehen, dass Herodot über den trojanischen Krieg mit sehr radikalen Ansichten aus Aegypten zurückkam, Ansichten, die er unmöglich gehabt haben kann, als er zwei Stellen des siebenten Buches schrieb. Capitel 20 sagt unser Autor, der Zug des Xerxes sei weitaus der grösste gewesen, der je gemacht worden und damit sei gar nicht zu vergleichen der des Dareios gegen die Skythen, noch der, den die Skythen nach Medien unternahmen *μήτε κατὰ τὰ λεγόμενα τὸν Ἀτρειδέων ἐς Ἴλιον* und Capitel 43, als Xerxes am Skamander anlangt, *ἐς τὸ Πριάμου Πέργαμον ἀνέβη ἵμερον ἔχων θηήσασθαι*, im übrigen könnte man freilich daraus allein nicht zu viel schliessen. Herodot verweist wiederholt ausdrücklich auf gewisse bedeutende Analogien der Lakedaimonier und Aegypter, dass die jungen Leute in Sparta in Gegenwart älterer Personen aufstehen müssten [1], dass man die Krieger am meisten ehre [2], sei in Sparta wie in Aegypten üblich. Ausser diesen beiden Nachrichten, die aus dem zweiten Buche stammend als auf die ägyptische Reise zurückgehend sich erweisen, findet sich noch eine im sechsten Buche c. 60: *συμφέρονται δὲ καὶ τάδε Αἰγυπτίοισι Λακεδαιμόνιοι* heisst es, also mit offenbarem Bezug auf das früher im zweiten Buche gesagte, daher erst nach dessen Einfügung geschrieben, *οἱ κήρυκες αὐτῶν καὶ αὐληταὶ καὶ μάγειροι ἐκδέκονται τὰς πατρωίας τέχνας καὶ αὐλητής τε αὐλητέω γίνεται καὶ μάγειρος μαγείρου καὶ κῆρυξ κήρυκος* ... Auf diese Analogie zu verweisen war, wenn irgendwo so VII. 134 am Platze; wir hören: *ἐν γὰρ Σπάρτῃ ἐστὶ Ταλθυβίου ἱρὸν, εἰσὶ δὲ καὶ ἀπόγονοι Ταλθυβίου Ταλθυβιάδαι καλεόμενοι, τοῖσι αἱ κηρυκηίαι αἱ ἐκ Σπάρτης πᾶσαι γέρας δέδονται* und hier steht kein Wort auch nicht einmal des Rückweises. Herodot kann also, als er die letzte der angeführten Stellen schrieb, die Analogie nicht gekannt haben, was ganz natürlich ist, falls die Stelle des siebenten Buches vor der ägyptischen Reise geschrieben ist. — Wer über die Bewaffnung mit den *θώρηκες λίνεοι* und über das Tragen von Leinengewändern überhaupt nur die Notizen kennt in der Beschreibung der mannigfachen Bekleidung, Waffen und Rüstungen der Völkerschaften, die mit Xerxes zogen, wie sie im siebenten Buche gegeben sind, in einem Zusammenhange, in welchem Herodot d a r a u f seine besondere Aufmerksamkeit richtet, der erfährt nur, dass solche Panzer die Assyrer und Aegypter trugen [3], und während dies

[1]) II. 80. *συμφέρονται δὲ καὶ τόδε ἄλλο Αἰγύπτιοι Ἑλλήνων μούνοισι Λακεδαιμονίοισι · οἱ νεώτεροι αὐτῶν τοῖσι πρεσβυτέροισι συντυγχάνοντες εἴκουσι τῆς ὁδοῦ καὶ ἐκτράπονται καὶ ἐπιοῦσι ἐξ ἕδρης ὑπανιστέαται.*

[2]) II. 167. *μεμαθήκασι δ' ὦν τοῦτο πάντες οἱ Ἕλληνες καὶ μάλιστα Λακεδαιμόνιοι, ἥκιστα δὲ Κορίνθιοι ὄνονται τοὺς χειροτέχνας.*

[3]) VII. 63. *Ἀσσύριοι ... ἀσπίδας δὲ καὶ αἰχμὰς καὶ ἐγχειρίδια παραπλήσια τοῖσι Αἰγυπτίοισι εἶχον, πρὸς δὲ ῥόπαλα ξύλων τετυλωμένα σιδήρῳ καὶ λίνεους θώρηκας.* (Vgl. über diese Stelle den 4. Abschnitt.)

hier von den Kolchern nicht gesagt wird [1]), erfahren wir II. 104, dass Kolcher und Aegypter sich sehr nahe stehen [2]), dass sie und die Aegypter allein die Leinwand auf dieselbe Art machen [3]), welche bei den Aegyptern der einzige Stoff ist, den dieselben auf dem blossen Leibe tragen dürfen [4]), wie denn II. 182 Amasis an der bereits angeführten Stelle [5]) einen solchen Linnenpanzer weiht, und die Samier einen anderen nach III. 47 den Lakedaimoniern rauben [6]). Wenn die Kolcher, deren Aehnlichkeit mit den Aegyptern Herodot ja zeigen will, das Linnen ebenso arbeiten, wie die Aegypter, so können sie doch nicht die einzigen sein, die dies thun, wenn a u c h die Assyrer solche Linnenpanzer tragen. Allerdings darf man auch dies nicht zu stark auf einen Gegensatz premiren. Mehr Wunder muss es nehmen, in der That passt es aber auf's beste zu den gemachten Beobachtungen, wenn Herodot II. 180 und V. 62 einfach *'Αμφικτυόνων δὲ μισθωσάντων τὸν ἐν Δελφοῖσι νῦν ἐόντα νηόν* und *παρ' Αμφικτυόνων τὸν νηὸν μισθοῦνται* sagt, und dann e r s t VII. 200 ausführlich erzählt werden sollte, was die Amphiktyonen sind, *χῶρος ....*, *ἐν τῷ Δήμητρός τε ἱρὸν 'Αμφικτυονίδος ἵδρυται, καὶ ἕδραι εἰσὶ 'Αμφικτύοσι καὶ αὐτοῦ τοῦ 'Αμφικτύονος ἱρόν:* es ist durchaus nicht anders möglich als anzunehmen, die zuletzt citirte sei die zuerst geschriebene Stelle.

Ganz im allgemeinen lässt sich sagen, dass Herodot im zweiten Buche eine Art von Kritik übt, einen Ton anschlägt, den man eben ausser hier und etwa noch in einer ganz beschränkten Partie des vierten Buches gar nicht von ihm zu hören gewohnt ist und dies um so weniger, als man ja nur zu unbedingt Herodot als den Vertreter altgriechischer Biederkeit und

[1]) VII. 79. *Κόλχοι δὲ περὶ μὲν τῇσι κεφαλῇσι κράνεα ξύλινα, ἀσπίδας δὲ ὠμοβοΐνας σμικρὰς αἰχμάς τε βραχέας, πρὸς δὲ καὶ μάχαιρας εἶχον.*

[2]) *φαίνονται μὲν γὰρ ἐόντες οἱ Κόλχοι Αἰγύπτιοι· νοήσας δὲ πρότερον αὐτὸς ἢ ἀκούσας ἄλλων λέγω.*

[3]) II. 105. *λίνον μοῦνοι οὗτοί τε καὶ Αἰγύπτιοι ἐργάζονται κατὰ ταὐτά ...*

[4]) II. 81. *Ἐνδεδύκασι δὲ κιθῶνας λινέους περὶ τὰ σκέλεα θυσανωτούς, τοὺς καλέουσι καλασίρις ...*

[5]) Siehe oben S. 36 u. 37.

[6]) Ebenda.

kindlichen Götterglaubens aufstellt [1]). Die aufklärerischen Ansichten, die er gerade in diesem Theile seines Werkes vorbringt, stehen freilich in argem Gegensatz zu dem, was in dem übrigen Werke steht, und es muss in der That bedenklich erscheinen, sich vorzustellen, dass jemand, der das zweite und vierte Buch beispielshalber vor den drei letzten geschrieben haben soll, sich in der Darstellung des griechischen Freiheitskampfes so ganz unbeeinflusst von dem in Aegypten eingesogenen Rationalismus zeigt. Denn das lässt sich noch ganz genau erkennen, dass auf ägyptischem Boden die Skepsis in unserem Autor erwachsen ist, wo er so vieles hörte, was er mit seinen bisherigen Anschauungen zusammenzureimen nicht im Stande war, und wo die ägyptischen Priester ihm gerade mit ihrer Gelehrsamkeit und ihren urkundlichen Beweisen fast stets so imponirten, dass er sie einfach um ihre dieser Weisheit entstammende und deshalb für ihn selber canonische Ansicht über griechische Theogonie und Theologie befragte; so kam er dazu, gegen Homer und Hesiod aufzutreten, die Kenntnisse der Griechen in der Erdkunde geradezu lächerlich zu finden und über die Gelehrten, die sich darüber geäussert, spöttische Bemerkungen zu machen. Diese Zweifel waren in Herodot übrigens, wie dies ja bei der rationalisirenden Richtung seiner Zeit natürlich war, schon früher erwacht, aber bestätigt und zur Ueberzeugung erhoben, so dass er mit seinen bisherigen Ansichten brechend sie unverhohlen zum Ausdrucke brachte, wurden dieselben erst durch seine Erfahrungen im Nillande. Bezeichnend dafür ist II. 18, wo Herodot als einen weiteren Beweis seiner von der hellenischen abweichenden Meinung, welche die Theilung der Welt in Libyen, Asien und Europa mit dem Nil als Grenze zwischen beiden ersteren statuirte, den Ausspruch des Orakels des Jupiter Ammon findet, *τὸ ἐγὼ τῆς ἐμεωυτοῦ γνώμης ὕ σ τ ε ρ ο ν περὶ Αἴγυπτον ἐπυθόμην*. Er kam so in einen Kreis unhellenischer Anschauungen, die uns die Nachricht verstehen lassen, die gewiss mehr als nur ein Rückschluss ist, es sei ihm der

---

[1]) So auch Curtius: Griech. Gesch. II. S. 242. „Mit altgläubigem Sinne sah er die Götter herrschen über Hellenen und Barbaren.“

Jugendunterricht verboten worden [1]). In den ägyptischen Geschichten findet sich das reichste Material, um diese Ansicht zu belegen und man wird zu dem Schlusse berechtigt sein, dass wenn sonst in Theilen des Werkes derartige ketzerische Ansichten vorkommen, die Niederschrift derselben nicht vor die ägyptische Reise fallen kann, da aus den im folgenden noch näher zu behandelnden Stellen sich deutlich ergeben wird, dass gerade in dem Reiseberichte der ganze Umwandlungsprozess theils im Vollzuge ist, theils vollzogen vorliegt. Wenn aber Theile des Werkes derart sind, dass man den Versuch machen konnte [2]), sie auf chresmologische Gedichte zurückzuführen, so beweist dies doch mindestens, dass diese an Altgläubigkeit der darin ausgesprochenen Ansichten nichts zu wünschen übrig lassen, und dass diese unmöglich nach der Wandelung in den Ansichten des Autors, die sich in Aegypten begab, geschrieben sein können, was man aber theilweise annehmen muss, wenn man sich das Werk in der uns hinterlassenen Reihenfolge auch entstanden denkt.

Vielleicht die bezeichnendste Stelle dafür, wie Herodot dazu kam über hellenische Anschauungen so scharf abzuurtheilen, wie es in der That im zweiten Buche geschieht, ist II. 118 *Εἰρομένου δέ μευ τοὺς ἱρέας, εἰ μάταιον λόγον λέγουσι οἱ Ἕλληνες τὰ περὶ Ἴλιον γενέσθαι ἢ οὔ*... Ohne jede Beschränkung, auf die Autorität der ägyptischen Priester hin, denen er sein neues Wissen verdankt, wiederholt Herodot dies noch mehrmals; die Geschichte, wie Psammetich die Ursprache der Menschheit zu erforschen sich anschickte, erzählt unser Autor nach der Version, wie sie ihm in Memphis [3]) mitgetheilt worden, und bezeichnet die in Griechenland übliche Variante einfach als

---

[1]) Plutarch de malign. c. 31 aus Aristophanes v. Boiotien, cf. Müller: fragment. hist. graec. IV. 337, 3.

[2]) Schöll im Philologus Bd. X. 1855: Herodots Entwicklung zu seinem Beruf S. 25 flgde. Gegen diese Ansicht auch Wecklein: Sitzungsb. d. Münch. Akad. 1876. phil. philol. hist. Cl. Bd. I. Heft III. S. 269. Anm., der Fr. Benedikt: de oraculis ab Herodoto commemoratis. Bonn, 1871 gegen Schöll anführt.

[3]) II. 3. *Ὧδε μὲν γενέσθαι τῶν ἱρέων τοῦ Ἡφαίστου ἐν Μέμφι ἤκουον.*

Thorheit [1]). Eine in Hellas ebenso geläufige Erzählung über eine beabsichtigte Opferung des Herakles wird gleichfalls als Unsinn [2]) bezeichnet. Ich glaube daher, dass sich Büdingers Ansicht [3]) II. 3 als späteren Zusatz zu betrachten nicht halten lassen wird. Von Aegyptern müssen sich eleische Gesandte belehren lassen, dass ihrer olympischen Festfeier eines fehle, dass sie nämlich nicht international sei [4]), ein Ausspruch, der im Munde der ägyptischen Weltherren, die es allerdings nur ihrem Wahne nach noch sind, bezeichnend genug klingt. Von griechischen Bauwerken weiss Herodot im Vergleich zu den Pyramiden und dem Labyrinth nichts zu berichten, als dass die Tempel der Hera auf Samos und in Ephesos auch „bemerkenswerth“ seien [5]). Wenn das auch immerhin wahr sein mochte, so geringschätzig brauchte er von den griechischen Bauten nicht zu sprechen. — Das abgebrannte Nationalheiligthum in Delphi konnte nicht zum mindesten durch ägyptische Beisteuer gebaut werden, „von Stadt zu Stadt“ ziehen die Gesandten [6]). Ein Stück gerade athenischer Legislation

---

[1]) II. 3. *Ἕλληνες δὲ λέγουσι ἄλλα τε μάταια πολλὰ καὶ ὡς γυναικῶν τὰς γλώσσας ὁ Ψαμμήτιχος ἐκταμὼν τὴν δίαιταν οὕτω ἐποιήσατο τῶν παιδίων παρὰ ταύτῃσι τῇσι γυναιξί.*

[2]) II. 45. *λέγουσι δὲ πολλὰ καὶ ἄλλα ἀνεπισκέπτως οἱ Ἕλληνες· εὐήθης δὲ αὐτῶν καὶ ὅδε ὁ μῦθός ἐστι, τὸν περὶ τοῦ Ἡρακλέος λέγουσι,... ἐμοὶ μέν νυν δοκέουσι ταῦτα λέγοντες τῆς Αἰγυπτίων φύσιος καὶ τῶν νόμων πάμπαν ἀπείρως ἔχειν οἱ Ἕλληνες.*

[3]) a. a. O. S. 8. Anmerkung 1.

[4]) II. 160. Schon der Eingang ist spöttisch.... *Ἠλείων ἄνδρες, αὐχέοντες δικαιότατα καὶ κάλλιστα τιθέναι τὸν ἐν Ὀλυμπίῃ ἀγῶνα πάντων ἀνθρώπων, καὶ δοκέοντες παρὰ ταῦτα οὐδ᾽ ἂν τοὺς σοφωτάτους ἀνθρώπων Αἰγυπτίους οὐδὲν ἐπεξευρεῖν.* Der scharfe Gegensatz, welcher in der ihnen zu Theil werdenden Abfertigung besteht, hebt sich von diesem Bild nationaler Eitelkeit treffend ab; so wie es diesen Eleern ergangen, so ging es Herodot selbst bei seinen Forschungen.

[5]) II. 148. *εἰ γάρ τις τὰ ἐξ Ἑλλήνων τείχεά τε καὶ ἔργων ἀπόδεξιν συλλογίσαιτο, ἐλάσσονος πόνου τε καὶ δαπάνης φανείη ἐόντα τοῦ λαβυρίνθου τούτου· καίτοι ἀξιόλογός γε καὶ ὁ ἐν Ἐφέσῳ ἐστὶ νηὸς καὶ ὁ ἐν Σάμῳ.*

[6]) II. 180. *Ἄμασις μὲν γάρ σφι ἔδωκε χίλια στυπτηρίης τάλαντα, οἱ δὲ ἐν Αἰγύπτῳ οἰκέοντες Ἕλληνες εἴκοσι μνέας:* mit bedeutungsvoller Ironie ist dies zusammengestellt.

soll den Aegyptern entlehnt sein, dass nämlich jeder einmal des Jahres der Behörde seinen Beruf angeben müsse [1]). Zweifelhaft ist es unserem Autor, ob auch die bevorzugte Stellung der Kriegerkaste von Aegypten als Vorbild für eine ähnliche Stellung bei den Griechen gelten kann [2]).

Die Angaben Homers werden nicht geglaubt, nach den Erwägungen, die Capitel 120 flgde. angestellt werden, ist die Ilias auch nicht mehr wahrscheinlich. Nachdem Capitel 116 die Quellenströmung in Homer aufgedeckt ist, heisst es am Schlusse von c. 117. *Ὅμηρος μέν νυν καὶ τὰ Κύπρια ἔπεα χαιρέτω,* ein muthwilliger Ausruf, den Herodot überhaupt nur noch einmal IV. 96 gebraucht von der sonderbaren Persönlichkeit des Zalmoxis; dennoch fragt er c. 118 die Priester, ob der trojanische Krieg eine Thatsache sei oder ob die Hellenen *μάταιον λόγον λέγουσι.* Rhodopis, die Griechin, in Aegypten als Erbauerin einer Pyramide erscheinen zu lassen, das schmeichelte griechischem Selbstgefühl gewiss so, dass es unangenehm wirken musste, wenn Herodot sich mit einer entschiedenen Leugnung dagegen wendet (II. 134). Mit einer ähnlichen Bemerkung wie über Homer schliesst er hier c. 135 *Ῥοδώπιος μέν νυν πέρι πέπαυμαι.* Für viele mochte es schwer werden, die Anschauung, die man vom Okeanos hatte, aufzugeben, was aber Herodot verlangt [3]). Er geht aber noch weiter, wo es sich um religiöse Anschauungen handelt. Alles sollen die Hellenen den Aegyptern entlehnt haben: die Namen der zwölf Götter [4]),

---

[1]) II. 177. *Σόλων δὲ ὁ Ἀθηναῖος λαβὼν ἐξ Αἰγύπτου τοῦτον τὸν νόμον Ἀθηναίοισι ἔθετο, τῷ ἐκεῖνοι ἐς ἀεὶ χρέονται ἐόντι ἀμώμῳ νόμῳ.*

[2]) II. 167. *εἰ μέν νυν καὶ τοῦτο παρ' Αἰγυπτίων μεμαθήκασι οἱ Ἕλληνες, οὐκ ἔχω ἀτρεκέως κρῖναι . . .*

[3]) II. 23. *ὁ δὲ περὶ τοῦ Ὠκεανοῦ λέξας, ἐς ἀφανὲς τὸν μῦθον ἀνενείκας, οὐκ ἔχει ἔλεγχον· οὐ γάρ τινα ἔγωγε οἶδα ποταμὸν Ὠκεανὸν ἐόντα, Ὅμηρον δὲ ἤ τινα τῶν πρότερον γενομένων ποιητέων δοκέω τοὔνομα εὑρόντα ἐς τὴν ποίησιν ἐσενείκασθαι.*

[4]) II. 4. *δυώδεκά τε θεῶν ἐπωνυμίας ἔλεγον πρώτους Αἰγυπτίους νομίσαι καὶ Ἕλληνας παρὰ σφέων ἀναλαβεῖν.* ibid. c. 50, *σχεδὸν δὲ καὶ πάντων τῶν θεῶν τὰ οὐνόματα ἐξ Αἰγύπτου ἐλήλυθε ἐς τὴν Ἑλλάδα.* vgl. ibid. c. 146 *δῆλα ὦν μοι γέγονε, ὅτι ὕστερον ἐπύθοντο οἱ Ἕλληνες τούτων τὰ οὐνόματα ἢ τὰ τῶν ἄλλων θεῶν,* ferner II. 52 in Dodona erfuhr Herodot, die Griechen hätten ursprünglich zu den Göttern gebetet, ohne

die Festaufzüge [1]), der Name des Herakles [2]) sind Aegypten entnommen; ja sogar die heilige Stätte von Dodona hat dorther ihre Weisheit geholt [3]), eine Art des Gesanges ist bei den Aegyptern uralt und daher auch bei den Griechen nur recipirt [4]). Allein Herodot erzählt auch von griechischen Heroen und Göttern Dinge, die Blasphemien sind und griechischem Denken höchst anstössig erscheinen mussten. Perseus wird für einen Aegypter von Abstammung erklärt [5]) und Menelaos dachte man sich doch nicht als einen Mann, der in Aegypten Kinder schlachtete [6]), und einen ägyptischen König sollte man sich vorstellen, mit Demeter im Hades würfelnd, im Hades, an den Herodot hier auch nicht zu glauben scheint; er sagt mindestens II. 122 *καταβῆναι κάτω ἐς τὸν οἱ Ἕλληνες ἀΐδην νομίζουσι εἶναι.* Noch feiert man in Aegypten das Fest der Wiederkehr dieses Königs Rhampsinit, ob gerade aus diesem Grunde, weiss freilich unser Autor nicht. Wie anstössig musste vollends das erscheinen, was über Ares und seine Mutter im Culte von Papremis II. 64 gesagt war.

---

ihre Namen zu kennen, *ἔπειτεν δὲ χρόνου πολλοῦ διεξελθόντος ἐπύθοντο ἐκ τῆς Αἰγύπτου ἀπιγμένα τὰ οὐνόματα τῶν θεῶν τῶν ἄλλων, Διονύσου δὲ ὕστερον πολλῷ ἐπύθοντο.*

[1]) II. 49 führt Herodot die Einführung der phallischen Kulte des Dionysos auf Melampus zurück: *ἐγὼ μέν νύν φημι Μελάμποδα γενόμενον ἄνδρα σοφὸν μαντικήν τε ἑωυτῷ συστῆσαι καὶ πυθόμενον ἀπ' Αἰγύπτου ἄλλα τε πολλὰ ἐσηγήσασθαι Ἕλλησι καὶ τὰ περὶ τὸν Διόνυσον, ὀλίγα αὐτῶν παραλλάξαντα,* ibid. c. 58. *πανηγύριες δὲ ἄρα καὶ πομπὰς καὶ προσαγωγὰς πρῶτοι ἀνθρώπων Αἰγύπτιοί εἰσι οἱ ποιησάμενοι, καὶ παρὰ τούτων Ἕλληνες μεμαθήκασιν.*

[2]) II. 43. *καὶ μὴν ὅτι γε οὐ παρ' Ἑλλήνων ἔλαβον τοὔνομα τοῦ Ἡρακλέος Αἰγύπτιοι, ἀλλ' Ἕλληνες μᾶλλον παρ' Αἰγυπτίων.*

[3]) II. 57. *ἔστι δὲ καὶ τῶν ἱρῶν ἡ μαντικὴ ἀπ' Αἰγύπτου ἀπιγμένη.*

[4]) II 79. . . . *πολλὰ μὲν καὶ ἄλλα ἀποθωυμάζειν με τῶν περὶ Αἴγυπτον ἐόντων, ἐν δὲ δὴ καὶ τὸν Λίνον ὁκόθεν ἔλαβον· φαίνονται δὲ αἰεί κοτε τοῦτον ἀείδοντες:* er stammte nämlich von einem ihrer ältesten Könige; hier sieht man so recht, wie Herodot zu seinen Ansichten kam.

[5]) II. 91. *ἔφασαν τὸν Περσέα ἐκ τῆς ἑωυτῶν πόλιος γεγονέναι· τὸν γὰρ Δαναὸν καὶ τὸν Λυγκέα ἐόντας Χεμμίτας ἐκπλῶσαι ἐς τὴν Ἑλλάδα.*

[6]) II. 119. *ἐπιτεχνᾶται (Μενέλεως) πρῆγμα οὐκ ὅσιον· λαβὼν γὰρ δύο παιδία ἀνδρῶν ἐπιχωρίων ἔντομά σφεα ἐποίησε.*

Homer, Hesiod und Aischylos werden als Schöpfer der griechischen Götterwelt natürlich auch als abhängig von den Aegyptern betrachtet [1]). Die Griechen sollen überhaupt vor Hesiod und Homer gar nichts gewusst haben von ihren Göttern und deren Natur. II. 53 Ἔνθεν δὲ ἐγένετο ἕκαστος τῶν θεῶν, εἴτε δ' αἰεὶ ἦσαν πάντες, ὁκοῖοί τέ τινες τὰ εἴδεα οὐκ ἠπιστέατο μέχρι οὗ πρώην τε καὶ χθὲς ὡς εἰπεῖν λόγῳ. Die Zuschreibung der einzelnen Tage haben die Dichter den Aegyptern entlehnt und so die Griechen den letzteren abgelernt [2]). Nun versteht man „die lebhafte, fast leidenschaftliche Form“ mit der sich II. 156 Herodot gegen Aischylos wendet. Der Ausdruck ἥρπασε erklärt sich, wenn man bedenkt, dass der Verfasser der Hiketiden von Argos aus Io nach Aegypten fliehen, dort mit Zeus den Epaphos zeugen und in der dritten Generation den Oheim der Danaiden, den Aigyptos, werden lässt. Herodot will sagen, der, welcher den Aegyptern ihr geistiges Eigenthum geraubt, verdient eben dieses harte Urtheil, weil er sonst das wahre Sachverhältniss umgekehrt darzustellen beliebt, und unter den „Hellenen,“ die Herodot als Gewährsmänner einer anderen Art der Erzählung wie Io nach Aegypten kam, anführt [3]), im Gegensatz zu der von ihm gegebenen persischen Darstellung, wird wol auch gerade Aischylos zu verstehen sein. Nicht minder abhängig erscheint die griechische Gelehrtenwelt und da, wo sie nicht mit ägyptischen Anschauungen übereinstimmt, polemisirt Herodot gegen sie. Den griechischen Weisen, τῶν ἐγὼ εἰδὼς τὰ οὐνόματα οὐ γράφω, welche lehrten, dass die Seele unsterblich sei, sind die Aegypter in dieser Erkenntniss nicht nur vorangegangen, sondern von den letzteren haben die ersteren dieselbe entlehnt [4]). Wo

---

[1]) II. 53. Ἡσίοδον γὰρ καὶ Ὅμηρον . . . . οὗτοι δέ εἰσι οἱ ποιήσαντες θεογονίην Ἕλλησι, καὶ τοῖσι θεοῖσι τὰς ἐπωνυμίας δόντες καὶ τιμάς τε καὶ τέχνας διελόντες, καὶ εἴδεα αὐτῶν σημήναντες.

[2]) II. 82. καὶ τάδε ἄλλα Αἰγυπτίοισί ἐστι ἐξευρημένα, μείς τε καὶ ἡμέρη ἑκάστη θεῶν ὅτευ ἐστί, καὶ τῇ ἕκαστος ἡμέρῃ γενόμενος ὁτέοισι ἐγκυρήσει καὶ ὅκως τελευτήσει καὶ ὁκοῖός τις ἔσται.

[3]) I. 2. οὕτω μὲν Ἰοῦν ἐς Αἴγυπτον ἀπικέσθαι λέγουσι Πέρσαι, οὐκ ὡς Ἕλληνες, καὶ τῶν ἀδικημάτων τοῦτο πρῶτον ἄρξαι.

[4]) II. 123. πρῶτοι δὲ καὶ τόνδε τὸν λόγον Αἰγύπτιοί εἰσι οἱ εἰπόντες, ὡς ἀνθρώπου ψυχὴ ἀθάνατός ἐστι, τοῦ σώματος δὲ καταφθίνοντος ἐς

Herodot von dem periodischen Wachsen des Nil spricht, wendet er sich mit bitterer Ironie gegen die Erklärungsversuche hervorragender griechischer Gelehrter [1]). Die Ansichten der ägyptischen Priester, wenn sie auch nicht gerade sehr plausibel erscheinen, werden von Herodot doch gebilligt, selbst wenn sie behaupten, dass, falls es bei ihnen nicht regnen würde, die Griechen vom Hunger dahingerafft werden müssten [2]). Auch das Jahr haben ferner die Astronomen der Aegypter besser eingerichtet, freilich drückt sich der Autor hier milder aus: *ἄγουσι δὲ τοσῷδε σοφώτερον Ἑλλήνων, ἐμοὶ δοκέειν* (II. 4). Auch das Wissen in der Geometrie scheinen die Griechen unserem Autor den Aegyptern zu verdanken. Capitel 109 heisst es nämlich: *δοκέει δέ μοι ἐνθεῦτεν γεωμετρίη εὑρεθεῖσα ἐς τὴν Ἑλλάδα ἐπανελθεῖν.* Capitel 15 und 16 erörtert er die Meinung „der Ioner," die da behaupten, das Delta allein sei Aegypten, das übrige Land gehöre theils zu Libyen, theils zu Asien, und sagt: *εἰ ὦν ἡμεῖς ὀρθῶς περὶ αὐτῶν γιγνώσκομεν, Ἴωνες οὐκ εὖ φρονέουσι περὶ Αἰγύπτου· εἰ δὲ ὀρθή ἐστι ἡ τῶν Ἰώνων γνώμη, Ἕλληνάς τε καὶ αὐτοὺς Ἴωνας ἀποδείκνυμι οὐκ ἐπισταμένους λογίζεσθαι.* Dieser Härten war sich Herodot selber bewusst, das Gefühl hatte ihn ergriffen, dass er mit Dingen vor das Publikum trete, die dessen Missbilligung hervorrufen mussten. Daher entschuldigt er sich auch gleich eingangs II. 3: zu dem, was er über die ägyptischen Götter sage, nöthige ihn sein *λόγος* und dem müsse er folgen. Und c. 65 drückt er sich vielleicht noch stärker in diesem Sinne aus, wenn er sagt *τῶν δὲ εἵνεκεν ἀνεῖται*

ἄλλο ζῷον αἰεὶ γινόμενον ἐσδύεται... τούτῳ τῷ λόγῳ εἰσὶ οἳ Ἑλλήνων ἐχρήσαντο, οἱ μὲν πρότερον, οἱ δὲ ὕστερον, ὡς ἰδίῳ ἑωυτῶν ἐόντι.

[1]) II. 20. *Ἀλλ' Ἑλλήνων μέν τινες ἐπίσημοι βουλόμενοι γενέσθαι σοφίην ἔλεξαν περὶ τοῦ ὕδατος τούτου τριφασίας ὁδούς, τῶν τὰς μὲν δύο οὐδ' ἀξιῶ μνησθῆναι εἰ μὴ ὅσον σημῆναι βουλόμενος μοῦνον ... τῶν ἡ ἑτέρη ... c. 21 ἡ δ' ἑτέρη ἀνεπιστημονεστέρη μέν ἐστι τῆς λελεγμένης, λόγῳ δὲ εἰπεῖν θωμασιωτέρη c. 22. ἡ δὲ τρίτη τῶν ὁδῶν πολλὸν ἐπιεικεστάτη ἐοῦσα μάλιστα ἔψευσται.* Vgl. übrigens ein ähnliches Verfahren II. 15 u. 16. *Ἕλληνάς τε καὶ αὐτοὺς Ἴωνας ἀποδείκνυμι οὐκ ἐπισταμένους λογίζεσθαι.*

[2]) II. 13. *τὸ δὲ ἔπος τοῦτο ἐθέλει λέγειν, ὡς εἰ μὴ ἐθελήσει σφι ὕειν ὁ θεός, ἀλλ' αὐχμῷ διαχρᾶσθαι, λιμῷ οἱ Ἕλληνες αἱρεθήσονται· οὐ γάρ δή σφί ἐστι ὕδατος οὐδεμία ἄλλη ἀποστροφή, ὅτι μὴ ἐκ τοῦ Διὸς μοῦνον.*

τὰ ἰρὰ εἰ λέγοιμι, καταβαίην ἂν τῷ λόγῳ ἐς τὰ θεῖα πρήγματα, τὸ ἐγὼ φεύγω μάλιστα ἀπηγέεσθαι· τὰ δὲ καὶ εἴρηκα αὐτῶν ἐπιψαύσας, ἀναγκαίῃ καταλαμβανόμενος εἶπον. Aehnlich in Capitel 171 über die Mysterien. Hier meint unser Autor, er wisse noch mehr darüber, wie es sich damit verhalte, aber *εὔστομα κείσθω*; auch über das, was die Hellenen *θεσμοφόρια* nennen, will er schweigen, *πλὴν ὅσον αὐτῆς ὁσίη ἐστὶ λέγειν.* Ganz ebenso heisst es c. 46. *οὔ μοι ἥδιόν ἐστι λέγειν* c. 47. *ἐμοὶ μέντοι ἐπισταμένῳ οὐκ εὐπρεπέστερός ἐστι λέγεσθαι,* c. 48. *ἔστι λόγος περὶ αὐτοῦ ἰρὸς λεγόμενος,* c. 61. *οὔ μοι ὅσιόν ἐστι λέγειν,* c. 62. *ἔστι ἰρὸς περὶ αὐτοῦ λόγος λεγόμενος,* c. 81. *ἔστι δὲ περὶ αὐτῶν ἰρὸς λόγος λεγόμενος.* Man hat gemeint, dass Herodot mit pietätvoller Scheu die Geheimnisse der ägyptischen Mysterien nicht habe verrathen wollen; allein ich denke, mit mehr Grund wird man sagen können, dass er mit Rücksicht auf den Widerspruch, den er gewärtigte, um seinetwillen und nicht wegen der Geheimlehren zurückhaltend war. Wo er kann, wehrt er sich ausdrücklich gegen die Zumuthung, dass er behaupten wolle, die Griechen hätten etwas unmittelbar den Aegyptern entlehnt. Für die ithyphallischen Aufzüge behauptet er, Melampus habe dieselben eingeführt, der sie allerdings seinerseits von dem tyrischen Kadmos erfahren habe [1]). Und trotz dieses gewaltigen Eindruckes, den alles ägyptische auf unseren Autor machte, war er doch nicht im Stande alle die Seltsamkeiten der ägyptischen Religion zu glauben; er bezeichnet die Mittheilungen der Führer c. 131 als eitles Gerede *φλυηρέοντες ὡς ἐγὼ δοκέω.*

Wenn sich nun diese Ansichten an anderem Orte zum Theile wiederfinden, so wird auch daraus sich der Schluss ziehen lassen, dass die beiden Partieen, in denen das geschieht, von einander insofern unabhängig seien, als sie mit verschiedenen Gegenständen sich zu beschäftigen bestimmt waren, und dass daher der Autor diese seine Gedanken wiederholen konnte. Hier, wo es sich nun um die Ermittelung des Verhältnisses des zweiten und vierten Buches handelt, liegt bereits ein Beweisgrund dafür in der schon angeführten Stelle

---

[1]) II. 49. *οὐ γὰρ δὴ συμπεσεῖν γε φήσω τά τε ἐν Αἰγύπτῳ ποιεύμενα τῷ θεῷ καὶ τὰ ἐν τοῖσι Ἕλλησι.*

II. 161 vor, wo es heisst die *πρόφασις*, die in den ägyptischen Geschichten nur gestreift werde, solle ausführlich in den libyschen ihre Darstellung finden. Es ist schon an sich wahrscheinlich, dass Herodot sich während seiner ägyptischen Reise [1]) am besten in die Lage versetzt sah, auch über Libyen Erkundigungen einzuziehen und selber dahin zu gehen, und wird daher durch diesen Vorweis nur das nähere Verhältniss bestätigt, das zwischen beiden Theilen besteht. Für die vorliegende Untersuchung entstände unmittelbar die Frage, ob diese Verweisstelle im zweiten Buche aus der Zeit der ersten Niederschrift stammt oder erst bei der späteren Einfügung hinzugesetzt worden ist. Sicher ist, dass der Autor zur Zeit, als er die betreffende Stelle des zweiten Buches niederschrieb, in der Lage war zu wissen, dass er an einem späteren Orte, den er bereits genau kennen musste, diese nähere Ausführung anbringen konnte, was wiederum voraussetzt, dass der Theil, in welchen diese Ausführung eingefügt werden sollte, auch bereits vorlag, d. h. die Geschichten des Dareios, die ja mit denen des Kambyses und Kyros die persischen Geschichten ausmachen, die also als eine frühere Arbeit Herodots sich abermals erweisen, die vor die Zeit der ägyptischen Reise fällt. Wenn wir uns nun in Herodots Lage denken, als ihm die persischen Geschichten vorlagen, und bereits der Excurs über Aegypten, der aus späterer Zeit datirte, fertig war, und wie er nun bei der Schlussredaction beschäftigt war auch spätere Partien, etwa im dritten Buche, theilweise zu überarbeiten, so wird die Entscheidung der Frage, ob die libyschen oder skythischen Geschichten schon vor der Abfassung der ägyptischen in irgend einer Form vorhanden waren und nach derselben eben überarbeitet wurden, oder ob sie überhaupt erst nach der Reise entstanden sind, aus der Verweisstelle allein unmöglich; dies kann nur eine gleich anzustellende Untersuchung über die libyschen und skythischen Geschichten selbst ergeben. Wenn diese Frage entschieden werden kann, ist die andere über den Satz II. 161 von selbst gelöst; ist letzteres richtig, dann gehört derselbe in den ursprünglichen Zusammenhang der ägyptischen

[1]) Anders Stein. a. a. O. S. XVIII der Einleitung.

Geschichten; ergibt sich hingegen ersteres als Resultat, so kann das eine so gut wie das andere der Fall sein, es stellt sich also als durchaus irrelevant heraus, wie man diese Stelle betrachten will.

Es muss daher noch die inhaltlich nahe Beziehung des vierten Buches mit den *Αἰγύπτιοι λόγοι* betrachtet werden, welche zu der eben angestellten Argumentation allein berechtigt. Spricht dafür schon die im Vergleich zu den bisherigen unverhältnissmässig grössere Zahl von Berührungspunkten, so lässt sich für eine zeitlich nicht zu weit auseinander liegende Abfassung geltend machen, dass eigentliche Gegensätze nicht bestehen, was man doch vermuthen sollte, wenn von den früher besprochenen Möglichkeiten d i e richtig wäre, dass diese skythischen und libyschen Geschichten schon vor der Abfassung des zweiten Buches in der vorliegenden Form existirt hätten und dann nur eingefügt worden wären. Eine Ueberarbeitung würde mindestens im Gegensatze zu jener der betrachteten Bücher als sehr ausgiebig sich dadurch erweisen, dass eben keine Discrepanzen sich finden. Das kann man allerdings zeigen, dass in der Form, wie sie jetzt vorliegen, die beiden Theile des vierten Buches das zweite Buch an der Stelle, wo es jetzt steht, voraussetzen. Denn, wenn Herodot IV. 44 sagt: *τῆς δὲ Ἀσίης τὰ πολλὰ ὑπὸ Δαρείου ἐξευρέθη, ὃς βουλόμενος Ἰνδὸν ποταμὸν, ὃς κροκοδείλους δ ε ύ τ ε ρ ο ς οὗτος ποταμῶν πάντων παρέχεται,* so setzt dies voraus, dass schon e i n Fluss genannt ist, der durch Krokodile sich auszeichnet, was wir II. 68 flgde. lesen, wo das Vorkommen derselben im Nil und ihre Verehrung ausführlich beschrieben ist, wie denn c. 32 für das Vorhandensein des Nil in Libyen gerade das Vorkommen von Krokodilen in einem dort befindlichen Flusse das entscheidende Kriterium abgibt [1]). Auch IV. 198 scheint nicht ohne Bezug auf II. 12 gesagt zu sein, mindestens werden die dort gebrauchten Worte für die Fruchtbarkeit Aegyptens ziemlich ebenso hier für einen Theil Libyens, der mit Aegypten gleich fruchtbar sein soll, gebraucht: *δοκέει δέ μοι οὐδ' ἀρετὴν εἶναί τις ἡ*

---

[1]) II. 32. *παρὰ δὲ τὴν πόλιν ῥέειν ποταμὸν μέγαν, ῥέειν δὲ ἀπὸ ἑσπέρης αὐτὸν πρὸς ἥλιον ἀνατέλλοντα , φαίνεσθαι δὲ ἐν αὐτῷ κροκοδείλους.*

Λιβύη σπουδαίη ὥστε ἢ Ἀσίῃ ἢ Εὐρώπῃ παραβληθῆναι πλὴν Κίνυπος μούνης... μελάγγαιός τε γάρ ἐστι καὶ ἔπυδρος πίδαξι, und im zweiten Buche: *πρὸς δὲ τῇ χώρῃ οὔτε τῇ Ἀραβίῃ προσούρῳ ἐούσῃ τὴν Αἴγυπτον προσικέλην οὔτε τῇ Λιβύῃ.... ἀλλὰ μελάγγαιόν τε καὶ κατερρηγμένην .... τὴν δὲ Λιβύην ἴδμεν ἐρυθροτέρην τε γῆν καὶ ὑποψαμμοτέρην.* Die grössere Ausführlichkeit, mit der im vierten Buche darüber gehandelt ist, ergibt sich ganz natürlich, da diese Partie sich ja speciell mit Libyen beschäftigen soll. Auch was sonst im zweiten und vierten Buche über die Bodenbeschaffenheit gesagt ist, stimmt ganz genau. II. 32 *τῆς γὰρ Λιβύης τὰ μὲν κατὰ τὴν βορηίην θάλασσαν ἀπ' Αἰγύπτου ἀρξάμενοι μέχρι Σολόεντος ἄκρης, τῇ τελευτᾷ ταῦτα τῆς Λιβύης, παρήκουσι παρὰ πᾶσαν Λίβυες καὶ Λιβύων ἔθνεα πολλά,* IV. 167 *Λιβύων γὰρ δὴ ἔθνεα πολλὰ καὶ παντοῖά ἐστί.* II. 32. *τὰ δὲ ὑπὲρ θαλάσσης τε καὶ τῶν ἐπὶ θάλασσαν κατηκόντων ἀνθρώπων, τὰ κατύπερθε θηριώδης ἐστὶ ἡ Λιβύη·.... τὰ δὲ κατύπερθε τῆς θηριώδεος ψάμμος τέ ἐστι καὶ ἄνυδρος δεινῶς καὶ ἐρῆμος πάντων.* IV. 181. nach einer Aufzählung der Küstenvölker, *ὑπὲρ δὲ τούτων ἐς μεσόγαιαν ἡ θηριώδης ἐστὶ Λιβύη, ὑπὲρ δὲ τῆς θηριώδεος ὀφρύη ψάμμου κατήκει.* II. 65. *Ἐοῦσα ἡ Αἴγυπτος ὅμουρος τῇ Λιβύῃ οὐ μάλα θηριώδης ἐστί.* IV. 191. Westlich vom Fluss Triton sind die Maxyer, Ackerbauer, *ἡ δὲ χώρη αὕτη τε καὶ ἡ λοιπὴ τῆς Λιβύης ἡ πρὸς ἑσπέρην πολλῷ θηριωδεστέρη τε καὶ δασυτέρη ἐστὶ τῆς τῶν νομάδων χώρης. ἡ μὲν γὰρ δὲ πρὸς τὴν ἠῶ τῆς Λιβύης, τὴν οἱ νομάδες νέμουσι, ἐστὶ ταπεινή τε καὶ ψαμμώδης μέχρι τοῦ Τρίτωνος ποταμοῦ, ἡ δὲ ἀπὸ τούτου τὸ πρὸς ἑσπέρης, ἡ τῶν ἀροτήρων, ὀρεινή τε κάρτα καὶ δασέα καὶ θηριώδης.* Wir sahen, eine Haupttendenz des zweiten Buches ist, viele der griechischen Einrichtungen und Gebräuche als aus Aegypten herübergenommen darzustellen; ein gleiches begegnet uns hier IV. 189. *τὴν δὲ ἄρα ἐσθῆτα καὶ τὰς αἰγίδας τῶν ἀγαλμάτων τῆς Ἀθηναίης ἐκ τῶν Λιβυσσέων ἐποιήσαντο οἱ Ἕλληνες .... καὶ τέσσερας ἵππους συζευγνύναι παρὰ Λιβύων οἱ Ἕλληνες μεμαθήκασι.* 190. *θάπτουσι δὲ τοὺς ἀποθνήσκοντας οἱ νομάδες κατάπερ οἱ Ἕλληνες πλὴν Νασαμώνων.* (IV. 180 siehe unten vierten Abschnitt, wo das betreffende näher erörtert wird). Wir erkannten ferner, wie in Herodot gewaltige Zweifel über Homers Werke sich erhoben; unter anderem spricht er ihm im zweiten Buche die Kyprien ab, II. 117. *κατὰ ταῦτα δὲ τὰ ἔπεα .... δηλοῖ, ὅτι οὐκ Ὁμήρου τὰ Κύπρια ἔπεά ἐστι ἀλλ' ἄλλου τινός* und ähnliche Zweifel IV. 32 *ἔστι δὲ καὶ Ὁμήρῳ ἐν Ἐπιγόνοισι, εἰ δὴ τῷ ἐόντι γε Ὅμηρος ταῦτα τὰ ἔπεα ἐποίησε.* Auch auf eine andere Streitfrage kommt Herodot zweimal zu sprechen, sowol IV. 42 als II. 16 (über die Theilung der Welttheile); eine derartige Wiederholung spricht wol für die gegenseitige Unabhängigkeit II. 16 *Ἕλληνάς τε καὶ αὐτοὺς Ἴωνας ἀποδείκνυμι οὐκ ἐπισταμένους λογίζεσθαι, οἵ φασι τρία μόρια εἶναι γῆν πᾶσαν, Εὐρώπην τε καὶ Ἀσίην καὶ Λιβύην* und IV. 42 *θωμάζω ὦν τῶν διουρισάντων καὶ διελόντων Λιβύην τε καὶ Ἀσίην καὶ Εὐρώπην.* In beiden Partieen wird uns berichtet von dem Kanale, den Neko zu bauen begann, den Dareios dann fortsetzte. IV. 42 ..· *Νεκῶ τοῦ Αἰγυπτίων βασιλέος πρώτου τῶν ἡμεῖς ἴδμεν καταδέξαντος, ὃς ἐπείτε τὴν διώρυχα ἐπαύσατο ὀρύσσων τὴν ἐκ τοῦ Νείλου διέχουσαν ἐς τὸν Ἀράβιον κόλπον.* II. 158 *Ψαμμητίχου δὲ Νεκὼς παῖς ἐγένετο καὶ ἐβασίλευσε Αἰγύπτου, ὃς τῇ διώρυχι ἐπεχείρησε πρῶτος τῇ ἐς τὴν Ἐρυθρὴν θάλασσαν φερούσῃ, τὴν Δαρεῖος ὁ Πέρσης δεύτερα διώρυξε.* Vgl. noch IV. 39 *ἐς τὸν κόλπον τὸν Ἀράβιον, ἐς τὸν Δαρεῖος ἐκ τοῦ Νείλου διώρυχα ἐσήγαγε.* Ein Urtheil, bei dem wir schon früher (Seite 50 Anm. 3) der leidenschaftlichen Kritik Herodots zu gedenken hatten, wiederholt sich in ganz eben derselben Form: die Behauptung Herodots, der Okeanos umfliesse die Erde nicht IV. 8. *τὸν δὲ Ὠκεανὸν λόγῳ μὲν λέγουσι ἀπ' ἡλίου ἀνατολέων ἀρξάμενον γῆν περὶ πᾶσαν ῥέειν, ἔργῳ δὲ οὐκ ἀποδεικνῦσι.* IV. 36. *γελέω δὲ ὁρέων γῆς περιόδους γράψαντας πολλοὺς ἤδη, καὶ οὐδένα νόον ἐχόντως ἐξηγησάμενον· οἳ Ὠκεανόν τε ῥέοντα γράφουσι πέριξ τὴν γῆν,* und im zweiten Buche da, wo die verschiedenen Hypothesen der Griechen über das Wachsen des Nil und dessen Erklärung in der früher berührten absprechenden Form vorgebracht werden, heisst es von der einen Capitel 21 *ἡ δὲ ἑτέρη ἀνεπιστημονεστέρη μέν ἐστι τῆς λελεγμένης, λόγῳ δὲ εἰπεῖν θωμασιωτέρη, ἣ λέγει ἀπὸ τοῦ Ὠκεανοῦ ῥέοντα αὐτὸν ταῦτα μηχανᾶσθαι, τὸν δ' Ὠκεανὸν γῆν πέρι πᾶσαν ῥέειν* und Capitel 23: *οὐ γάρ τινα ἔγωγε οἶδα ποταμὸν Ὠκεανὸν ἐόντα, Ὅμηρον δὲ ἤ τινα τῶν πρότερον γενομένων ποιητέων δοκέω τοὔνομα εὑρόντα ἐς τὴν ποίησιν εἰσενείκασθαι.* Ueber die Lage des Volkes der Nasamonen wird II. 32 etwas anticipirt in Form des folgenden Beisatzes, der hier, wo Herodot von Libyen noch nichts berichtet hat, nöthig ist und insofern dafür spricht, dass das später über Libyen gesagte hier nicht vorausgesetzt werden konnte. Er lautet: (*Νασαμῶνες*) *τὸ δὲ ἔθνος τοῦτο ἐστὶ μὲν Λιβυκὸν, νέμεται δὲ τὴν Σύρτιν τε καὶ τὴν πρὸς ἠῶ χώρην τῆς Σύρτιος οὐκ ἐπὶ πολλόν*. Die Lage des Wohnortes derselben ist auch IV. 172 angegeben, nur hier, wie der Zusammenhang der libyschen Geschichten bedingt, mit Bezug auf andere Völkerschaften [1]), jedoch durchaus übereinstimmend; man sieht, wie es sich für unseren Autor um etwas anderes handelte, als er die Nasamonen II. 32 nannte und als er wieder IV. 172 auf sie kam. Ein ganz ähnlicher Schluss lässt sich aus der Erwähnung des harten Winters in Skythien ziehen, wie er im zweiten Buche Capitel 22 als Grund des Wanderns der Kraniche angegeben ist, und dem Vergleiche dieser Nachricht mit der ausführlichen Beschreibung derselben im Zusammenhang der skythischen Geschichten, IV. 7. 28. 31. [2]). Der Vergleich zwischen Nil und Donau wird in den ägyptischen und skythischen Geschichten fast mit denselben Worten angestellt. IV. 49 *ῥέει γὰρ δὴ διὰ πάσης τῆς Εὐρώπης ὁ Ἴστρος, ἀρξάμενος ἐκ Κελτῶν, οἳ ἔσχατοι πρὸς ἡλίου δυσμέων μετὰ*

---

[1]) IV. 172. *Αὐχισέων δὲ τούτων τὸ πρὸς ἑσπέρης ἔχονται Νασαμῶνες.* dieselben wohnen nach IV. 168 flgde.: *οἰκέουσι δὲ κατὰ τάδε Λίβυες ἀπ' Αἰγύπτου ἀρξάμενοι,* die Adyrmachiden: *ἀπ' Αἰγύπτου μέχρι λιμένος, τῷ οὔνομα Πλυνός ἐστι,* dann die Giligammen c. 169: *μέχρι Ἀφροδισιάδος νήσου,* weiter gegen Westen c. 170 die Asbyten: *οὗτοι τὸ ὑπὲρ Κυρήνης οἰκέουσι,* ebenso westlicher 171 die Auschisen: *οὗτοι ὑπὲρ Βάρκης οἰκέουσι, κατήκοντες ἐπὶ θάλασσαν κατ' Εὐεσπερίδας,* im Binnenlande die Bakaler: *κατὰ Ταύχειρα πόλιν τῆς Βαρκαίης.*

[2]) II. 22. *γέρανοι δὲ φεύγουσαι τὸν χειμῶνα τὸν ἐν τῇ Σκυθικῇ χώρῃ γινόμενον φοιτέουσι ἐς χειμασίην ἐς τοὺς τόπους τούτους*; dagegen IV. 28 *δυσχείμερος δὲ αὕτη ἡ καταλεχθεῖσα πᾶσα χώρη οὕτω δή τι ἐστι, ἔνθα τοὺς μὲν ὀκτὼ τῶν μηνῶν ἀφόρητος οἷος γίνεται κρυμὸς, ἐν τοῖσι ὕδωρ ἐκχέας πηλὸν οὐ ποιήσεις, πῦρ δὲ ἀνακαίων ποιήσεις πηλόν,* ibid. c. 31. *περὶ δὲ τῶν πτερῶν, τῶν Σκύθαι λέγουσι ἀνάπλεον εἶναι τὸν ἠέρα, καὶ τούτων εἵνεκεν οὐκ οἷά τε εἶναι οὔτε ἰδεῖν τὸ πρόσω τῆς ἠπείρου ... τήνδε ἔχω περὶ αὐτῶν γνώμην· τὰ κατύπερθε ταύτης τῆς χώρης αἰεὶ νίφεται, ἐλάσσονι δέ τοῦ θέρεος ἢ τοῦ χειμῶνος, ὥσπερ καὶ οἰκός. ἤδη ὦν ὅστις ἀγχόθεν χιόνα ἁδρὴν πίπτουσαν εἶδε, οἶδε, τὸ λέγω· οἴκε γὰρ ἡ χιὼν πτεροῖσι ..* Diese Erklärung bezieht sich auf IV. 7. *τὰ δὲ κατύπερθε πρὸς βορέην λέγουσι ἄνεμον τῶν ὑπεροίκων τῆς χώρης οὐκ οἷά τε εἶναι ἔτι προσωτέρω οὔτε ὁρᾶν οὔτε διεξιέναι ὑπὸ πτερῶν κεχυμένων· κτλ.*

Κύνητας οἰκέουσι τῶν ἐν τῇ Εὐρώπῃ und II. 33 *Ἴστρος τε γὰρ ποταμὸς ἀρξάμενος ἐκ Κελτῶν καὶ Πυρήνης πόλιος ῥέει μέσην σχίζων τὴν Εὐρώπην. οἱ δὲ Κελτοί εἰσι ἔξω Ἡρακλείων στηλέων, ὁμουρέουσι δὲ Κυνησίοισι, οἳ ἔσχατοι πρὸς δυσμέων οἰκέουσι τῶν ἐν τῇ Εὐρώπῃ κατοικημένων*, ferner IV. 50. *ἐπεὶ ὕδωρ γε ἓν πρὸς ἓν συμβάλλειν ὁ Νεῖλος πλήθει ἀποκρατέει* und II. 33. *καὶ ὡς ἐγὼ συμβάλλομαι τοῖσι ἐμφανέσι τὰ μὴ γινωσκόμενα τεκμαιρόμενος, τῷ Ἴστρῳ ἐκ τῶν ἴσων μέτρων ὁρμᾶται*, endlich IV. 53 *Βορυσθένης ποταμός, ὅς ἐστι μέγιστός τε μετὰ Ἴστρον τούτων καὶ πολυαρκέστατος κατὰ γνώμας τὰς ἡμετέρας οὔτι μοῦνον τῶν Σκυθικῶν ποταμῶν, ἀλλὰ καὶ τῶν ἄλλων ἁπάντων πλὴν Νείλου τοῦ Αἰγυπτίου· τούτῳ γὰρ οὐκ οἷά τέ ἐστι συμβαλεῖν ἄλλον ποταμόν.*

Dies genügt, um die Richtigkeit der oben aufgestellten Behauptung über das Verhältniss der ägyptischen Geschichten zum vierten Buche darzuthun. Die Frage, ob hier eine Abfassung des letzteren erst nach der Einschiebung der ägyptischen Geschichten überhaupt oder eine blosse Ueberarbeitung anzunehmen sei, muss den nächsten Gegenstand der Untersuchung bilden. Für die ägyptischen Geschichten, um das gelegentlich schon ausgesprochene schliesslich noch einmal zu wiederholen, steht fest, dass dieselben in den übrigen Theilen des Werkes theils vorausgesetzt sind, theils sich aber wieder als ganz unmöglich erweist anzunehmen, dass Stellen, die in der jetzigen Anordnung auf das zweite Buch folgen, wirklich auch später geschrieben seien, eine Thatsache, der gegenüber nur die eine Erklärung möglich ist, dass bei Gelegenheit einer Schlussredaction, welche bereits früher gearbeitetes zusammenfasste, dieses zweite Buch eingefügt ward ohne viel Aenderungen, dass aber auch zugleich einiges folgende überarbeitet und so von dem im zweiten Buche ausgesprochenen beeinflusst wurde. Dies zeigte sich für das dritte Buch; wie weit dies dort geht, ist noch zu erforschen; ob es für das vierte Buch in der Form überhaupt gilt, soll nun untersucht werden.

IV. Die *Λιβυκοὶ λόγοι.*

Hier sind wir der Mühe überhoben, den Titel zu rechtfertigen. An der bereits mehrfach erwähnten Stelle II. 161

bezeichnet Herodot ausdrücklich als libysche Geschichten den Theil seines Werkes, in welchem er die *πρόφασις*, um derentwillen es Apries übel ergieng, *μεζόνως* darlegen wolle, die *πρόφασις*, die er im zweiten Buche nur obenhin berühre. Im allgemeinen ist bereits früher (Seite 12 und 13) über die Beschaffenheit dieses Abschnittes gesprochen und auch über die Art der Einfügung in den Zusammenhang der persischen Geschichten unter Dareios das nöthige gesagt. Es soll nun hier, abgesehen davon, zunächst näher auf den Inhalt eingegangen werden.

Der Autor schildert, indem er ausdrücklich sagt, er wolle einiges der *πρόφασις* [1]), um derentwillen gegen Libyen der grosse Kriegszug unternommen ward, voranschicken, die Ankunft der Minyer in Lakedaimonien, die vor den Pelasgern flohen, ihre Befreiung aus der Gefangenschaft durch Vertauschung der Kleider mit den Frauen und ihren Anschluss an die *ἀποικία* des Theras. Die früheren Bewohner der nunmehr nach dem Oikisten Thera genannten Insel waren die Nachkommen des phoinikischen Membliaros und der frühere Name der Insel war Kalliste. Ein anderer Theil dieser Minyer wendete sich gegen Pareoraten und Kaukoner und gründete eine Anzahl Städte, welche zu Herodots Zeit die Eleer zerstört hatten. Auf Theras folgt Oiolykos, auf diesen Aigeus, und es entsteht die Gefahr, dass die Familie der Aigiden aussterbe (c. 150). Soweit stimmt theräische und lakedaimonische Ueberlieferung, von nun an aber folgt unser Autor nur theräischer Tradition. Grinnos, ein Nachkomme des Theras und König der Insel, geht nach Delphi das Orakel zu befragen. Er erhält die Weisung, Battos, ein Nachkomme der minyschen Colonistenfamilien [2]), solle eine Colonie nach Libyen führen. Da dies nicht geschieht, so regnet es in Thera zur Strafe für die Unterlassung nicht, und mit Hilfe des Korobios, eines Purpurfischers, erfahren die

---

[1]) Es ist die äusserliche Wiederholung des Wortes *πρόφασις* — denn die hier erwähnte erzählt Herodot c. 165, während die II. 161 versprochene c. 159 berichtet wird — gewiss absichtlich, um an das früher versprochene gleich eingangs des ganzen Abschnittes zu erinnern.

[2]) So erkläre ich mir IV. 150 *ἐὼν γένος Εὐφημίδης τῶν Μινυέων*, im Gegensatz zu den spartanischen Colonisten.

auf Erkundung der Lage Libyens ausgezogenen Theräer von der Insel Platea, die, wie ihnen versichert wird, zu Libyen gehört. Sie besiedeln die Insel und Samier verproviantiren die Leute daselbst. Durch günstige Winde entdecken erstere Tartessos; zum Danke dafür stellen sie in dem heimischen Tempel der Hera ein Weihgeschenk auf, das Herodot beschreibt. Hier liegen auch die Anfänge der intimen Beziehungen zwischen Kyrene, Thera und Samos. Die vermeintliche Entdeckung Libyens wird gemeldet und die Insel colonisirt (c. 154).

Soweit geht die theräische Ueberlieferung allein, von da ab stimmt sie, wie vor c. 150 mit der lakedaimonischen, nun mit der kyrenäischen, die jedoch für das c. 150—154 erzählte eine andere Version hat, die nun berichtet wird. Die Herkunft des Battos bildet den wesentlichsten Differenzpunkt, im Namen stimmen beide Ueberlieferungen, wie unser Autor ausdrücklich hervorhebt, c. 155. ὡς Θηραῖοί τε καὶ Κυρηναῖοι λέγουσι; damit ist wol zugleich im voraus angedeutet, dass von hier ab (c. 157) die c. 154 Anf. angegebene Uebereinstimmung der Nachrichten wieder beginnt, wenngleich gerade hier unser Autor sich nicht entschliessen kann, der angegebenen Tradition zu folgen. Das Orakel ist aber mit der Besiedelung von Platea nicht zufrieden und erst nach erfolgter Gründung von Aziris im eigentlichen Libyen und von Irasa, ergeht es der Colonie nach Wunsch. Auf Battos folgt Arkesilaos, dann Battos Eudaimon. Unter letzterem kommen viele Griechen und umwohnende Libyer unter dem Könige Adikras nach Kyrene, letztere bieten Apries ihre Dienste an, das ägyptische Heer, welches die depossedirten wieder in ihre Rechte einsetzen will, wird besiegt und die Aegypter fallen desshalb von Apries ab. Es folgt Arkesilaos II. Durch seinen Bruder wird Barka begründet, Arkesilaos besiegt die abtrünnigen Libyer, unter seinem Nachfolger Battos III. erfolgt dann die Reform des Demonax, um deren Nichtanerkenung willen Arkesilaos III., des ebengenannten Nachfolger, nach Samos fliehen muss. Da er auf Samos von Delphi aus die Versicherung erhält, dass er noch zur Herrschaft in Kyrene bestimmt sei, setzt er sich daselbst wieder in Besitz seines Thrones. Die ihm von der Pythia vorhergesagten Bedingungen seines Endes treten ein: er fällt nach der Vorhersagung durch Mörderhand. Seine Mutter Pheretima flieht nach Aegypten zu dem Statthalter des Kambyses Aryandes und erzählt dort, ihr Sohn sei wegen *μηδισμός* umgebracht worden. In Folge dieser *πρόφασις* unterstützt Aryandes die Königin-Mutter von Kyrene, aber mit der Absicht Libyen zu unterwerfen; denn es musste dem Perser sehr erwünscht erscheinen, dies Land zu besitzen, dessen zahlreiche Völker nun in c. 168—197 aufgezählt und charakterisirt werden. In den nächsten Capiteln bis 200 folgen dann noch einige Eigenthümlichkeiten Libyens und mit *ταῦτα μέν νυν ἐπὶ τοσοῦτο εἰρήσθω* schliesst dieser Abschnitt. Wir kommen nun aber wieder in den Zusammenhang, den wir c. 145 verlassen haben: es wird jetzt der dem Skythenzuge gleichzeitige Feldzug des Aryandes geschildert.

Ganz anders lässt sich der Abschnitt 168—197 an: es ist dies eine von geographischen Gesichtspunkten [1]) ausgehende Aufzählung der verschiedenen libyschen Völkerschaften, die etwas analoges nur hat in der mit den skythischen Geschichten verflochtenen ethnographischen Uebersicht, wobei auch wie hier Gebräuche und charakteristische Eigenthümlichkeiten in Tracht und Lebensweise der einzelnen Völkerschaften erwähnt und besprochen werden. Wie in der skythischen Geographie, so wird auch hier auf Flüsse [2]), Quellen [3]) und Gebirgszüge [4])

---

[1]) Zuerst die am Meere wohnenden (*οὗτοι μὲν οἱ παραθαλάσσιοι τῶν νομάδων* c. 181) Völker c. 168—180, dann die Sandzone und ihre sechs Völker c. 181—185. Der Rest bis c. 200 handelt von den Producten Libyens. Innerhalb der einzelnen Abschnitte ist die geographische Lage Eintheilungsgrund.

[2]) IV. 175 *διὰ δὲ αὐτῶν (Μάκων) Κῖνυψ ποταμὸς ῥέων ἐκ λόφου καλεομένου Χαρίτων ἐς θάλασσαν ἐκδιδοῖ.*

c. 178 *κατήκουσι (Μάχλυες) δὲ ἐπὶ ποταμὸν μέγαν, τῷ οὔνομα Τρίτων ἐστί.*

[3]) IV. 181 *καὶ ἐν κορυφῇσι ἑκάστου τοῦ κολωνοῦ ἀνακοντίζει ἐκ μέσου τοῦ ἁλὸς ὕδωρ ψυχρὸν καὶ γλυκύ.*

ibid. *τυγχάνει δὲ καὶ ἄλλο σφι (Ἀμμωνίοις) ὕδωρ κρηναῖον ἐόν.*

[4]) Vgl. die eben citirte erste Stelle und c. 181 *ὑπὲρ δὲ τῆς θηριώδεος ὀφρύη ψάμμου κατήκει .... ἐν δὲ τῇ ὀφρύῃ ταύτῃ μάλιστα διὰ δέκα ἡμερέων ὁδοῦ ἁλὸς ἔστι τρύφεα κατὰ χόνδρους μεγάλους ἐν κολωνοῖσι ....*

Rücksicht genommen, auch über die Fauna [1]) und Flora [2]) weiss der Autor uns einiges zu berichten. Kurz es sind zwei inhaltlich absolut verschiedene Theile, die uns hier als libysche Geschichte gelegentlich des Zuges des Aryandes gegen Kyrene geboten werden. Der letztere Theil schliesst sich in einem Merkmal, das uns für Herodots Schreibweise nach seiner ägyptischen Reise charakteristisch schien, an den geographisch-ethnographischen Excurs über Skythien an: darin nämlich, griechische Gebräuche und Sitten vom Auslande her abzuleiten und zu erklären. Es ist dies an den bereits (S. 57) besprochenen Stellen aus IV. 189 zu ersehen, welche zeigen sollen, wie die Hellenen das Aegisbild, das weite Gewand der Athena und das Anspannen von vier Pferden zusammen von den Libyern herübergenommen haben. Dasselbe gilt von IV. 180, wo die Auseer ihren Athenacult und ihr Athenafest als ein einheimisches bezeichnen, τῇ αὐθιγενέι θεῷ λέγουσαι τὰ πάτρια ἀποτελέειν. Im selben Capitel heisst es weiter von der Rüstung, welche die schönste der Jungfrauen trägt, und in der sie als Athena um den See geführt wird, sie sei vermuthlich, bevor dies Volk mit Hellenen in Verbindung kam, von den Aegyptern entlehnt worden: ἀπὸ γὰρ Αἰγύπτου καὶ τὴν ἀσπίδα καὶ τὸ κράνος φημὶ ἀπῖχθαι ἐς τοὺς Ἕλληνας, so dass nichts übrig bleibt, als anzunehmen, Herodot habe gemeint die eben früher genannte πανοπλίη Ἑλληνική und der korinthische Helm seien auch von den Aegyptern herübergenommen.

Abgesehen jedoch davon finden sich auch sonst Anhaltspunkte genug, welche unzweifelhaft erscheinen lassen, dass dieser zweite Theil erst nach der ägyptischen Reise geschrieben sein kann, nach welcher, wie ich glaube, (vgl. oben, S. 55) Herodot überhaupt erst in der Lage war, über Libyen diese Nachrichten zu bringen. Ausdrücklich weist er auf die Analogie

---

[1]) Vgl. c. 172. 174. 191. 192 Ende τοσαῦτα μέν νυν θηρία ἡ τῶν νομάδων Λιβύων γῆ ἔχει, ὅσον ἡμεῖς ἱστορέοντες ἐπὶ μακρότατον οἷοί τε ἐγενόμεθα ἐξικέσθαι.

[2]) c. 169 καὶ ἐν τῇ ἠπείρῳ Μενελάϊος λιμήν ἐστι καὶ Ἄζιρις... καὶ τὸ σίλφιον ἄρχεται ἀπὸ τούτου.

c. 177 ὁ δὲ τοῦ λωτοῦ καρπός ἐστι μέγαθος ὅσον τε τῆς σχίνου, γλυκύτητα δὲ τοῦ φοίνικος τῷ καρπῷ προσίκελος.

der Gewohnheiten und Gebräuche der Adyrmachiden mit den ägyptischen[1]) und auf deren Unterschiede. An dieser Stelle ist die Annahme, es sei dies Zusatz aus späterer Zeit, ausgeschlossen; bei der ausdrücklichen Bezugnahme IV. 181 auf II. 42 wäre sie von vorneherein möglich, hier aber nach allem vorhergegangenen verurtheilt sie sich selber. IV. 181 zeigt vielmehr erst recht, dass der betreffende Satz und man darf wol ohne weiteres sagen, die ganze Partie von 168 ab nach der ägyptischen Reise geschrieben ist. Dafür spricht, dass wir hier eine ziemlich unmittelbare Aufzeichnung Herodots vor uns haben. Bei seinem Aufenthalte auf der Oase des Ammon fiel ihm auf, dass dort, wie in Theben, Zeus mit Widderhörnern dargestellt sei, dies notirte er sich, konnte aber die Analogie nur bemerken, wenn er eben vorher in Theben gewesen war[2]). Der Zusatz *ὡς καὶ πρότερον εἴρηταί μοι* (nämlich im zweiten Buche c. 42) beweist aber, dass die schliessliche Redaction und Bearbeitung des gesammelten Materials im vierten Buche erst erfolgte, als das zweite Buch bereits eingefügt war. Auch auf etwas im ersten Buche gesagtes wird zwar nicht ausdrücklich, aber doch thatsächlich Bezug genommen IV. 172 *γυναῖκας δὲ νομίζοντες πολλὰς ἔχειν ἕκαστος ἐπίκοινον αὐτέων τὴν μῖξιν ποιεῦνται, τρόπῳ παραπλησίῳ τῷ καὶ Μασσαγέται* .. was erzählt ist I. 216.

Dass Herodot in Libyen war, dass er muthmasslich auch weiter als die Oase des Juppiter Ammon vordrang, ist eine geläufige Anschauung, die sich auch mit der öfteren Anführung der Quellen, wie sie unser Abschnitt bietet, belegen lässt: c. 173 *λέγω δὲ ταῦτα τὰ λέγουσι Λίβυες*, c. 186 *λέγω δὲ τὰ λέγουσι αὐτοὶ Λίβυες*, c. 191 *ὡς δὴ λέγονταί γε ὑπὸ Λιβύων*. Cap.

---

1) IV. 168 *πρῶτοι Ἀδυρμαχίδαι Λιβύων κατοικέαται, οἳ νόμοισι μὲν τὰ πλέω Αἰγυπτίοισι χρέονται, ἐσθῆτα δὲ φορέουσι οἵηνπερ οἱ ἄλλοι Λίβυες.*

2) IV. 181 *πρῶτοι μὲν ἀπὸ Θηβέων διὰ δέκα ἡμερέων ὁδοῦ Ἀμμώνιοι, ἔχοντες τὸ ἱρὸν ἀπὸ τοῦ Θηβαιέος Διός· καὶ γὰρ τὸ ἐν Θήβῃσι, ὡς καὶ πρότερον εἴρηταί μοι, κριοπρόσωπον τοῦ Διὸς τὤγαλμά ἐστι.*

II. 42 *κριοπρόσωπον τὤγαλμα τοῦ Διὸς ποιεῦσι Αἰγύπτιοι, ἀπὸ δὲ Αἰγυπτίων Ἀμμώνιοι;* dies letztere ist hier natürlich anticipirt, und eben deshalb im vierten Buche der Rückweis.

195 werden einmal Karthager als Quelle angeführt λέγουσι Καρχηδόνιοι, und c. 192 ist ein libysches Wort in's griechische übersetzt. Dass aber unser Autor längst nicht alles das gesehen hat, was er in diesem Abschnitt bespricht, ist nicht zu bezweifeln; man braucht nur zu sehen, wie schematisch bei den sechs Völkern der Landzone verfahren ist, die Herodot je zehn Tage von einander entfernt sein lässt, (vgl. c. 181. 182. 184 zwei Stellen), von der positiven Unrichtigkeit ganz abgesehen, worüber von den Erklärern bereits das nöthige beigebracht ist; wie aber andererseits ebenda gezeigt ist, enthalten diese Notizen über Libyen doch eine Menge durchaus richtiger Beobachtungen und Angaben.

Wenn daher über Art und Zeit der Abfassung dieses zweiten Theiles der libyschen Geschichten ein Zweifel nicht bestehen kann, und wir annehmen müssen, er sei nach dem Aufenthalte in Aegypten erst geschrieben, die Reise dahin erst nach demselben angetreten worden, so entsteht nun die Frage, ob sich ein gleiches auch von dem ersten, inhaltlich so weit verschiedenen Theile behaupten lässt, und in welchem Verhältnisse beide zu einander stehen. Dabei muss abermals auf II. 161 Rücksicht genommen werden. Als nämlich Herodot die Stelle im zweiten Buche schrieb, wollte er in den libyschen Geschichten die πρόφασις ausführlicher erzählen, was er aber c. 159 in der That nicht thut; es ist nicht einzusehen, dass dies blos zufällig sein sollte. Dies mit der blossen Vergesslichkeit des Autors zu erklären, ginge an, wenn wir sonst gesehen hätten, dass die Unterbrechung der Arbeit in der Weise stattgefunden habe, wie Kirchhoff sie annimmt. Ich hoffe aber unten bei Besprechung des dritten Buches zeigen zu können, dass wir vom zweiten Buch ab eine Ueberarbeitung bis über das vierte Buch annehmen müssen, die erst nach der ägyptischen Reise stattgefunden haben kann, wie sich dies für unsere Partie eben zeigte. Dass es aber eine Ueberarbeitung ist, das zeigt sich eben in unserem Falle wieder, und werden wir die ungenaue Erfüllung des II. 161 gegebenen Versprechens damit genügend zu erklären im Stande sein.

Es handelt sich also darum, ob auch jener erste Theil der libyschen Geschichten nach der ägyptischen Reise geschrieben ist. Von besonderer Wichtigkeit werden daher die Quellen sein, aus denen die Kenntniss des Inhaltes desselben für den Autor floss. Er führt sie selbst an: bis c. 150 folgt er theräischer und lakedaimonischer Ueberlieferung [1]), von da ab nur theräischer, zu welcher c. 154 eine kyrenäische Version einsetzt. In Capitel 155 übt er selbst an der Ueberlieferung der Theräer und Kyrenäer Kritik, indem er den Namen des Battos aus seiner Kenntniss der libyschen Sprache erklärt. Allein ausser diesen genannten Quellen lag unserem Autor noch eine vor, die er als solche nicht ausdrücklich bezeichnet. Ein guter Theil seiner Kunde für die Geschichte von Kyrene stammt nämlich, wie für die von Lydien, aus Delphi. Man braucht nur zu sehen, welche Rolle das Orakel zu Delphi in der ganzen Erzählung spielt: es ist der eigentliche Urheber der Colonisation, (c. 150. 151), von hier erholt man sich stets Raths und dasselbe wahrt sich über die Colonie immerfort Einfluss, (vgl. die Orakelsprüche c. 155. 157. 159. 161. 163). Für Herodots Anwesenheit in Delphi liegt gerade im Zusammenhange dieser Nachrichten ein Beweis vor, indem er des Rauchfasses im Tempelschatze gedenkt, welches der Herrscher von Salamis Euelthon daselbst geweiht hatte [2]). Es muss aber von allem Anfang bedenklich erscheinen anzunehmen, diese Partie sei nach der Reise nach Aegypten geschrieben, wenn gerade aus ihr Schöll [3]) viel Material gewinnen konnte für die freilich nicht sehr plausible Ansicht, Herodot habe hiefür aus chresmologischen Gedichten geschöpft. Dass ein Material, das solche Deutungen gestattet, von Herodot nicht nach dem Aufenthalte in Aegypten ausgearbeitet wurde, ist mehr als wahrscheinlich, dass aber bei einer Schlussredaction etwa bereits fertiges derart mit Aufnahme fand, ist gewiss nicht anstössig. Spricht dies nun gegen eine Annahme der Kenntniss Aegyptens und damit Libyens, als Herodot diese Gründungsgeschichte

[1]) IV. 150. (von c. 145 an) *μέχρι μέν νυν τούτου τοῦ λόγου Λακεδαιμόνιοι Θηραίοισι κατὰ ταὐτὰ λέγουσι, τὸ δὲ ἀπὸ τούτου μοῦνοι Θηραῖοι ὧδε γενέσθαι λέγουσι.*

[2]) IV. 162. *τῆς δὲ Σαλαμῖνος τοῦτον τὸν χρόνον ἐπεκράτεε Εὐέλθων, ὃς τὸ ἐν Δελφοῖσι θυμιητήριον ἐὸν ἀξιοθέητον ἀνέθηκε, τὸ ἐν τῷ Κορινθίων θησαυρῷ κέεται.*

[3]) Philologus Bd. X. 1855, S. 25 flgde. und S. 419 flgde.

schrieb, so bietet sich sofort eine Schwierigkeit, wenn man sieht, dass in dem Abschnitte c. 154—157 kyrenäische Tradition verwerthet ist und mehr als dies, dass der Orakelspruch mit Zuhilfenahme eines libyschen Wortes erklärt wird. Allein dieser Theil gibt sich durch die einleitenden Worte schon als Nachtrag zu erkennen c. 154 *Ταῦτα δὲ Θηραῖοι λέγουσι, τὰ δ' ἐπίλοιπα τοῦ λόγου συμφέρονται ἤδη Θηραῖοι Κυρηναίοισι. Κυρηναῖοι γὰρ*... und nun wird die von der eben erzählten theräischen Darstellung abweichende kyrenäische über des Battos Emporkommen erzählt. In dem Satze *τὰ δὲ κτλ.* liegt die Motivirung davon, dass für den Rest der Darstellung weiter nichts geändert sei; das in den drei Capiteln gegebene hielt sich der Autor verpflichtet mitzutheilen. Der Zusammenhang wird erst hergestellt, wenn man liest c. 153 *οὕτω δὴ στέλλουσι δύο πεντηκοντέρους ἐς τὴν Πλατέαν* c. 157 *ταύτην οἰκέοντες δύο ἔτεα*.... Dass aber gerade bei Abfassung des ersten Theiles dieser *λόγοι* Herodot noch nicht bekannt war, was er in dem folgenden zweiten bereits wusste, dafür lässt sich ein positiver Beweis erbringen. Capitel 157 heisst es *ἀπικόμενοι δὲ ἐς τὴν νῆσον καὶ ἀναλαβόντες τὸν ἔλιπον, ἔκτισαν αὐτῆς τῆς Λιβύης χῶρον ἀντίον τῆς νήσου, τῷ οὔνομα ἦν Ἄζιρις, τὸν νάπαι τε κάλλισται ἐπ' ἀμφότερα συγκληίουσι καὶ ποταμὸς τὰ ἐπὶ θάτερα παραρρέει.* Im 169. Capitel dagegen erfahren wir, dass in der Nähe von *Ἄρζιρις* ein See sich befindet, den unser Autor als *Μενελάιος λιμήν* bezeichnet, von dem jedoch in der früheren Topographie, die ja eine ausführliche Beschreibung der Lage von Platea geben will, nicht gesprochen wird. Herodots Kunde hat sich also durch den Aufenthalt in Libyen in einer Weise erweitert, die eine Kenntniss des c. 169 gesagten, als er Capitel 157 schrieb, nicht wahrscheinlich erscheinen lässt. Wenn also in den Capiteln 154—157 eine solche deutlich vorliegt, so müssen diese drei Capiteln, die sich ja auch sonst als Zusatz kennzeichnen, erst später geschrieben sein.

Man sieht also: der Abschnitt der libyschen Geschichten, welcher die Gründung von Kyrene behandelt, mit Hinweglassung von c. 154—157, ist durchaus nicht von der Kenntniss, welche Herodot gelegentlich seiner ägyptischen Reise sich sammelte, beeinflusst; im Gegentheil, er ist frei von dem rationalisirenden

Elemente, welches eben die späteren Theile seiner Arbeit charakterisirt und erfüllt von den eben in Aegypten abgestreiften religiösen Vorstellungen; es ist also durchaus nöthig anzunehmen, Herodot könne denselben nicht nach Abfassung des zweiten Buches geschrieben haben, wenngleich er in der jetzigen Reihenfolge dahinter steht. Ein derartiger Excurs über die Geschichte der Gründung Kyrenes, das nun unter Kambyses Regierung von dem Perserreiche bekriegt wird, lag aber gewiss für den Zusammenhang der älteren persischen Geschichten nahe genug. Liest man aber über c. 168 hinaus, so ist man sofort in einem ganz anderen Gebiete, ein anderer Ton wird angeschlagen; es ist geradezu unmöglich anzunehmen, dass derselbe Autor im Zusammenhang schreibend so verschieden darzustellen vermag. Vortrefflich stimmt jedoch diese Beobachtung zu dem bisher gefundenen. Herodot bereicherte bei der Schlussredaction den Excurs über Libyen um die drei Capitel 154—157 und fügte daran die Ethnographie und Topographie des Landes, wie er sie nunmehr zu geben vermochte. Es begreift sich also vollkommen, dass er bereits II. 161 auf *Λιβυκοὶ λόγοι* zu verweisen im Stande war, wobei er aber an dem alten Bestandtheile der durch die Schlussredaction amplificirten libyschen Geschichten zu wenig änderte, um das Versprechen vollständig zu erfüllen. So blieb c. 159 in der älteren Fassung stehen, ohne dass die *πρόφασις*, um derentwillen Apries gestürzt ward, *μεζόνως* dargelegt wurde. Nachdem wir nun hier die in Folge der Einfügung der ägyptischen Geschichten für nothwendig befundene Ueberarbeitung erkannt und am Beginne des dritten Buches bereits an einigen Stellen (siehe Seite 33) dieselbe ebenfalls beobachtet haben, soll nun das zwischenliegende darauf hin untersucht werden. Es sind dies die hier erhaltenen Theile der persischen, samischen und skythischen Geschichten, die davon betroffen wurden.

V. Die *Περσικοὶ λόγοι.*

Um zu den Anfängen derselben zu gelangen, muss man vor das zweite Buch zurückgreifen. Die lydischen Geschichten gehen ihnen voraus, und den Endpunkt dieser letzteren haben wir bereits ermittelt (oben Seite 8). Demnach beginnt c. 95 eine bis c. 131 reichende, zusammenhängende Darstellung, die eingeleitet wird mit den Worten: *ἐπιδίζηται δὲ δὴ τὸ ἐνθεῦτεν ἡμῖν ὁ λόγος τ ό ν τε Κ ῦ ρ ο ν, ὅστις ἐὼν τὴν Κροίσου ἀρχὴν κατεῖλε, καὶ τοὺς Π έ ρ σ α ς, ὅτεῳ τρόπῳ ἡγήσαντο τῆς Ἀσίης.* Dadurch ist man der Gefahr entzogen, diesen e r s t e n Theil der persischen Geschichten, der, wie gleich ersichtlich sein wird, auch als ein ursprünglich selbstständiges ganze betrachtet werden muss, medische Geschichten zu nennen; Herodot selber kennzeichnet sie eben durch diese Worte etwa als einen *ὁ εἰς Κῦρον λόγος*, wenn man sich dabei nach der früher citirten Stelle (S. 10) des Pausanias III. 2. 3, an der er von einem *λόγος ὁ εἰς Κροῖσον* spricht, richten darf. Dass d i e s e Verwendung des gleich zu betrachtenden Abschnittes als Geschichte von Kyros Emporkommen und nicht als m e d i s c h e Geschichten im Zusammenhange des Gesammtwerkes möglicherweise doch erst aus der Zeit der letzten Ueberarbeitung stammt, soll damit nicht in Abrede gestellt werden. Ich gehe auch hier erst auf den Inhalt ein, soweit dies zur Orientirung nöthig scheint.

Der Autor versichert uns vor allem, dass er uns keine der übertriebenen Darstellungen der Geschichte des Kyros zu geben gesonnen sei. Von dem grossen Assyrerreich lösten sich zuerst die Meder, dann die übrigen Völker ab, allein jedes einzelne unter ihnen ward wiederum zur Monarchie, und so geschah es denn auch, dass in Medien der höchst gerechte Deiokes durch freie Wahl zum Herrscher erhoben ward. Er baute die ziemlich ausführlich beschriebene Königsburg Egbatana und führte die verschiedenen Gebräuche der orientalischen Etikette ein. Nach einer sehr gerechten Herrschaft stirbt Deiokes und Phraortes, sein Nachfolger, unterwirft die Perser; auf seinem Siegeszug durch Asien dringt er bis Ninive, wo er im Felde bleibt. Kyaxares, nunmehr König, wird der Schöpfer einer Heeresreform, führt Kriege mit den Lydern, zieht gleichfalls den Tod seines Vorgängers zu rächen gegen Ninive, besiegt die Assyrer im offenen Felde und belagert die Stadt. Da fallen die Skythen, welche die Kimmerier verfolgen, in Asien ein, besiegen die Meder und beherrschen Asien. Psammetich, König von Aegypten, weiss sich ihrer zu erwehren durch Geschenke;

das Heiligthum der Astarte zu Askalon wird freventlich von den Skythen zerstört, wofür sie mit Krankheit bestraft werden. — Nach achtundzwanzigjähriger Herrschaft werden sie von den Medern unter Kyaxares grösstentheils hingemordet. Nun erobert dieser auch Ninive; er stirbt nach vierzigjähriger Herrschaft und hinterlässt das Reich dem Astyages. Es folgt nun die allgemein bekannte Erzählung von den Träumen des Königs, von seiner Tochter Mandane, von der Aussetzung und wunderbaren Rettung des Kyros, wie er dann in Folge des Spieles mit seinen Altersgenossen vor den König kommt, von diesem erkannt wird, und Harpagos, der den Knaben hatte tödten sollen, seinen Ungehorsam mit dem Tode seines eigenen Sohnes büssen muss. Kyros wird nun zu Kambyses zurückgeschickt, Harpagos rächt sich, indem er die Meder zum Abfalle von Astyages bringt, und sendet davon die Nachricht in einem Hasen verborgen an Kyros. Dieser wirft sich zum Feldherrn der Perser auf, die er zum Kriege zu entflammen weiss. Harpagos geht mit seinen Truppen zu Kyros über, Astyages selber wird von Kyros besiegt und gefangen. Die Herrschaft der Meder hat ein Ende, an ihre Stelle sind die Perser getreten. Mit den Worten c. 130 *οὕτω δὴ Κῦρος γενόμενός τε καὶ τραφεὶς ἐβασίλευσε, καὶ Κροῖσον ὕστερον τούτων ἄρξαντα ἀδικίης κατεστρέψατο, ὡς εἴρηταί μοι πρότερον. τοῦτον δὲ καταστρεψάμενος οὕτω πάσης τῆς Ἀσίης ἦρξε*, schliesst der Abschnitt und es kommen nun zehn Capitel, die von der Religion, den Sitten und Gewohnheiten der Perser handeln und mit den Worten enden: c. 140 *καὶ ἀμφὶ μὲν τῷ νόμῳ τούτῳ ἐχέτω, ὡς καὶ ἀρχὴν ἐνομίσθη, ἄνειμι δὲ ἐπὶ τὸν πρότερον λόγον*; und in der That fährt der Autor hier zu erzählen fort, wo er c. 91 nach der Darstellung des Sturzes des Lyderreiches aufgehört hat. Liegt nun schon hierin ein Hinweis, dass wir in den eben skizzirten Capiteln von 95 an einen anderen *λόγος* zu sehen haben, so wird die Frage, von welchem *λόγος* Herodot hiemit die Geschichte des Kyros getrennt wissen will, unschwer beantwortet werden können: es ist dies die Geschichte des lydischen Reiches.

Ich erinnere hier noch an die schon angezogene Stelle I. 75, wo mit *αἰτίην, τὴν ἐγὼ ἐν τοῖσι ὀπίσω λόγοισι σημανέω* auf c. 107 unseres Zusammenhanges verwiesen ist. Es erübrigt noch zu zeigen, dass diese Partie von der folgenden Geschichte des Kyros unabhängig zu denken ist, dass also durch die Stelle VII. 93 ἐν τοῖσι πρώτοισι τῶν λόγων, gehend auf I. 171. 172 nicht der zweite, sondern mindestens der dritte der λόγοι gemeint ist. Zwei Stellen sind hier zu verwenden, beide stehen noch vor der VII. 93 angezogenen: I. 157 und 162. Die erstere zeigt, dass bei Abfassung dieser Partie die lydischen Geschichten nicht als bekannt vorausgesetzt waren, sonst könnte nicht mit aller Auführlichkeit hier, wo Herodot auf den θεὸς ἐν Βραγχίδῃσι zu reden kommt, gesagt werden: ἦν γὰρ αὐτόθι μαντήιον ἐκ παλαιοῦ ἱδρυμένον, τῷ Ἴωνές τε πάντες καὶ Αἰολέες ἐώθεσαν χρᾶσθαι, ὁ δὲ χῶρος οὗτός ἐστι τῆς Μιλησίης ὑπὲρ Πανόρμου λιμένος, gerade als ob dies Orakel hier zuerst genannt würde, und doch hatten wir I. 46 erfahren, dass Kroisos, als er die Orakel befragte auch τῆς Μιλησίης ἐς Βραγχίδας geschickt habe. Capitel 92 haben wir gehört τὰ ἐν Βραγχίδῃσι τοῖσι Μιλησίων ἀναθήματα Κροίσῳ, ὡς ἐγὼ πυνθάνομαι, ἴσα τε σταθμὸν καὶ ὅμοια τοῖσι ἐν Δελφοῖσι [1]). Die zweite der oben bezeichneten Stellen c. 162 beweist uns aber auch, dass, als sie geschrieben wurde, die Partie von c. 95—130 nicht als bekannt vorausgesetzt werden konnte, was doch der Fall sein müsste, wenn Herodot in der vorliegenden Reihenfolge gearbeitet hätte. Es heisst hier, als ob von Harpagos noch nie die Rede gewesen wäre: Ἀποθανόντος δὲ τούτου (Μαζάρης) Ἅρπαγος κατέβη διάδοχος τῆς στρατηγίης, γένος καὶ αὐτὸς ἐὼν Μῆδος, τὸν ὁ Μήδων βασιλεὺς Ἀστυάγης ἀνόμῳ τραπέζῃ ἔδαισε, ὁ τῷ Κύρῳ τὴν βασιληίην συγκατεργασάμενος.

Da nun Herodot in den einleitenden Worten diese Partie, die sich uns so als ursprünglich unabhängig geschrieben im Verhältniss zu dem Zusammenhang nach vor und rückwärts ergeben hat, zu den persischen Geschichten gehörig betrachtet, so bleibt uns nur übrig anzunehmen, dass sie erst gelegentlich der Schlussredaction in dieser Weise verwendet wurde und ursprüng-

[1]) Diese Stelle ist freilich nicht absolut verwendbar, vgl. unten über die lydischen Geschichten. Sie zeigt nur, wie trotz solcher bei der Schlussredaction gemachter Hinzufügungen Herodot doch nicht im Stande war, alle Unebenheiten zu tilgen.

lich wol als eine Geschichte des Emporkommens des Kyros bestanden haben dürfte. Es erübrigt nun noch die Stellung, welche die zehn Capitel 130—140 einnehmen, zu ermitteln und das Verhältniss zu eruiren, in welchem das über die Skythen in unserem Zusammenhang gesagte zu den ausführlichen Darlegungen über dieselben in den skythischen Geschichten des vierten Buches steht.

Die zehn Capitel schliessen sich zunächst ganz unmotivirt und unvermittelt an die frühere Darstellung an, ihre Rechtfertigung liegt in den einleitenden Worten von c. 95 *καὶ τοὺς Πέρσας;* da wir jedoch gesehen haben, dass diese Worte erst der Zeit der Schlussredaction angehören, so fällt dieses Argument, welches für die ursprüngliche Zusammengehörigkeit beider Partien geltend gemacht werden könnte, von selbst hinweg und muss es im Gegentheil gerade deshalb eher als wahrscheinlich betrachtet werden, dass die Anfügung dieser zehn Capitel erst zur Zeit der Schlussredaction stattgefunden hat. Dafür spricht auch, dass gerade in diesen zehn Capiteln zweimal auf Aegypten in einer Weise Bezug genommen wird, die es nicht wahrscheinlich erscheinen lässt, Herodot habe dies geschrieben, bevor er da gewesen war. C. 135 heisst es *καὶ γὰρ δὴ τὴν Μηδικὴν ἐσθῆτα νομίσαντες τῆς ἑωυτῶν καλλίω φορέουσι, καὶ ἐς τοὺς πολέμους τοὺς Αἰγυπτίους θώρηκας*. Wenn man bedenkt, dass Herodot, als er VII. 61 schrieb, wahrscheinlich davon noch nichts wusste, dass die von ihm beschriebene Rüstung ägyptisch sei [1]), da er sonst auf die Analogie ausdrücklich verwiesen hätte, während er notorisch VII. 63 (oben S. 45) davon nichts wusste, da er sonst unmöglich hätte sagen können, die Assyrer hätten Schilde, Lanzen und Dolche ähnlich wie die der Aegypter, ausserdem (*πρὸς δέ*) aber *καὶ λινέους θώρηκας*, (die also als nicht ägyptisch betrachtet sind), so kann man nicht umhin, die Schlussfolgerung zu ziehen, dass Herodot VII. 61 und 63 geschrieben haben muss, bevor er I. 135 schrieb, und dass ihm diese Bereicherung seiner Kunde c. 135 durch seine

---

[1]) VII. 61 *Πέρσαι . . . περὶ δὲ τὸ σῶμα κιθῶνας χειριδωτοὺς ποικίλους, λεπίδος σιδηρέης ὄψιν ἰχθυοειδέος . .*

ägyptische Reise zu Theil ward. Allein für unseren speciellen Zweck muss es noch auffallend erscheinen, dass hier von den *Αἰγύπτιοι θώρηκες* als etwas bekanntem gesprochen wird, während sie hier mit ihrem blossen Namen zum ersten Male genannt sind und der Leser unmöglich wissen kann, was er sich darunter vorzustellen hat. Später ist freilich noch öfter die Rede von denselben, vgl. II. 182. III. 47. An einer anderen Stelle (c. 140) bezieht sich Herodot auf die ägyptischen Priester im Vergleich zu den Magiern; es kann nach dem gesagten wol kaum zweifelhaft erscheinen, dass auch diese Notiz erst nach der ägyptischen Reise geschrieben ist. — Wir haben also hier abermals einen Zusatz aus späterer Zeit kennen gelernt, der jedoch in nicht sehr passender Weise in den Zusammenhang, der bereits vorlag, eingefügt worden ist.

Die Capitel 103—107 der in Rede stehenden Partie behandeln den Zug der Skythen nach Asien, den sie bei Verfolgung der Kimmerier gegen Asien unternahmen, und wobei auch die Meder von ihnen überwältigt wurden. Begreiflicherweise kommt Herodot auf das hier erzählte noch einmal im Verlaufe seiner Darstellung zu sprechen in den skythischen Geschichten des vierten Buches, Capitel 1—5 und bezieht sich auch mit *ὡς καὶ πρότερόν μοι εἴρηται* auf das hier gesagte, das sich im übrigen in vollster Uebereinstimmung befindet. Wenn das *τοὺς καλέουσι ἐνάρεας οἱ Σκύθαι* IV. 67 mit *ἀνδρόγυνοι* erklärt ist, so kann daraus nur gefolgert werden, dass es da, wo Herodot speciell von Skythien sprach, am Platze war, diese Erklärung zu geben, die man I. 105 nicht vermisst. Dass die Erwähnung des Zuges der Skythen gegen Psammetich ebenda nicht aus ägyptischer Quelle stammt, haben wir bereits gesehen (siehe oben S. 37).

Da wir die Geschichte des Perserreiches unter Kyros, Kambyses und Dareios als den Hintergrund und Hauptvorwurf bis zur Einschiebung der libyschen Geschichten im vierten Buche, obwol er allerdings öfter aus dem Gesichte verschwindet, erkannt haben, so soll nun, nachdem wir den einleitenden Theil derselben ermittelt haben, der weitere Verlauf der ursprünglichen *Περσικοὶ λόγοι* untersucht werden, und zwar zunächst bis zu dem Punkte, an welchem die Thronbesteigung des Kambyses geschildert ist, dessen Geschichte aber, wie bekannt, gleich den ägyptischen *λόγοι* Platz machen musste.

Es ist bereits erwähnt, dass c. 141 da anschliesst, wo c. 91 in der Geschichte des Kroisos aufhörte, es ist also ganz gut denkbar, dass zur Zeit der Schlussredaction, als die Geschichte der Jugend des Kyros da eingeschoben ward, wo sie jetzt steht, (was wir ja annehmen mussten,) durch den Satz c. 92 *κατὰ μὲν δὴ τὴν Κροίσου τε ἀρχὴν καὶ Ἰωνίης τὴν πρώτην καταστροφὴν ἔσχε οὕτω*, nun mit der Geschichte der zweiten Unterwerfung die Verbindung hergestellt wurde [1]). Nach Capitel 141 bereits wird der kaum begonnene neue Zusammenhang neuerdings bis c. 152 unterbrochen durch einen geographischen Excurs über die griechischen Stämme Kleinasiens, mit hauptsächlicher Berücksichtigung des Panionienfestes, der ionischen Dodekapolis, der dorischen Hexapolis und der Ausschliessung von Halikarnass aus derselben, der auch die Widerlegung der unrichtigen Ansicht, dass hier Ioner besonders reinen Blutes seien, schliesslich noch einiges über die aiolischen Städte enthält. Zwei Gründe lassen mich vermuthen, dass auch dieses Stück erst später in diesen Zusammenhang gebracht worden ist, abgesehen davon, dass ein abermaliger Excurs hier vielleicht unstatthaft erscheinen möchte. Der Satz c. 143 *τούτων δὴ ὦν τῶν Ἰώνων οἱ Μιλήσιοι μὲν ἦσαν ἐν σκέπῃ τοῦ φόβου, ὅρκιον ποιησάμενοι* scheint mir nämlich ein sehr gezwungener Versuch, das in c. 142—152 gesagte mit der eigentlichen Darstellung zu verknüpfen, gezwungen, da kaum 20 Zeilen früher Herodot dasselbe, dort freilich mit gutem Grunde und am rechten Orte gesagt hatte: c. 141 *συνελέγοντο ἐς Πανιώνιον οἱ ἄλλοι πλὴν Μιλησίων· πρὸς μούνους γὰρ τούτους ὅρκιον Κῦρος ἐποιήσατο, ἐπ' οἷσί περ ὁ Λυδός* [2]). Das nächste Bedenken trifft nur für jene zu, welche mit mir eine so verhältnissmässig frühe Ab-

[1]) Dass nämlich dieser Satz c. 92 nicht zutrifft, beweist genügend, dass er erst später hinzugefügt wurde; die *καταστροφή* Ioniens wird in einer dem vorangehenden widersprechenden Weise premirt. (Vgl. das unten hierüber gesagte.)

[2]) Dies wird dadurch noch auffallender, dass es c. 169 heisst: *Μιλήσιοι δέ, ὡς καὶ πρότερόν μοι εἴρηται, αὐτῷ Κύρῳ ὅρκιον ποιησάμενοι, ἡσυχίην ἦγον.*

fassung dieses Kernes der persischen Geschichten anzunehmen sich genöthigt sehen. Ist nämlich dies der Fall, so erweist sich unsere Partie unmittelbar als späterer, erst nach dem Aufenthalt in Thurioi gemachter Zusatz. Dies scheint mir nämlich aus der Stelle c. 145 μετὰ δὲ Αἴγειρα καὶ Αἰγαί, ἐν τῇ Κρᾶθις ποταμὸς ἀείναός ἐστι, ἀπ' ὅτευ ὁ ἐν Ἰταλίῃ ποταμὸς τὸ οὔνομα ἔσχε hervorzugehen. Dass Herodot in Italien von diesem Flusse erfuhr, erhellt aus V. 45, wo er aus italischen Quellen über denselben berichtet; hier im ersten Buche liegt eigentlich gar kein Grund vor, auf die Herkunft des Namens dieses italischen Flusses zu verweisen, da wir von demselben durchaus nichts gehört haben, er also für den Leser nicht der ὁ ἐν Ἰταλίῃ ποταμός sein kann. Dies erklärt sich aber ganz gut, wenn man Herodot bei der Schlussredaction beschäftigt eine Einfügung machend sich denkt, wobei ihm allenfalls das im jetzigen Zusammenhang erst später gesagte als schon erwähnt vorschweben konnte. Wir haben auch hier wieder einen Beweis gegen Kirchhoff's Ansicht, es sei das Werk in der jetzt vorliegenden Reihenfolge geschrieben, abgesehen davon, dass hier eine Bekanntschaft mit Unteritalien vorliegt, die nach Kirchhoffs Ansicht erst viel später angesetzt werden könnte. Einen weiteren Beweis dafür mag man darin sehen, dass diese Stelle V. 45 ganz ohne Bezug auf das bereits gesagte und die gleich zu citirende des fünften Buches ohne auf eine andere hier im ersten Buche stehende Rücksicht zu nehmen geschrieben sind. I. 146 nämlich erfahren wir, dass die Gemahlinnen der einwandernden Athener Karerinnen waren, und V. 88 versichert Herodot, dass der sogenannte ionische Chiton eigentlich karisch sei, was seine Begründung doch nur in dem I. 146 vorgetragenen Sachverhältniss haben kann, ohne dass wir davon etwas erfahren.

Die Lakedaimonier, so setzt der seit c. 142 unterbrochene Zusammenhang ein, an welche sich die Griechen Kleinasiens bei ihrem beabsichtigten Widerstand gegen Kyros um Hilfe gewendet hatten, wollen zwar von Unterstützung nichts wissen, schickten jedoch Späher nach Asien. Kyros lässt in Sardes Tabalos und Paktyas zurück und wendet sich den Kämpfen gegen Babylon, die Baktrer, Saken und Aegypter zu, gegen die Ioner schickt er ein anderes Heer. Hierauf wird der Abfall des Paktyas und die Abordnung des Mazares als Kommandirenden in Vorderasien erzählt; dieser verweichlicht nach dem Rathe des Kroisos, den Kyros angenommen hat, die Lyder, um sie so widerstandsunfähig zu machen. Paktyas muss fliehen, die Bewohner von Kyme schicken ihn von dem Orakel gewarnt nach Mitylene, von hier gelangt er nach Chios und die Chier liefern ihn um den Preis der Landschaft Atarneus aus. Die Helfershelfer des Paktyas werden von Mazares bestraft, nach dessen Tod Harpagos das Commando übernimmt; er bekriegt die Phokaier, welche Auswanderung nach Italien der Unterwerfung vorziehen und dort sich ansiedeln, ebenso gründen Teier Abdera. Die übrigen Ioner mit Ausnahme der Milesier werden unterworfen. So ist Ioniens zweite Besiegung vollendet. Harpagos unterwirft die Karer, Kauner und Lykier. Damit schliesst der eine Theil der Feldzüge des Kyros c. 177 τὰ μέν νυν κάτω τῆς Ἀσίης Ἅρπαγος ἀνάστατα ἐποίεε, τὰ δὲ ἄνω αὐτῆς αὐτὸς Κῦρος.

Wir wollen hier innehalten und den Versuch machen, auch diese Partie zu untersuchen in ihrem Verhältniss zu den übrigen Theilen des Werkes. Es muss nochmals erinnert werden, dass wir sahen (oben S. 72), dieselbe sei unabhängig von dem bereits vorhergegangenen gearbeitet, und dass wir bereits an einer Stelle, freilich in einem Zusammenhang, der sich als späterer, ziemlich unvermittelter Zusatz leicht zu erkennen gab, die Resultate der Reise Herodot's nach Unteritalien und seines Aufenthaltes daselbst verwerthet fanden. Zeigt sich nun innerhalb der jetzt zu besprechenden Capitel ein gleiches, so werden wir gewiss dann, wenn sie als spätere Hinzufügung in der eben angeführten Weise sich nicht erkennen lassen sollten, genöthigt sein anzunehmen, dass dieser Theil eben zur selben Zeit aber eingehender überarbeitet worden ist. Dies trifft nun in der That zu, die Geschichte der Auswanderung der Phokaier nach Unteritalien ist erst nach Herodots Anwesenheit daselbst geschrieben. Dies beweist mir der Satz c. 167 ἡ δὲ Πυθίη σφέας ἐκέλευσε ποιέειν τὰ καὶ νῦν οἱ Ἀγυλλαῖοι ἔτι ἐπιτελέουσι und ibid. ἐκτήσαντο πόλιν γῆς τῆς Οἰνωτρίης ταύτην, ἥτις νῦν Ὑέλη καλέεται; allein loszulösen ist das der Schlussredaction angehörige in der vorliegenden Form nicht mehr.

Dass uns aber gerade hier eine Arbeit Herodots aus späterer Zeit vorliegt, beweist eine Anzahl Correcturen zu Nachrichten im siebenten bis neunten Buche, die uns in ihr vorliegen. Worin die Correcturen bestehen, soll unten, wo von den drei letzten Büchern noch die Rede sein wird, gezeigt werden. Ich führe hier bloss die Stellen an, die Bedeutung derselben ist bereits von anderen zum Theile richtig erkannt. I. 160 zu VIII. 106, I. 171 zu VII 74, I. 173. zu VII. 77.

Kyros zieht zunächst gegen Assyrien, so fährt Herodot fort, indem er nun abermals einen grösseren Zusatz macht, der mir recht geeignet scheint, die Richtigkeit des Kriteriums darzuthun, dass stets da Hinzufügungen aus späterer Zeit vorliegen, wo die Resultate der ägyptischen Reise verwerthet sind. Der Inhalt dieses Zusatzes, beginnend mit c. 178 *τῆς δὲ Ἀσσυρίης ἐστί κτλ.* und endend mit dem Satze c. 188 *ὁ δὲ δὴ Κῦρος ἐπὶ ταύτης τῆς γυναικὸς τὸν παῖδα ἐστρατεύετο, ἔχοντά τε τοῦ πατρὸς τοῦ ἑωυτοῦ τοὔνομα Λαβυνήτου καὶ τὴν Ἀσσυρίων ἀρχήν*, ist eine Beschreibung von Babylon und seinen Bauten, auf die Aufzeichnungen Herodots bei der dahin gemachten Reise zurückgehend [1]). Der Zusammenhang der Erzählung des Kriegszuges ist durchaus nicht gestört, wenn man die angegebenen Capitel weglässt. In denselben nun sind mehrere Stellen, die des Autors Bekanntschaft mit Aegypten zeigen zur Zeit, als er dies schrieb. Herodot erzählt uns c. 150 des zweiten Buches vom Mörissee, der künstlich gegraben war; da er die Erde, welche man hatte ausheben müssen, nirgends sah, so fragte er, wo dieselbe hingekommen sei, und man antwortete ihm darauf, sie sei in den Nil gebracht worden, was ihm durchaus glaublich schien, da er durch einen Bericht (*ᾔδεα γὰρ λόγῳ*) Kenntniss davon hatte, dass in Ninive dasselbe geschehen sei. Dass er in Babylon auf dasselbe aufmerksam war, ersieht man aus c. 179 eben unserer Partie, wo er ausdrücklich berichtet, die Erde, die man zur

---

[1]) Dass Herodot wirklich in Babylon war ist gegen Breddin, Magdeburger Programm 1857 von Matzat Hermes VI. S. 431 flgde. unzweifelhaft festgestellt. Der Satz c. 188 gehört in der vorliegenden Form der Schlussredaction an, und schliesst mit *ταύτης τῆς γυναικὸς τὸν παῖδα* an das frühere an.

Herstellung des Grabens habe ausheben müssen, sei zu Ziegeln verwendet worden. Aus dieser Stelle möchte mit einiger Sicherheit zu schliessen sein, dass Herodot früher in Asien war als in Aegypten; denn man darf an dem *λόγῳ* keinen Anstoss nehmen, und etwa meinen, Herodot wolle hiemit ausdrücklich einen Bericht im Gegensatz zur Autopsie als Quelle anführen, er musste ja offenbar, da Babylon in Trümmern lag, Ninive desgleichen, das meiste nach Berichten derer erzählen, die er dort traf; so führt er ja gerade in unserer Partie die chaldäischen Priester als Berichterstatter an c. 183 *ὡς ἔλεγον οἱ Χαλδαῖοι* und ibid. *τὰ δὲ λέγεται ὑπὸ Χαλδαίων, ταῦτα λέγω* und c. 181 *ὡς λέγουσι οἱ Χαλδαῖοι ἐόντες ἱρέες τούτου τοῦ θεοῦ*, so dass wir auch an den ersten beiden Stellen unter *Χαλδαῖοι* schlechthin diese Priester werden verstehen müssen.

Wenn daher in diesem Zusammenhang von c. 178—188 auf Analogien mit Aegypten verwiesen wird, so folgt daraus, dass die schliessliche Einfügung der in Babylon u. a. a. O. gemachten Aufzeichnungen erst nach der ägyptischen Reise stattgefunden haben kann, was sich für mich als gleichbedeutend ergibt damit, dass diese Hinzufügung der Schlussredaction angehört. Dieser Hinweis auf Aegypten ist vorhanden c. 182. Es erscheint unserem Autor die Nachricht seiner chaldäischen Gewährsmänner unglaublich, dass der Gott nächtlicher Weile den Tempel mit seiner persönlichen Gegenwart beehre, *ἐμοὶ μὲν οὐ πιστὰ λέγοντες, ... κατά περ ἐν Θήβῃσι τῇσι Αἰγυπτίῃσι κατὰ τὸν αὐτὸν τρόπον, ὡς λέγουσι οἱ Αἰγύπτιοι.* Dass aber die eben gemachten Schlüsse richtig seien und daher auch von richtigen Voraussetzungen ausgegangen worden ist, lässt sich hier ganz leicht zeigen. Denn unsere Partie müsste auch ohne diese Ausführung sogleich als ganz später Zusatz sich ergeben und es ist geradezu unmöglich anzunehmen, dass der Autor in einem Zuge schreibend in dieser Weise gegen die Composition verstossen hätte. Er hat nämlich hier an mehreren Stellen dem Gange seiner Darstellung in störender Weise vorgegriffen, was sich ganz gut erklärt, wenn man dies eben zu einer Zeit sich geschrieben denkt, als das Werk wesentlich vollendet vorlag. C. 183 erfahren wir von einem Götterbild, das Herodot selber, wie er sagt, nicht gesehen hatte, aber die Chaldäer berichteten ihm: τούτῳ τῷ ἀνδριάντι Δαρεῖος μὲν ὁ Ὑστάσπεος ἐπιβουλεύσας οὐκ ἐτόλμησε λαβεῖν, Ξέρξης δὲ ὁ Δαρείου ἔλαβε καὶ τὸν ἱρέα ἀπέκτεινε ἀπαγορεύοντα μὴ κινέειν τὸν ἀνδριάντα. Nachdem wir bereits wiederholt gesehen haben, dass Herodot oft ganz ohne auf bereits gesagtes Rücksicht nehmen zu können, arbeitete, wird es gewiss für die Gleichzeitigkeit unseres Abschnittes mit der Abfassung der Αἰγύπτιοι λόγοι sprechen, wenn das in demselben über Nitokris II. 100 gesagte mit den Worten τῇ δὲ γυναικὶ οὔνομα ἦν, ἥτις ἐβασίλευσε τόπερ τῇ Βαβυλωνίῃ, Νίτωκρις als bekannt vorausgesetzt wird. Noch an einer zweiten Stelle desselben Abschnittes finden wir die nur unter der vorgenannten Voraussetzung berechtigte Anticipation, — denn Dareios tritt erst I. 209 in den Bereich der Darstellung: Ὑστάσπεϊ δὲ τῷ Ἀρσάμεος, ἐόντι ἀνδρὶ Ἀχαιμενίδῃ, ἦν τῶν παίδων Δαρεῖος πρεσβύτατος [1]), — es heisst nämlich Capitel 187: οὗτος ὁ τάφος ἦν ἀκίνητος, μέχρι οὗ ἐς Δαρεῖον περιῆλθε ἡ βασιληίη. Δαρείῳ δὲ καὶ δεινὸν ἐδόκεε εἶναι τῇσι πύλῃσι ταύτῃσι μηδὲν χρᾶσθαι κτλ.

Von c. 188—192 reicht die Beschreibung des Zuges gegen Babylon, die Bestrafung des Gyndes, weil in demselben ein der Sonne geweihtes Pferd ertrunken war, und endlich wird die Einnahme Babylons beschrieben. Darauf folgt nun ein abermaliger Excurs über Land und Leute von Babylon, Sitten und Gewohnheiten des Volkes, der natürlich auf dieselben Quellen zurückgeht, wie die früher behandelte Beschreibung der Stadt; er reicht bis c. 201. Auch hier finden wir wiederum die Verwerthung der Kenntnisse, die dem Autor erst in Unteritalien und in Aegypten zugänglich geworden sein können. Nicht wie in Aegypten (οὐ κατάπερ ἐν Αἰγύπτῳ), heisst es c. 193, dadurch, dass der Fluss selbst austritt, wird das Land fruchtbar, sondern durch künstliche Bewässerung, und gleich darauf: ἡ γὰρ Βαβυλωνίη χῶρα πᾶσα, κατάπερ ἡ Αἰγυπτίη, κατατέτμηται ἐς διώρυχας und c. 198: ταφαὶ δέ σφι ἐν μέλιτι, θρῆνοι δὲ παραπλήσιοι τοῖσι ἐν Αἰγύπτῳ, und in demselben Capitel: ἄγγεος γὰρ οὐδενὸς ἅψονται, πρὶν ἂν λούσονται. ταὐτὰ δὲ ταῦτα καὶ Ἀράβιοι

[1]) Aber auch hier nur gelegentlich des Traumes des Kyros; seine Regierungsthätigkeit darzustellen beginnt der Autor erst III. 88 Δαρεῖος μὲν ὁ Ὑστάσπεος βασιλεὺς ἀπεδέδεκτο κτλ.

ποιεῦσι. Ein so oftmaliges Herbeiziehen der Analogie Aegyptens kann schlechterdings nicht Zufall sein, und zeigt uns, welchen bedeutenden Einfluss gerade diese Reise auf die Seele unseres Autors hatte. Auf die Erwähnung der Veneter c. 196 wird vielleicht nicht zu viel Gewicht zu legen sein, sie werden V. 9 noch einmal ebenso beiläufig angeführt und man wird nicht mit Sicherheit behaupten können, dass diese Stelle erst nach oder während des Aufenthaltes in Unteritalien geschrieben ist. Das folgende behandelt nun den Zug des Kyros gegen die Massageten und seinen Tod, sowie einiges über Sitten und Gebräuche dieses Volkes. Als zum ursprünglichen Zusammenhang gehörig erweist es sich gleich eingangs c. 202, indem auf c. 189 zurück Bezug genommen ist mit den Worten ὁ δὲ Ἀράξης ποταμὸς ῥέει μὲν ἐκ Ματιηνῶν, ὅθεν περ ὁ Γύνδης, τὸν ἐς τὰς διώρυχας τὰς ἑξήκοντά τε καὶ τριηκοσίας διέλαβε ὁ Κῦρος. Die ganze Erzählung gehört der ursprünglichen Fassung der Περσικοὶ λόγοι an, wie denn im späteren Verlaufe der Darstellung auf sie Bezug genommen wird, so III. 36 als von dem Rathe des Kroisos beim Massagetenzuge die Rede ist, der I. 207 berichtet ist, und IV. 172 mit τρόπῳ παραπλησίῳ τῷ καὶ Μασσαγέται verwiesen wird auf das Schlusscapitel I. 116.

Wir sind hiermit da angelangt, wo mit Kambyses Regierungsantritt die Αἰγύπτιοι λόγοι eingeschoben sind, und haben die Περσικοὶ λόγοι bisher kennen gelernt, als bestehend aus zwei ursprünglich unabhängig von einander gearbeiteten Theilen, deren erster die medische Geschichte und Kyros Jugendzeit behandelte, deren zweiter Theil eine unmittelbare Fortsetzung des in den lydischen Geschichten verlassenen Zusammenhanges ist, folglich zum Vorwurfe hat: die übrigen Feldzüge des Perserkönigs mit Ausnahme seines Kampfes mit Kroisos, der durch die Verwendung der lydischen Geschichten an der Spitze des Werkes vorweggenommen war. Man sieht überall für die Schlussanordnung bereits gegebene Verhältnisse, welche eben jene eigenthümliche Composition bedingten, die Herodot's Geschichtswerk auszeichnet. Diese bereits vorliegenden Arbeiten wurden benützt, aber wie wir eben gesehen haben, vielfach erweitert und theilweise auch umgearbeitet.

Ueber die Einfügung der ägyptischen Geschichten ist

bereits gesprochen (oben S. 15) und wir können daher den persischen im dritten Buche nachgehen, welches, wie gleichfalls bereits bekannt, nach der Einfügung der ägyptischen Geschichten überarbeitet wurde, wie wir denn ähnliche Einflüsse eben über das erste Buch verbreitet sahen, so dass wir die Schlussredaction erst nach der ägyptischen Reise ansetzen dürfen. Die persischen Geschichten zeigen sich als ein ἄλλος λόγος von den ägyptischen geschieden durch die Verweisstelle II. 38, an welcher Herodot verspricht die Zeichen, an denen man den Apis erkennt, anzugeben, τὰ ἐγὼ ἐν ἄλλῳ λόγῳ ἐρέω. Er thut dies [1]) III. 28. So sicher wir also die ursprüngliche Unabhängigkeit dieser Partie anerkennen müssen, ebenso offenbar ist deren ausgiebige Ueberarbeitung nach der ägyptischen Reise. Es ist hier nicht der Ort darauf hinzuweisen und näher auszuführen, wie die ganze Darstellung des Aufenthaltes des Kambyses in Aegypten beeinflusst ist von den dem Perserkönig feindlichen Berichten der ägyptischen Priester; darauf zurück gehen die Nachrichten von seiner schrecklichen Gottlosigkeit, von dem Wahnsinn, der ihn zur Strafe dafür befiel u. s. w. Dass eine solche Auffassung nur in Aegypten Platz greifen konnte und Herodot von daher erst von ihr Kunde bekommen konnte, und sie wie alles, was ihm die ägyptischen „Weisen“ mittheilten, natürlich sofort acceptirte, bedarf eines weiteren Beweises auch nicht. Wir wollen uns hier begnügen auf einzelne Stellen einzugehen, an denen Herodot ausdrücklich Aegyptens gedenkt. Zunächst aber wird es nöthig sein, auf den Inhalt des dritten Buches Rücksicht zu nehmen, da auf diesem Wege am besten eine Erkenntniss der Theile ermöglicht wird, aus denen es sich zusammensetzte. Denn auch hier finden sich eine Anzahl von ganz unbegreiflichen Unterbrechungen des Zusammenhanges, die ihre Erklärung nur finden, wenn man annimmt, dass hier ineinander geschoben verschiedene, bereits vor der schliesslichen Zusammenfassung fertige Theile vorliegen. Der Autor beschreibt den Zug des Kambyses gegen Aegypten, indem er den Anlass in der beabsichtigten Täuschung des Perserkönigs durch Uebersendung der Nitetis erblickt. Kambyses kommt die Flucht des Phanes

[1]) Rawlinson a. a. O. n. ad loc. zweifelt daran, gewiss mit Unrecht.

von Aegypten und dessen Rath, sich mit den Arabern zu verbinden und so die Wüste zu durchdringen, sehr zu statten. Die Schlacht bei Pelusion entscheidet über das Schicksal Aegyptens und des Königs. Der Perserkönig unternimmt einen Feldzug gegen die Aithiopen und die Bewohner des Orakels des Juppiter Ammon. Während seines Aufenthaltes in Memphis verwundet er den Apis und nun beginnt er in der Raserei gegen sein eigenes Haus zu wüthen, er tödtet seinen Bruder durch Prexaspes, ebenso seine Schwester, die er gegen alles Herkommen geheiratet hatte, erschiesst den Sohn des Prexaspes und will auch Kroisos tödten, man glaubt jedoch dem König in dem letzten Falle einen Gefallen zu thun, indem man seinen Befehlen trotzt, Tempel und Gräber werden von ihm geschändet. Hier c. 39 bricht nun die Erzählung plötzlich ab und setzt erst c. 61 wieder ein. Die zwischenliegenden Capitel behandeln die Geschichte der Tyrannen Polykrates und Periander, die bekannte Erzählung von dem Glücke des Polykrates und der Warnung, die ihm Amasis, „Aegyptens König," sein Freund, zu Theil werden liess. Diese beiden Erzählungen von Polykrates und Periander werden nicht um ihretwillen erzählt, sondern gelegentlich eines Kriegszuges der Lakedaimonier gegen Samos erwähnt, der seinerseits hier Platz gefunden hat, weil er zur selben Zeit stattfand, als Kambyses gegen Aegypten zog: c. 39 *Καμβύσεω δὲ ἐπ' Αἴγυπτον στρατευομένου ἐποιήσαντο καὶ Λακεδαιμόνιοι στρατηίην ἐπὶ Σάμον τε καὶ Πολυκράτεα τὸν Αἰάκεος.* Wir kennen dieses Motiv eine neue Darstellung zu beginnen von den libyschen Geschichten her. Doch ist das ganze vielleicht noch künstlicher, und gerade darin liegt der Beweis, dass der Autor hier so zu sagen mit gebundenen Händen arbeitete, freilich nur deshalb, weil er offenbar sein ihm vorliegendos Material mit möglichst wenig Aenderungen zusammenzufassen bemüht war. Allein die Geschichte von Polykrates hat noch einen zweiten Theil, der erzählt wird c. 120—129. Der Sturz des Polykrates durch Oroites und das Ende dieses letzteren sind der Inhalt dieser Capitel. Zwischen c. 61 und 120 ist aber wiederum sehr vielerlei enthalten. Zunächst eine bis c. 88 reichende Erzählung von der Erhebung des falschen Smerdes, der Verschwörung der sieben edlen Perser gegen ihn und der schliesslichen Erhebung

6*

des Dareios zum König. Capitel 88—118 enthält das Satrapienverzeichniss des persischen Reiches bis c. 97, von da bis 118 reichen dann Erzählungen über die Inder und die Länder des fernen Ostens, 118 selbst gibt die Geschichte und das Ende des einen der sieben Verschworenen, Intaphrenes und eine Erzählung von dessen Frau. Capitel 129 bis 138 berichtet die Erlebnisse jenes Arztes Demokedes aus Kroton, der am persischen Hofe gewesen war, 139—149, die Darstellung der Eroberung von Samos durch Dareios, und 150 bis Ende des Buches die Nachrichten von der Empörung Babylons und der Eroberung der Stadt durch die Aufopferung des Zopyros; dann folgt der Skythenzug des Dareios, in welchem, wie wir sahen, die skythischen Geschichten verarbeitet sind.

Man sieht leicht, immer ist der eigentliche Vorwurf die persische Geschichte unter Dareios Regierung, um denselben aber gruppiren sich die übrigen behandelten Ereignisse. Ein durchgehender Unterschied in der Nachrichtenströmung ergibt sich unmittelbar, und soll dies, um an die frühere Behauptung über die Quellen der Geschichte des Kambyses anzuknüpfen, hier hervorgehoben werden. Die Geschichte von Smerdes z. B. und der Erhebung des Dareios ist ganz frei von diesem Einfluss, somit anderer Herkunft, ist aber eben darum auch in der uns vorliegenden Form ein Stück der alten Περσικοὶ λόγοι, nicht berührt von der Ueberarbeitung. Es soll daher nunmehr auf den Inhalt dieses dritten Buches in der Weise eingegangen werden, dass zunächst die Geschichte des Kambyses auf ihre Ueberarbeitung hin geprüft werden soll, dann der alte Zusammenhang der persichen Geschichten hergestellt wird, und endlich die später mit demselben verbundenen Theile behandelt werden, unter denen die Reste „samischer Geschichten“ vorliegen.

Wie die Geschichte des Feldzuges des Kambyses gegen Aegypten in der ursprünglichen Form gewesen sein mag, darüber kann man, da sie nunmehr nach ägyptischen Berichten umgearbeitet vorliegt, sich schlechterdings keine Vorstellung mehr machen. Ueberall tritt der Einfluss dieser Umarbeitung zu Tage. Schon in der Rede der Nitetis im ersten Capitel wird die Erzählung II. 162 als bekannt vorausgesetzt, wenn es heisst: Amasis hat dich getäuscht, o König, ich bin gar nicht seine

Tochter, sondern die des Apries, τὸν ἐκεῖνος ἐόντα ἑωυτοῦ δεσπότην μετ' Αἰγυπτίων ἐπαναστὰς ἐφόνευσε. Für die Darstellung in c. 5—7 ist ganz unerlässlich, Herodot's Autopsie anzunehmen. Diese Capitel sind in ihrer vollen Bedeutung erkannt von Matzat [1]) und stellt sich demnach der Sachverhalt folgendermassen: Herodot war vermuthlich zu Schiffe nach Aegypten gereist, hatte von da die Erkundigungsfahrt nach Tyros unternommen, abermals zur See (II. 44 ἔπλωσα καὶ ἐς Τύρον τῆς Φοινίκης.), war aber von da zu Lande bis Pelusion gereist, wie gerade aus unserer Stelle hervorgeht, an welcher er sich gegenüber denen, welche immer bloss zur See nach Aegypten reisen, auf seine Kenntniss des Landweges von Tyros aus etwas zu gute thut, wenn er sagt c. 6 τὸ ὀλίγοι τῶν ἐς Αἴγυπτον ναυτιλλομένων ἐννενώκασι, τοῦτο ἔρχομαι φράσων. Die Kenntniss, die auf dieser, wie man also sieht mit der ägyptischen in Verbindung stehenden Reise unser Autor sich verschafft hatte, ist in der folgenden Darstellung verwerthet und damit die Gewissheit vorhanden, dass diese Partie erst nach derselben geschrieben ist. Capitel 10 schöpft aus thebanischer Ueberlieferung: ὡς λέγουσι αὐτοὶ Θηβαῖοι, Capitel 12 geht zurück auf Autopsie der Schlachtfelder von Pelusion und Papremis, Capitel 16 führt abermals ausdrücklich die ägyptische Quelle an: ὡς μέντοι Αἰγύπτιοι λέγουσι, ebenso heisst es c. 30. ὡς λέγουσι Αἰγύπτιοι, auch hier finden wir jene Anticipation einer Handlung aus der Regierung des Dareios c. 38. Damit haben aber auch die Spuren einer Ueberarbeitung ihr Ende erreicht. Hier beginnt nämlich die Geschichte des Polykrates, eingefügt in der eben charakterisirten Weise. Dass hier etwas neues, ursprünglich nicht hierher gehöriges anfängt, ersieht man leicht aus der Art und Weise, in der Herodot c. 60 die lange Unterbrechung

---

[1]) a. a. O. S. 421 flgde. Hinzuzufügen wäre etwa noch, dass auch diese Stelle und die aus ihr gewonnenen Resultate vollständig zu den früher (oben S. 29 flgde.) über die Zeit der ägyptischen Reise festgestellten stimmen, da auch hier eines Gebrauches Erwähnung gethan wird (c. 6), den Herodot kennen lernte, der aber erst seit der persischen Occupation statt hatte, c. 7. Οὕτω μέν νυν Πέρσαι εἰσὶ οἱ τὴν ἐσβολὴν ταύτην παρασκευάσαντες ἐπ' Αἴγυπτον, κατὰ δὴ τὰ εἰρημένα σάξαντες ὕδατι, ἐπείτε τάχιστα παρέλαβον Αἴγυπτον.

der Geschichte des Kambyses zu rechtfertigen sucht, indem er sagt: Ἐμήκυνα δὲ περὶ Σαμίων μᾶλλον, ὅτι σφι τρία ἐστὶ μέγιστα ἁπάντων Ἑλλήνων ἐξεργασμένα, eine Motivirung, die er in seinen ägyptischen Geschichten auch vorgebracht hat II. 35 Ἔρχομαι δὲ περὶ Αἰγύπτου μηκυνέων τὸν λόγον, ὅτι πλέω θωμάσια ἔχει ἢ ἄλλη πᾶσα χώρη καὶ ἔργα λόγου μέζω παρέχεται πρὸς πᾶσαν χώρην· τούτων εἵνεκεν πλέω περὶ αὐτῆς εἰρήσεται. Aber sonderbar ist diese Entschuldigung III. 60, denn über die Bauten auf Samos, um derentwillen unser Autor „länger bei der Insel verweilt hat," wird mit wenigen Worten im folgenden erst berichtet, und die ganze vorhergehende Darstellung hatte die Geschichte des Polykrates und Periander und des Zuges der Lakedaimonier behandelt. Ebenso muss man die Einführung des Polykrates eine sehr merkwürdige nennen, man wird umsonst in Herodot eine ausführlichere Darstellung der Geschichte von Samos vor Polykrates Auftreten suchen, und da muss denn die Einleitung c. 39 entschieden den Eindruck einer nothdürftigen Orientirung machen, die zugleich aber doch das vorhergehende nicht voraussetzt, da Amasis neuerdings ausdrücklich als ὁ Αἰγύπτου βασιλεύς eingeführt wird. Dies zusammengehalten mit der sonderbaren Entschuldigung c. 60 für etwas, was Herodot sich gar nicht hat zu Schulden kommen lassen, muss zu der Ansicht führen, dass die hier vorliegende, gewaltsame Unterbrechung des Zusammenhanges veranlasst war durch die Einfügung einer selbstständigen Arbeit über Samos, die aber Herodot bei der Schlussredaction nicht mehr vollständig verwendete, woraus sich die eben hervorgehobene Unzulänglichkeit der Entschuldigung III. 60 genügend erklärt. Dass diese Arbeit älter ist als die ägyptische Reise ist bereits dargethan, (oben S. 35) aus der Stelle c. 60, an der Herodot den Heratempel auf Samos, als das grösste Bauwerk bezeichnet, das er gesehen, was er II. 148 angesichts des Labyrinthes nicht mehr thut. Konnte daher früher (Seite 36) die Prioritätsfrage von I. 70 und III. 47 nicht entschieden werden, so ergibt sich jetzt die Bekehrung Herodot's zu der lakedaimonischen Darstellung der Geschichte, dass der Mischkrug geraubt sei, und nicht von den Samiern gekauft wurde, wie die letzteren behaupteten, ganz natürlich, wenn man nämlich sieht, woher Herodot einen guten Theil der hier über Samos gebrachten Nachrichten hat. Capitel 55 erzählt er uns nämlich von einem Lakedaimonier Archias, der bei dem Sturme auf Samos in die Stadt drang, allein abgeschnitten wurde und fiel; er fügt bei *τρίτῳ δὲ ἀπ' Ἀρχίεω τούτου γεγονότι ἄλλῳ Ἀρχίῃ τῷ Σαμίου τοῦ Ἀρχίεω αὐτὸς ἐν Πιτάνῃ συνεγενόμην (δήμου γὰρ τούτου ἦν).* Dieser Mann erzählte unserem Autor, dass er die Samier sehr hoch halte, da sie seinen Grossvater von staatswegen begraben hätten; Archias wäre gewiss nicht erwähnt, wenn Herodot ihn bloss einmal gelegentlich gesehen hätte, dass er ihn gerade in diesem Zusammenhang anführt, beweist, dass er ihm hier Nachrichten verdankt. Es ist ganz begreiflich, dass der Spartaner die c. 47 vorgetragene Ansicht über den Mischkrug hatte, auf Herodot also, der bereits I. 70 beide Versionen kannte, in der Weise bestimmenden Einfluss nahm, dass er seine dortige Ansicht, die sich an die samische Ueberlieferung anschloss, aufgab. Diese Reise Herodots nach Griechenland, wo er Archias traf, mag ja immerhin von Samos aus stattgefunden haben, wie denn die samischen Geschichten gewiss durch die Anwesenheit des Autors auf der Insel veranlasst sind. Zu denselben ist natürlich unmittelbar zu rechnen der von dem eben besprochenen durch die Schlussredaction freilich getrennte Abschnitt c. 120—150. Auch dieser zeichnet sich durch einen höchst merkwürdigen einleitenden Satz aus. *Τῶν μὲν δὴ ἑπτὰ εἷς αὐτίκα τρόπῳ τῷ εἰρημένῳ ἀπολώλεε. κατὰ δέ κου μάλιστα τὴν Καμβύσεω νοῦσον ἐγένετο τάδε.* Der erste Theil desselben sucht die hinter der Geschichte der Wunder der Ostländer des persischen Reiches allerdings sehr sonderbar angefügte Erzählung von Intaphrenes zu rechtfertigen, der zweite Theil ist aber unmöglich, wenn der Autor hier im Zusammenhang geschrieben hätte. Denn von des Kambyses *νοῦσος*, das sind doch wol seine epileptischen Krämpfe, sprach Herodot c. 33 *καὶ γάρ τινα ἐκ γενεῆς νοῦσον μεγάλην λέγεται ἔχειν ὁ Καμβύσης, τὴν ἱρὴν οὐνομάζουσι τινές* — wie die folgende Geschichte von Oroites dazu kommt, unter diesem Gesichtspunkte hier erzählt zu werden, sieht man nicht ein. Für die Schlussredaction aber war geboten, dass die Geschichte des Oroites, die bereits in Dareios Regierung fällt, sowie die Unterwerfung von Samos durch ihn c. 139—140, die ja den Schluss dieser

Darstellung samischer Geschichten bildet, von dem früher erzählten Theile derselben c. 39—61, dessen Inhalt unter Kambyses Regierung zu setzen ist, getrennt wurden und nachdem nunmehr die persischen Geschichten Hauptvorwurf geworden waren, konnte sie erst unter des Dareios Regierungsthaten aufgeführt werden. So erklärt sich dieser Satz unter der eben angeführten Voraussetzung vollständig, und hat er seine vollständige Analogie in der zufälligen Anknüpfung des Zuges der Samier Capitel 39 dieses Buches und der Einfügung der libyschen Geschichten c. 145 des vierten; man muss nur das nicht als selbstverständlich ansehen und Herodot zutrauen, er hätte im Zusammenhang fortarbeitend sich etwas derartiges gestattet. Von der Geschichte des Oroites, der den Polykrates stürzte und der Vergeltung, die letzteren deshalb ereilte, bleibt für den vorliegenden Zweck weiter nichts zu sagen, als dass eben dieser Theil wiederum durchaus keine Spur des Einflusses der Bekanntschaft des Autors mit Unteritalien oder Aegypten zeigt, somit nichts im Wege steht, anzunehmen, die Abfassung gehöre in die frühere Zeit seiner literarischen Thätigkeit. Eingefügt ist ihr von c. 129—198 die Erzählung von dem Arzte Demokedes, und in den folgenden zehn Capiteln ist dann die Geschichte der Eroberung von Samos durch die Perser unter Dareios erzählt, von dem letzteren Stücke gilt, was eben von dem vor der Episode von dem Arzte Demokedes erzählten Theile gesagt wurde.

Die Einfügung der Geschichte dieses Arztes erweist sich aus zwei Gründen als eine spätere, die beide in erwünschter Weise sich ergänzen. Sie entspricht nämlich in ihrer Pointirung ganz den von Herodot im Proömium ausgesprochenen Grundsätzen, die aber erst der Zeit der Schlussredaction angehören können und ihr Inhalt stammt dem entsprechend erst aus späterer Kunde, aus der Zeit nach Herodot's Aufenthalt in Unteritalien. I. 1 heisst es: *Ἡροδότου . . . ἀπόδεξις ἥδε . . . ὡς μήτε τὰ γενόμενα ἐξ ἀνθρώπων . . . ἐξίτηλα γένηται . . . μήτε ἔργα μεγάλα τε καὶ θωμαστά, τὰ* *μὲν* *Ἕλλησι, τὰ δὲ* *βαρβάροισι* *ἀποδεχθέντα, ἄκλεα γένηται, τά τε ἄλλα καὶ δι' ἣν αἰτίην* *ἐπολέμησαν* *ἀλλήλοισι.* Am Schlusse der Demokedesepisode, nachdem Herodot von den Entdeckungsreisen der auf Atossa's Wunsch indirect abgesandten Perser berichtet hat, III. 138 sagt er: οὗτοι δὲ πρῶτοι ἐκ τῆς Ἀσίης ἐς τὴν Ἑλλάδα ἀπίκοντο Πέρσαι. Dieser Ausspruch gewinnt unmittelbar „emphatische" Bedeutung, wenn man ihn zusammenhält mit III. 56, wo nach der Darlegung des Zuges der Lakedaimonier zu Gunsten der um Hilfe flehenden Samier gesagt wird: ταύτην πρώτην στρατηίην ἐς τὴν Ἀσίην Λακεδαιμόνιοι Δωριέες ἐποιήσαντο. Wenn man letztere Stelle auch als eine nur zufällige Aeusserung des Autors wird betrachten müssen, so tritt die Absichtlichkeit der ersteren gerade am Ende der Episode, wie eine Rechtfertigung für dieselbe hervor. Dieser Satz III. 56 setzt nämlich die im Proömium gegebene Tendenz keineswegs voraus, denn es ist nicht der Gegensatz zwischen Hellenen und Barbaren, der hier betont wird, sondern ausdrücklich wird bemerkt, dass es die Λακεδαιμόνιοι Δωριέες waren, die den Zug unternahmen, nicht die ersten Hellenen, man würde etwa erwarten von einem ersten Zug der Ἀθηναῖοι Ἴωνες [1]) im Gegensatze dazu zu hören. Dass es vielmehr Herodot, als er die samischen Geschichten schrieb, die vielleicht schon sehr frühe mit den persischen verbunden wurden, nicht darum zu thun war τὰ μὲν Ἕλλησι τὰ δὲ βαρβάροισι ἀποδεχθέντα zu schildern und ihre wechselseitigen kriegerischen Contacte zu behandeln, das ergibt der unmittelbar auf den Schluss der Episode folgende, dem älteren Zusammenhange angehörige Satz, der in sonderbarem Contraste zu dem gerade gesagten steht. III. 139 heisst es: μετὰ δὲ ταῦτα Σάμον βασιλεὺς Δαρεῖος αἱρέει πολίων πασέων πρώτην Ἑλληνίδων καὶ βαρβάρων. Auf den gerade hervorgekehrten Gegensatz legt Herodot hier gar kein Gewicht.

Hat sich hiedurch gezeigt, dass die Geschichte von Demokedes der Grundidee des Werkes entsprechend eingefügt wurde, so ist auch erklärlich, warum Herodot bei der Schlussredaction dies gerade hier that. Capitel 125 des dritten Buches spricht der Autor von Polykrates und sagt von ihm: ἅμα ἀγόμενος ἄλλους τε πολλοὺς τῶν ἑταίρων, ἐν δὲ δὴ καὶ Δημοκήδεα, τὸν Καλλιφῶντος, Κροτωνιήτην ἄνδρα, ἰητρόν τε ἐόντα καὶ τὴν τέχνην

---

[1]) Die Analogie gestattet I. 56, wo die Stämme sich so gegenüberstehen.

ἀσκέοντα ἄριστα τῶν κατ' ἑωυτόν. Den folgenden Zusammenhang zu unterbrechen war nicht gut möglich. Die Geschichte von Oroites c. 126—129 musste unmittelbar nach dem Untergange des Polykrates erzählt werden, sie hätte sonst ihre moralische Pointe verloren, an ihrem Schlusse aber, vor der Erzählung von der Einnahme der Insel durch die Perser, konnten Demokedes Erlebnisse ganz gut angebracht werden. Die so gefundene Ansicht, dass diese Episode erst später eingeschoben wurde, erhält den entsprechenden Grad von Gewissheit, da sich zeigt, dass sie auch inhaltlich erst nach der unteritalischen Reise entstanden sein kann. Ist es schon an sich unwahrscheinlich, dass Herodot von dieser die italischen Städte, zunächst vor allem Kroton, berührenden Erzählung in Griechenland oder Kleinasien Nachricht bekommen habe, so ergibt der Tenor der ganzen Darstellung, dass es Demokedes selbst ist, dem wir als erster Quelle diese Nachrichten verdanken. Durch Familientradition [1]) mag sie Herodot in der Vaterstadt des Mannes, Kroton, zugänglich geworden sein. Wen interessirte wol diese Art der Darstellung der glücklichen Kur des Dareios von einer Verrenkung und der Atossa von einem Geschwüre, das sie nach ausdrücklicher Angabe (c. 33) geheim hielt und erst, als sie sehr grosse Schmerzen litt, dem Demokedes zeigte, wem schienen die reichen Spenden, die der glückliche Heilkünstler im Harem erhielt (c. 130) der Aufzeichnung würdig, die Gehalte, die er auf Aegina, in Athen, auf Samos bezog, (c. 134), wer wusste von der nächtlichen Unterredung des Dareios und der Atossa, deren geistiger Urheber eben wieder Demokedes war? Dies Argument tritt also in erwünschtester Weise als Bestätigung zu dem früher gefundenen, und sind wir daher berechtigt, diese Partie als zur Zeit der Schlussredaction erst eingefügt zu betrachten.

Wir haben die älteren persischen Geschichten, die freilich gerade hier im dritten Buche sehr stark überarbeitet sind, bei Capitel 61 verlassen. Dieselben setzen von hier ab wieder ein

---

[1]) Ich gehe hierin weiter als Kirchhoff, Abfassungszeit S. 14, der nur von „Localtradition von Kroton und Tarent" spricht; Büdinger a. a. O. S. 6. Anm. 1 hat zuerst Demokedes als Urheber der Darstellung bezeichnet.

und ihre Darstellung steht im Gegensatze zu der vorangehenden, der sich übrigens sehr leicht erklärt, da wir gleich erkennen können, dass von c. 61 ab die Ueberarbeitung keine so eingehende war. Allerdings der Bericht von Kambyses Tod, dass das Schwert ihn gerade da am Schenkel verwundet, wo er den Apis getroffen hatte c. 64, zeigt sich durch diese Pointirung als ägyptischen Nachrichten entnommen. Die ganze übrige Erzählung, die wol mit zu dem vollendetsten gehört, was Herodot geschrieben hat, zeigt nicht die Spur eines Einflusses ägyptischer Quellen, sie behandelt den Sturz des falschen Smerdes und die Erhebung des Dareios. Es ist im Gegentheil alle Wahrscheinlichkeit dafür, dass durch irgend welche Vermittelung Herodot mit diesen auf persische Tradition zurückgehenden Nachrichten bekannt wurde. Durch die Ueberarbeitung des vorangehenden den Zug und die Regierung des Kambyses behandelnden Theiles, geschah es, dass Herodot in die Erzählung einen Gegensatz brachte, der auch ganz unbegreiflich wäre, wenn der Autor in einem Zuge das vorliegende geschrieben hätte. In Capitel 32 erzählt er uns zwei Versionen über die Veranlassung des Todes von Kambyses Schwester, eine griechische und eine ägyptische, beide setzen, wie Stein (n. ad loc.) richtig betont, voraus, dass der Tod des Smerdes bekannt war; wenn das, so geht der ganzen Erzählung über die Entdeckung des Betruges und die Verschwörung, der richtige Sinn verloren. Die ältere Fassung der Geschichte des Kambyses wusste davon nichts und der Gegensatz wurde erst durch die Ueberarbeitung hineingetragen. Zu den älteren persischen Geschichten gehörte noch die Eroberung von Babylon, die c. 150 flgde. erzählt ist; diese kam durch die Einschiebungen, die Herodot vorher machte, ziemlich weit von des Königs Regierungsantritt weg zu stehen, was durchaus dem wahren Sachverhalt widerspricht, da Dareios selbst in der Behistuninschrift dies Ereigniss an den Beginn seiner Regierungsthätigkeit stellt. (Vgl. Stein, Note zu c. 151). Der Zusammenhang, welchen diese Erzählung mit den früheren Theilen der persischen Geschichten hat, ergibt sich ganz leicht durch eine Bezugnahme: III. 159 *Βαβυλὼν μέν νυν οὕτω τὸ δεύτερον αἱρέθη*, und I. 191 bei der Eroberung durch Kyros hiess es: *καὶ Βαβυλὼν μὲν οὕτω τοτε πρῶτον ἀραίρητο.* Aber die Geschichte selber ist eine durchaus eigenthümliche. Von der Betheiligung und Aufopferung des Zopyros weiss die Behistuninschrift gar nichts, woher Herodot die ganze Sache hat, wird aber unmittelbar klar, wenn man c. 160 Schluss die Hinzufügung liest: *Ζωπύρου δὲ τούτου γίνεται Μεγάβυζος, ὃς ἐν Αἰγύπτῳ ἀντία Ἀθηναίων καὶ τῶν συμμάχων ἐστρατήγησε· Μεγαβύζου δὲ τούτου γίνεται Ζώπυρος, ὃς ἐς Ἀθήνας αὐτομόλησε ἐκ Περσέων.* Dass Herodot mit dem Nachkommen dieses Mannes zusammenkam und diesem die erdichteten Grossthaten seiner Ahnen abnahm, ist begreiflich, aber ein komischer Zufall wäre es, wenn derselbe just um die Zeit nach Athen gekommen wäre, als Herodot an dieser Stelle arbeitete. Es ist doch vielmehr selbstverständlich hier eine Ueberarbeitung aus späterer Zeit vorhanden, denn Zopyros Anwesenheit in Athen wird man mit Kirchhoff [1]) wol um 438 setzen können, also keinesfalls in die frühe Zeit, in welche die Abfassung der persischen Geschichten zu setzen ist. Da ist es denn nun sehr wichtig, dass der nunmehr vorliegende Bericht über die Eroberung Babylons ein nothdürftiger und eigentlich ganz unverständlicher Compromiss zweier Versionen über dieses Ereigniss ist, die sich absolut ausschliessen, deren erstere der älteren Fassung angehörig, nunmehr mit der widersprechenden späteren durch die Schlussredaction verbunden erscheint. Der Gang der Erzählung ist folgender: Dareios belagert Babylon und zwar vergeblich, so dass einer der Belagerten den Persern sagt: Ihr werdet die Stadt erobern, wenn einmal eine Mauleselin gebiert, das soll heissen nie. Im zwanzigsten Monate der Belagerung, nachdem alles mögliche versucht worden, wirft eine der Packeselinnen des Zopyros ein Junges; nun sollte man meinen, die Perser hätten jetzt einen Sturm auf Babylon unternommen, allein wir erfahren, dass es dem Zopyros klar war, nun könne Babylon erobert werden und er erkundigt sich nun bei Dareios, ob ihm daran liege, dass Babylon erobert werde, was nach meiner Ansicht die überflüssigste Frage war, die er thun konnte, da man eine Stadt nicht 20 Monate belagert, wenn einem an ihrer Einnahme nichts liegt. Und nun beschliesst er,

---

¹) Abfassungszeit. S. 15, 16.

dass er die Stadt einnehmen müsse, und da sonst nichts mehr denkbar scheint, verstümmelt er sich und führt seine bekannte List aus. In der That war es für diese Heldenthat durchaus nicht nöthig, dass durch jenes Wunder das Schicksal der Stadt sich erfüllt hätte, und wird die ziemlich unverständliche und weitschweifige Geschichte von c. 153 und 154, enthaltend das, was sich Zopyros überlegte, nichts sein als ein missglückter Versuch, beide Versionen zu verbinden. Ausserdem spricht für die spätere Abfassung des letzteren Theiles noch c. 159, welches wie der eingefügte Abschnitt des ersten Buches die Bekanntschaft mit Babylon selber voraussetzt, daher stammt die Notiz ἐκ τούτων δὲ τῶν γυναικῶν οἱ νῦν Βαβυλώνιοι γεγόνασι. Unmittelbar schliesst sich dann an diese Eroberung Babylons in dem älteren Zusammenhang die Geschichte des Skythenzuges des Dareios im vierten Buch. von der bereits (oben Seite 21 flgde.) die Rede war, auch diese sahen wir zertheilt durch die später eingeschobenen Σκυθικοὶ λόγοι, bei deren Besprechung unten das nähere folgt.

Noch erübrigt die Betrachtung des Satrapienverzeichnisses und der Beschreibung der Ostländer des persischen Reiches, sowie des Capitels in dem von dem Ende des Intaphrenes erzählt wird. Das Satrapienverzeichniss, wenn es sich auch nicht mehr von dem jetzigen Zusammenhang loslösen lässt, zeigt sich unter den angenommenen Voraussetzungen als spätere Hinzufügung dadurch, dass es erst nach der Abfassung des zweiten Buches hierher gesetzt und geschrieben worden sein kann. Es ist ja mit Recht von Büdinger [1]) betont, dass III. 91 nur geschrieben sein kann zu einer Zeit, als das Land sich nicht im Aufstande gegen die Perser befand, nur kann ich dies nicht für die älteren persichen Geschichten gelten lassen, sondern es ist dies für die Zeit der Schlussredaction richtig, in welcher, da ja seit 449 v. Ch. in Aegypten die Perser herrschten, die gemachte Beobachtung ebenso unumstösslich ist. Herabgerückt darf das Datum werden, aber vor 449 dürfen wir keinesfalls hinaufgehen. Dieselbe Stelle bezieht sich aber wie bereits oben erwähnt (S. 31) durch das τὸ ἐγίνετο ἐκ τῶν ἰχθύων auf II. 149, kann

[1]) a. a. O. S. 10.

also hieher erst gesetzt worden sein, als das zweite Buch eingefügt war. Dabei verdient noch hervorgehoben zu werden, dass Herodot die Satrapien stets als *νόμοι*, was die ägyptische Benennung ist, bezeichnet. Die an das Satrapienverzeichniss geknüpfte Beschreibung der Wunder des Ostens, der Inder, der Goldameisen, der Producte dieses Landes, derer Arabiens, zeigt sich auch als erst spätere Hinzufügung. Nachdem der Autor nämlich von den entlegensten Theilen Asiens und Libyens gesprochen hat, kommt er auch auf jene Europa's zu reden. IV. 42 wundert sich Herodot zwar über die, welche Libyen, Asien und Europa unterscheiden, aber er selber führt gerade an derselben Stelle der skythischen Geschichten diese Unterscheidung durch: c. 42 spricht er von Libyen, c. 44 von Asien und c. 45 von Europa. Dieselbe Frage beschäftigt unsern Autor II. 16, auch hier, ohne dass er sich von dieser Anschauung emancipirt: *εἰ δὲ ὀρθή ἐστι ἡ τῶν Ἰώνων γνώμη,* (dass nämlich das Delta allein Aegypten sei) *Ἕλληνάς τε καὶ αὐτοὺς Ἴωνας ἀποδείκνυμι οὐκ ἐπισταμένους λογίζεσθαι, οἵ φασι τρία μόρια εἶναι γῆν πᾶσαν, Εὐρώπην τε καὶ Ἀσίην καὶ Λιβύην.* Es kann also darin, dass Herodot in unserem Abschnitte III. 115 flgde. von dieser Eintheilung Gebrauch macht, nur ein Argument dafür gesehen werden, dass die Stelle jünger ist, da gerade, wie dies ja bereits bei den ägyptischen Geschichten betont wurde, die Reise dahin ihn auf Besprechung solcher Gegenstände brachte. Ausserdem tragen die zwei folgenden Capitel einen so rationalistischen Zug, wie nur eines der im zweiten oder vierten Buche vorkommenden; der Autor, der freilich von den Goldameisen und den Wundern Arabiens sehr gläubig erzählt hat, glaubt nun nicht, dass es Kassiteriten gibt, noch dass ein Fluss Eridanos existirt, noch weniger dass es einäugige Menschen gebe. Dass übrigens dieses Stück über Indien bei der Einfügung nicht gehörig angepasst wurde, sieht man aus dem Satze c. 98, an dem ich übrigens die Folgerungen, die Stein (vgl. not. ad. loc.) daran geknüpft hat, nicht erwiesen betrachten kann: *ἔστι τῆς Ἰνδικῆς χώρης τὸ πρὸς ἥλιον ἀνίσχοντα ψάμμος· τῶν γὰρ ἡμεῖς ἴδμεν, τῶν καὶ πέρι ἀτρεκές τι λέγεται, πρῶτοι πρὸς ἠῶ καὶ ἡλίου ἀνατολὰς οἰκέουσι ἀνθρώπων τῶν ἐν τῇ Ἀσίῃ Ἰνδοί.* Endlich weiss man auch nicht, wie die Erzählung von den Völkerschaften, die c. 117 genannt sind, jetzt auf dies geographische Exposé zu folgen kommt. Freilich Herodot gibt einen Grund an, aber der kann unmöglich eine so verworrene Composition rechtfertigen, er meint, weil die Ebene, welche diese Völker bewohnen, jetzt auch dem Perserkönige gehört. Nach der Pointirung der Geschichte am Schlusse: ὡς δὲ ἐγὼ οἶδα ἀκούσας, χρήματα μεγάλα πρησσόμενος ἀνοίγει, πάρεξ τοῦ φόρου, möchte man meinen (Vgl. Stein not. ad. loc.) die Geschichte sei bei der Aufzählung der Einkünfte des Perserreiches vergessen und deshalb hier nachgetragen worden. Darauf nun folgt die Erzählung von Intaphrenes und dessen Gattin, welche wegen ihrer Aehnlichkeit mit einer Stelle der Antigone schon oft und vielfach behandelt ist. Kirchhoff [1]) hat die Frage in der Weise gelöst, dass er die betreffenden Verse der Antigone 905 ff. für sophokleisch erklärt, und die Schiefheit des Gedankens, die dadurch entsteht, dem Dichter wegen des lebhaften Interesses für Herodot's Person, das ihn veranlasste, eine solche Einfügung zu machen, auch zutraut. Da die Antigone 441 Frühjahr zum ersten Male aufgeführt und daher ungefähr ein Jahr vorher gedichtet wurde, so ist damit der terminus ad quem für diese Stelle gegeben; es hindert aber nichts, dieselbe beliebige Zeit früher in Herodot's Werk geschrieben sein zu lassen. Es kann daher dieses Stück ganz gut den älteren persichen Geschichten angehört haben, an welche es sich in der That inhaltlich am besten anschliesst; allerdings wurde es durch die gemachten Einschiebungen, die wir eben betrachtet haben, aus dem ursprünglichen Zusammenhange gerissen und hier sehr unvermittelt mitgetheilt, wie bekanntlich von c. 120 an ebenso wenig zusammenzureimen die Geschichte des Oroites folgt. Ich denke die Betrachtung des dritten Buches hat gezeigt, wie vielleicht die keines früheren, dass hier durch die Schlussredaction ganz ausserordentlich viel geändert wurde, dass es aber geradezu undenkbar ist, anzunehmen, eine solche Arbeit, wie dies dritte Buch, sei in einem Zuge geschrieben [2]).

---

[1]) Abfassungszeit S. 8. flgde.

[2]) Ueber den Schluss der persischen Geschichten siehe das Ende des folgenden Abschnittes.

VI. Die Σκυθικοὶ λόγοι.

Wir sahen, dass in dem Zusammenhang der älteren persischen Geschichten nun gelegentlich der Darstellung des Zuges des Dareios gegen die Skythen auch ethnographisch-geographisches über Skythien beigebracht ist. und dass dies ausdrücklich als λόγος für sich im Gegensatz zu der Erzählung von dem Zuge selbst bezeichnet ist. (Vgl. IV. 16, 82. und oben S. 20 flgde.) Der Inhalt ist bereits betrachtet, es handelt sich nunmehr auch um die Betrachtung der zwei Excurse, deren erster sich als „skythische Geschichten“ ergibt. Wir sahen, zur Geschichte des Zuges gehört 1—5, dann 83—99, Capitel 102 und endlich 118 bis 145. Für die skythischen Geschichten erübrigt also der grössere Theil c. 5—83 und ausserdem umfasst der kleinere Excurs 99—118 mit Ausschluss von Capitel 102. Diese beiden Theile sollen zunächst in Bezug auf ihr gegenseitiges Verhältniss untersucht werden.

Um gleich mit einem allgemeinen Eindruck zu beginnen, so erfahren wir im Grunde in dem kleineren Excurse 99—118 keinen Namen einer Völkerschaft, die uns nicht von früher her schon bekannt wäre. In geradezu ermüdender Einförmigkeit folgen dreimal nach einander dieselben Völkerschaften aufgezählt. Capitel 100 spricht der Autor von Taurien, dann von den Agathyrsen, hierauf von den Neuren, den Androphagen und Melanchlainen, Capitel 102 folgen, wie wir wissen, den älteren persischen Geschichten angehörend, die Könige abermals in derselben Reihenfolge, und von c. 103 an ist nun dasselbe Schema wieder befolgt; so konnte Herodot aber im Zusammenhang unmöglich gearbeitet haben, dies war nur der Nothbehelf, um spätere Hinzufügungen in einen äusserlichen Zusammenhang mit c. 102 zu bringen. Der Zweck der Einschiebung wird unmittelbar klar durch eine Vergleichung von Nachrichten dieses letzteren Excurses mit der grösseren Partie über Skythien. Was in Capitel 100 über den Wohnort der Androphagen steht, wissen wir aus c. 18 eigentlich schon, aber das nähere über dieses Volk, das uns c. 106 mitgetheilt wird, widerspricht ja geradezu dem früher c. 18 über dieselben gesagten.

Es heisst kurz an letzterem Orte: μετὰ δὲ τὴν ἐρῆμον Ἀνδροφάγοι οἰκέουσι, ἔθνος ἐὸν ἴδιον καὶ οὐδαμῶς Σκυθικόν und c. 106 erfahren wir genau und detaillirt: ἐσθῆτα δὲ φορέουσι τῇ Σκυθικῇ ὁμοίην, γλῶσσαν δὲ ἰδίην ἔχουσι; also ganz und gar von den Skythen verschieden sind sie doch nicht. Stärker noch ist der Gegensatz der beiden Stellen über die Melanchlainen: c. 20 τὰ δὲ κατύπερθε ..... οἰκέουσι Μελάγχλαινοι, ἄλλο ἔθνος καὶ οὐ Σκυθικόν und c. 107 heisst es, dass sie ihren Namen von ihren schwarzen Kleidern haben, νόμοισι δὲ Σκυθικοῖσι χρέονται. Capitel 16 beginnt: τῆς δὲ γῆς, τῆς πέρι ὅδε ὁ λόγος ὥρμηται λέγεσθαι, οὐδεὶς οἶδε ἀτρεκέως, ὅ τι τὸ κατύπερθέ ἐστι, und c. 100 führt das gerade Gegentheil aus, indem die Skythien umwohnenden Völkerschaften aufgeführt werden. Die Stellen des kleineren Excurses können daher nur als Correcturen gefasst werden zu den Nachrichten der Σκυθικοὶ λόγοι. Ueber schon früher erwähntes erfahren wir wiederholungsweise c. 100 zu c. 20 über die Grenzen der im Norden von Taurien wohnenden Skythen, wo die Stelle c. 20 als die ausführlichere füglich als bekannt vorausgesetzt sein könnte. Dasselbe gilt von der Erwähnung der Agathyrsen c. 48 und c. 100, der Neuren c. 17. 51 und 100. Ein Gegensatz zeigt sich noch in der Tagreisenangabe c. 21. 22 und 101, wo wir im ersteren Falle 15 durch das Land der Sauromaten und 7 zu den Thyssageten gerechnet finden, während im letzteren die Länge der Ostgrenze, die damit zusammenfällt, auf 20 Tagereisen angegeben ist. Von der dichten Bewaldung des Landes der Budinen hat man bereits c. 21 Nachricht bekommen, trotzdem ist dies c. 109 abermals hervorgehoben. Gegen das hier sich unmittelbar ergebende Resultat, dass nämlich zwischen der Abfassung dieser beiden Theile ein Zeitraum liege, der gross genug war, dass Herodot's Kunde sich in der Weise erweitern konnte, scheint nur zu sprechen, dass aus dem kleineren Excurse c. 129 auf eine Stelle der skythischen Geschichten verwiesen wird. Dieselbe erweist sich aber als spätere Hinzufügung, was dann auch für den kleineren Excurs, dem sie angehört, gilt, indem sie nicht zutrifft. Capitel 129 steht: οὔτε γὰρ ὄνον οὔτε ἡμίονον γῆ ἡ Σκυθικὴ φέρει, ὡς καὶ πρότερόν μοι δεδήλωται, οὐδὲ ἔστι ἐν τῇ Σκυθικῇ πάσῃ χώρῃ τὸ παράπαν οὔτε ὄνος οὔτε ἡμίονος διὰ τὰ ψύχεα, c. 28 also in dem grösseren Excurse hiess es: ἵπποι δὲ ἀνεχόμενοι φέρουσι τὸν χειμῶνα τοῦτον, ἡμίονοι δὲ οὐδὲ ὄνοι οὐκ ἀνέχονται ἀρχήν. Herodot sagt an der ersten Stelle mit andern Worten: Ich habe früher erwähnt, dass Skythien weder Esel noch Maulesel hervorbringt; das hat aber der Autor nicht gesagt, sondern das, was nach dem ὡς καὶ πρότερόν μοι δεδήλωται folgt, dass diese Thiere die Kälte in Skythien nicht aushalten: denn das ist offenbar zweierlei, οὔτε ὄνον .... φέρει, und οὐδὲ ἔστι. Diese Ungenauigkeit ist aber viel eher denkbar, wenn wir die Stelle, welche den Rückweis enthält, uns später geschrieben denken, als die Zeit ist, welche Herodot etwa brauchte, um von c. 28 bis 129 zu schreiben. Wir sehen also in dem, was wir jetzt als die 145 ersten Capitel des vierten Buches vor uns haben, die Arbeiten unseres Autors in drei verschiedenen Zeiträumen. Die erste ist die Darstellung der Geschichte des Zuges selbst, die, wie wir sahen, ein integrirender Bestandtheil der Περσικοὶ λόγοι ist, darauf wurde der grössere Excurs gearbeitet, der uns als Σκυθικοὶ λόγοι erschien und endlich der kleinere, der zu dem letzteren einige corrigirende Angaben enthielt; dies alles wurde vereinigt und verbunden durch die Schlussredaction.

Noch erübrigt festzustellen, was über Abfassungszeit und Abfassungsort der beiden Excurse sich beibringen lässt. Capitel 15, in dem Zusammenhange der Σκυθικοὶ λόγοι sagt Herodot, er habe die Zahl von 240 Jahren zwischen dem ersten und zweiten Verschwinden des Aristeas durch vergleichende Berechnungen gefunden, die er auf Prokonnesos und zu Metapontum angestellt; aus der Reihenfolge ist zu entnehmen, dass Herodot erst auf Prokonnesos und dann in Metapontum war. Für die hier vorliegenden Capitel ist es nöthig von den Beobachtungen, welche O. Nitzsch [1]) gemacht hat, auszugehen. Das wesentliche derselben ist, dass Nitzsch den Sprachgebrauch Herodot's untersuchte für die Formeln, mit welchen derselbe Rückweise zu machen pflegt, und da zeigte sich, dass Wendungen wie: ὀλίγῳ πρότερον τούτων μνήμην ἐποιεύμην, ὡς εἴρηταί μοι (τὸ) πρότερον u. s. w. nur angewendet erscheinen, wenn der Gegenstand, auf

[1]) a. a. O. S. 8 flgde.

welchen Bezug genommen wird, bereits ziemlich lange vorher erwähnt ist, und Nitzsch knüpft nun daran die gewiss richtige Schlussfolgerung, wenn diese Formeln auffallend nahe an einem eben erst erwähnten Gegenstande vorkommen, dies in späteren Redactionsänderungen des Autors seinen Grund haben muss. Für unsere Stelle aber folgert er, dass c. 16 τοῦπερ (nämlich des Aristeas) ὀλίγῳ πρότερον τούτων μνήμην ἐποιεύμην, unmöglich ursprünglich so gleich hinter c. 14 und 15 habe folgen können, wo von Aristeas ausführlich die Rede ist, und findet nun, wie ich glaube ganz richtig, dass c. 32—36 ursprünglich in diesem Zusammenhange gestanden habe, was sich aus dem Gange von Herodot's Darstellung ergibt. Die Erzählung ist so angelegt, „dass der Autor zuerst das sagenhafte über Ursprung und Wohnsitze des Volkes nach den verschiedenen Wendungen, welche diese Kunde durch den Mund der Eingebornen, der nachbarlichen Griechen und der Dichter erhalten hat, ausscheidet und dann die Frage über die im Norden der Skythen wohnenden Völker erörtert.“ Es folgt dann in der jetzigen Ordnung die Darstellung der glaublichen Ueberlieferung und dann eine Episode über das Klima jener Gegenden, an die sich abermals eine sagenhafte Geschichte von den übrigens in c. 13 bereits hervorhebend erwähnten Hyperboräern anschliessen würde. Diese Partie c. 32—36 (letzteres Capitel bis σιτεόμενος) meint der Verfasser sei ursprünglich vor c. 16 gestanden und dann erst hier entfernt worden, und dabei dem Autors das Versehen passirt, dass er die nunmehr unpassende Recapitulationsformel nicht tilgte.

Ich pflichte dieser Beobachtung als vollkommen richtig bei, kann aber nur über die Stelle, an der c. 32—36 gestanden haben soll, mich nicht mit der Ansicht desselben befreunden. Es schliesst nämlich an c. 15 Ende: Ἀριστέω μέν νυν πέρι τοσαῦτα εἰρήσθω, c. 32 Anfang Ὑπερβορέων δὲ πέρι ἀνθρώπων οὔτε τι Σκύθαι λέγουσι κτλ. Hier hätte sich schon formell für Nitzsch die Schwierigkeit ergeben müssen, dass in dieser Form, zweimal περί nachgesetzt, die Verbindung unmöglich statthaft war [1]). Ich denke zeigen zu können, wo c. 32 anzusetzen ist.

[1]) Für IV. 79, wo mit τῆς καὶ ὀλίγον τι πρότερον τούτων μνήμην

Capitel 14 und 15 nämlich sind für den unbefangenen Leser ein Nachtrag, ein Stück, das erst später hier eingefügt wurde. Einen Satz wie die Einleitungsworte derselben spricht man nicht aus, wenn man nicht um eine Anknüpfung verlegen ist, was Herodot im Zusammenhang arbeitend gewiss nicht war: „Woher dieser Aristeas war, das habe ich gesagt, jetzt werde ich sagen, was ich von ihm auf Prokonnesos und in Kyzikos gehört habe.“ Wie viel besser ist dann der Anschluss: οὕτω δὴ οὐδὲ οὗτος συμφέρεται περὶ τῆς χώρης ταύτης Σκύθησι, Ὑπερβορέων δὲ πέρι ἀνθρώπων ..... Und nun wird auch der Grund einleuchtend, warum gelegentlich der Schlussredaction das Stück 32—36 weiter hinten und dies andere c. 14—16 hier hereinkam. Capitel 14 und 15 schöpft aus Nachrichten, die Herodot in Metapontum erhielt (Μεταποντῖνοι λέγουσι, Μεταποντῖνοί φασι), die ihm also erst nach seinem Aufenthalte in Unteritalien, d. h. nach 443 frühestens zugänglich wurden. Die skythischen Geschichten sind das Resultat einer Reise unseres Autors in jenen Gegenden. Er selber sagt, dass er in Kyzikos und Prokonnesos war, dies allerdings nur in den eben besprochenen und als späterer Zusatz bezeichneten Capiteln 14 und 15. Aber Herodot hat auch Theile von Skythien selber gesehen, wie aus c. 81 hervorgeht: τοσόνδε μέντοι ἀπέφαινόν μοι ἐς ὄψιν, c. 48 Ἴστρος μὲν ἐὼν μέγιστος ποταμῶν πάντων τῶν ἡμεῖς ἴδμεν. Dasselbe beweist die auf Autopsie zurückgehende, genaue Schilderung des Landes am Borysthenes in Capitel 53. Olbia kannte Herodot, wie aus c. 18 hervorzugehen scheint, Exampaios gewiss, wie c. 81 und 52 beweisen. Für die Genauigkeit vieler der hier niedergelegten Beobachtungen haben neuere Reisende die glänzendste Bestätigung gebracht [1]). Dies ergibt von selber, dass c. 14. 15 erst geschrieben sein kann, nachdem Herodot diese Reise vollendet und in Unteritalien gewesen war, d. h. in einer verhältnissmässig späten Zeit seiner literarischen Thätigkeit, in welche wir ja die Schlussredaction

εἶχον auf IV. 78 Bezug genommen wird, ist der Sachverhalt kaum mehr zu erkennen (vgl. O. Nitzsch. S. 9 u. 10); es kann auch vor IV. 79 etwas ausgefallen sein.

[1]) Vgl. Rawlinson a. a. O. Appendix book IV. Essay III. vol. III. p. 171. Es ist der Bericht, den Rev. W. Palmer, der diese Gegenden bereiste, gegeben.

setzen müssen. Ausserdem hat uns die früher (oben Seite 56 flgde.) angestellte Vergleichung des zweiten Buches mit dem vierten den Beweis geliefert, dass das letztere erst nach Herodot's ägyptischer Reise entstanden sein kann; wenn wir daher in diesem Zusammenhang Einfügungen gemacht sehen, die eine Kenntniss Unteritaliens zeigen, so liegt es nahe anzunehmen, Herodots Reise nach Aegypten und die Verarbeitung des hier gewonnenen Materiales sei seinem Aufenthalte in Thurioi vorangegangen. — Gegen eines muss aber hier Protest erhoben werden, dass nämlich diese ganze Partie von Herodot's Werk deshalb, weil hier Metapontum erwähnt ist, in Unteritalien geschrieben sein muss; wir haben schon weit früher, als Kirchhoff dies annimmt (vgl. I. 94. 166 flgde. IV, 14 flgde. IV. 99, V. 42 flgde., wo auch c. 42 das über Libyen früher gesagte als bekannt vorausgesetzt ist) Spuren der Hinzufügungen in Unteritalien gesehen, und soll deshalb nun auch die zweite Stelle [1]) unseres Zusammenhanges, welche Kirchhoff als Beweis anführt, in Erwägung gezogen werden. Sie gehört dem mehrfach erwähnten, kleineren Excurse an (c. 99). Herodot beschreibt die taurische Halbinsel und um deren Verhältniss zum Skythenlande zu verdeutlichen, sagt er, es sei das so, wie wenn ein nicht-attisches Volk das Vorgebirge von Sunion bewohnen würde. Für solche aber, die Attika nicht kennen, vergleicht er die Lage der Krim mit Japygien. Daraus schliesst Kirchhoff [2]) folgendermassen: „Man kann sich nicht verhehlen, dass, hätte Herodot diese Stelle in Athen geschrieben, er sich kaum so ausgedrückt haben würde. Er hätte immerhin die japygische Halbinsel mit in den Vergleich hineinziehen können, würde dann aber umgekehrt diese zuerst genannt und für ein attisches Publikum den erläuternden Hinweis auf das näherliegende und verständlichere Beispiel von Südattika nachträglich hinzugefügt haben. Da nun aber gerade das umgekehrte der Fall ist, so macht die Stelle auf den unbefangenen Leser den Eindruck, als habe Herodot vielmehr, wenn auch ohne besondere Absicht und vielleicht ohne bestimmtes Bewusstsein

---

[1]) Die erste ist IV. 14—16.

[2]) Abfassungszeit, Seite 17.

sich so ausgedrückt, weil die Verhältnisse, in denen er sich augenblicklich befand, eine Rücksicht gerade auf das Mass derjenigen Kenntnisse und Anschauungen nahe legten, welche er in seiner unmittelbaren Umgebung voraussetzen konnte. Täuscht dieser Eindruck nicht, so muss die Stelle in Unteritalien geschrieben sein und was von ihr gilt, muss nothwendig auf den Schluss des dritten Buches und auf das ganze vierte Buch ausgedehnt werden. Da nun einer solchen Annahme nichts entgegensteht, so sind wir darauf angewiesen, an ihr als der wahrscheinlichsten festzuhalten." Ich behaupte, weil Herodot in Athen war, als er dies schrieb, darum setzte er die Halbinsel Attika in dem Vergleiche als das zunächstliegende zuerst an, nun nahm er aber dies Stück noch einmal in Unteritalien vor und sah sich nun mit Rücksicht auf seine jetzige Umgebung veranlasst, diesen erklärenden Zusatz zu machen. Der ursprüngliche Text war: *τοιοῦτο ἡ Ταυρική ἐστι .. τὸ δ' ἀπὸ τῆς Ταυρικῆς ἤδη Σκύθαι κτλ.* Dieser kleinere Excurs wurde also in Athen verfasst und in Unteritalien mit dem Zusatze versehen, daher wahrscheinlich die Schlussredaction dieses Theiles in Unteritalien anzusetzen ist. Da dieser kleinere Excurs Correcturen zu Nachrichten des grösseren enthält, so haben wir denselben natürlich als später abgefasst anzusehen als die skythischen Geschichten, die wie aus dem zu ihnen gemachten Zusatze c. 14. 15 hervorgeht, ebenfalls in Unteritalien in ihrer schliesslichen Form dem Werke einverleibt sind.

Die persischen Geschichten, welche wir IV. 144 verliessen, finden ihre Fortsetzung im fünften Buche. Unmittelbar schliesst nach der Episode über Libyen die Darstellung da an, wo sie früher endete. Nachdem IV. 200—208 die Geschichte von dem Zuge des Aryandes erzählt, die Rache der Pheretima an den Barkäern geschildert war und von ihrem Tode in Aegypten berichtet ist, folgen nun Erzählungen von dem Gange der persischen Eroberungen unter Megabazos Führung. Perinth, von dessen früheren Kämpfen mit den Paionern eine Darstellung gegeben ist, wird erobert. Von c. 3—11 folgt ein Excurs über Land und Volk der Thraker, und der nördlich von ihnen gelegenen Völkerschaften. Diese wenigen Capitel sind im Grunde ganz ebenso eingefügt, wie die skythischen Geschichten, auch das mitgetheilte ist wesentlich dasselbe, einzelne Wendungen wiederholen sich: c. 9. τὸ δὲ πρὸς βορέω ἔτι τῆς χώρης ταύτης οὐδεὶς ἔχει φράσαι τὸ ἀτρεκές, vgl. IV. 16 τῆς δὲ γῆς, τῆς πέρι ὅδε ὁ λόγος ὥρμηται λέγεσθαι, οὐδεὶς οἶδε ἀτρεκέως, ὅτι τὸ κατύπερθέ ἐστι, endlich V. 10 ταῦτα μέν νυν τῆς χώρης ταύτης πέρι λέγεται und der Schlusssatz von c. 15. 31. 36. 46. Es ist gewiss keine zu gewagte Behauptung anzunehmen, das Material sei von Herodot auf der Reise, die er in jene Gegenden machte, gesammelt worden. Der Capitel 3 unterbrochene Zusammenhang setzt fort c. 11, es wird hier an c. 143 des vierten Buches angeknüpft, und von der Belohnung, welche Dareios dem Koes und Aristagoras für die an der Isterbrücke geleisteten Dienste machte, berichtet. Man sieht wie enge inhaltlich all' das nach der Einschiebung der libyschen Geschichten erzählte mit der vorangehenden Darstellung der Kriegszüge des Dareios zusammenhängt. Darauf fährt unser Autor fort, den Gang der persischen Eroberung in jenen Gegenden darzustellen. Die Veranlassung der Unterwerfung des Paionervolkes und die Geschichte des letzteren wird gegeben; dann folgt der Bericht von der Gesandtschaft der Perser am Hofe des Amyntas und dem Ende der Perser, die sich gegen die Frauen des makedonischen Hofes ungeziemend benommen hatten. Diese Darstellung schliesst mit c. 21 ὁ μέν νυν τῶν Περσέων τούτων θάνατος οὕτω καταλαμφθεὶς ἐσιγήθη. Im folgenden Capitel gibt Herodot das Versprechen, den Beweis, dass die makedonischen Könige Hellenen seien, wolle er führen ἐν τοῖσι ὄπισθε λόγοισι und dies geschieht VIII. 137; wir sehen also, dass dieser letzte Theil von Herodot's Werk von dem eben besprochenen als eigener λόγος zu trennen ist. Damit ist die Geschichte der persischen Eroberungen für den Augenblick beendet. Die folgenden Ereignisse lassen bald mehr die Perser in den Hintergrund treten, in der Geschichte des ionischen Aufstandes sind es die Griechen, welche die Initiative zum Kampfe ergreifen, und durch die Unterstützung, deren sie theilhaftig werden von Seite der Athener und Eretrier provociren diese letzteren das Perserreich auch zum Kampfe. Im richtigen Gefühle lässt daher Herodot seine persischen Geschichten da abschliessen, wo in den Griechen den Persern eine neue Macht entgegentritt, der dieselben unterliegen. Hier im fünften Buche folgt im Zusammenhang der Geschichte des ionischen Aufstandes, die einmal ein ganzes bildete, wie wir noch sehen werden, ein Abschnitt spartanischer und griechischer Geschichte, zu dem die Anfänge in einer Partie der lydischen Geschichten erzählt wurden, da wo zum ersten Male der Name beider Völker, der Athener und Spartaner, die sich Kroisos zu Verbündeten machen will, genannt war. Freilich ob die persischen Geschichten überhaupt ursprünglich in dieser Weise endeten, wage ich nicht zu vermuthen, aber bei der Schlussredaction liess Herodot sie hier zu Ende sein. Anknüpfend an das eben gesagte über die Geschichte der Anfänge der Athener und Spartaner, die enthalten sind in den lydischen Geschichten, sollen nun zunächst die letzteren betrachtet werden, die Herodot seinen medisch-persischen Geschichten voranstellte.

VII. Die Λύδιοι λόγοι.

Der Inhalt dieser Geschichte des lydischen Reiches und des Sturzes des Kroisos ist bereits gegeben (oben S. 18 flgde.). Wir sahen, dass wir es mit einer durchaus geschlossenen, für die Untrüglichkeit des delphischen Orakels ähnlich epideiktischen Darstellung zu thun hatten, wie dies für die Gründungsgeschichte von Kyrene behauptet werden musste. Allein in Folge der Schlussredaction erfuhr auch dieser Theil des Werkes unseres Autors Veränderungen, wie dies nicht anders zu erwarten ist. Diese sollen nun betrachtet werden davon abgesehen, dass natürlich dem ganzen das Proömium vorausgesetzt ward.

Schon vorher ist betont, wie ganz ausser allem Zusammenhang stehend, die Geschichte von Arion c. 23—25 in die lydischen Geschichten verflochten ist, wie sie nur an die Erwähnung des Namens des Periander, des Sohnes des Kypselos, c. 20 sich lehnt. Ohne ein Wort zu ändern bleibt der Zusammenhang: c. 22 κατὰ μὲν τὸν πρὸς Μιλησίους τε καὶ Θρασύβουλον πόλεμον Ἀλυάττῃ ὧδε ἔσχε c. 25 Ἀλυάττης δὲ ὁ Λυδὸς τὸν πρὸς Μιλησίους πόλεμον διενείκας ... τελευτᾷ und der einleitende Satz c. 23 ist ein Uebergang, der nur durch Verlegenheit unserem Autor abgenöthigt sein kann, denn es ist geradezu eine Plattheit, nachdem c. 20 gesagt war: *Περίανδρον τὸν Κυψέλου*, hier fortzufahren: *Περίανδρος δὲ ἦν Κυψέλου παῖς ... κτλ.* So wie diese Einfügung, so ergibt sich noch eine andere, zu deren Ausscheidung die Untersuchung von O. Nitzsch [1]) in erfreulichster Weise bestätigend zu diesen Beobachtungen entscheidende Anhaltspunkte bringt. Nitzsch ist nämlich durch die ungemein rasche Aufnahme von der erst c. 17 berichteten Uebernahme des Krieges gegen Milet, den Alyattes von Sadyattes her übernommen führte, bereits c. 18 durch die in solchem Falle bei Herodot nicht übliche Formel *ὡς καὶ πρότερόν μοι δεδήλωται*, aufmerksam geworden auf die hier durch Versetzung eines Stückes der Erzählung weiter nach hinten angerichtete Confusion· Capitel 17 wird die Geschichte des milesischen Krieges, den Alyattes führte, erzählt, und c. 18 wird mit *τὰ μέν νυν ἕξ ἔτεα τῶν ἕνδεκα Σαδυάττης ὁ Ἄρδυος ἔτι Λυδῶν ἦρχε ὁ καὶ ἐσβαλὼν τηνικαῦτα ἐς τὴν Μιλησίην τὴν στρατιήν* fortgefahren, und *οὗτος γὰρ καὶ ὁ τὸν πόλεμον ἦν συνάψας* ist ebenso überflüssige Tautologie, wie dies gerade von der abermaligen Erwähnung des Vaters Perianders gezeigt wurde. Nitzsch vermuthet nun ganz richtig, dass früher der jetzt c. 73. 74 stehende Krieg des Alyattes mit den Medern unter Kyaxares hier gestanden habe. Der Grund, ihn nun nach hinten zu setzen ist der, die persischen Geschichten besser anfügen zu können, also natürlich ein zur Zeit der Schlussredaction massgebender. Dieser als ein zu den *ἀξιαπηγητότατα* der Regierung des Alyattes gehörige Krieg, kann sehr wol vor c. 17., vor *ἐπελαύνων γάρ* erzählt gewesen sein, und die Stelle c. 18 von *τὰ μέν νυν ἕξ ἔτεα* bis c. 19 *τῷ δὲ δυωδεκάτῳ ἔτει* erst nach der Versetzung dieses Stückes später angefügt worden sein, da nach ihrer Weglassung ein viel besserer Zusammenhang hergestellt ist, und das *ὡς καὶ πρότερόν μοι δεδήλωται* ist dem Autor bei der Schlussredaction gewiss eher zuzutrauen, als wenn wir dies uns im Zusammenhang geschrieben vorstellen sollten. Zu den Beobachtungen Director Nitzsch's kann ich noch hinzufügen, dass die Geschichte vom Kriege des Kyaxares an der Stelle, an welcher sie jetzt steht, aus mehr als einem Grunde durchaus unpassend erscheint. Es

---

[1]) a. a. O. S. 6 flgde.

wird c. 73 mit *γενόμενον γαμβρὸν Κροίσῳ ὧδε* nachträglich etwas erzählt, was wir c. 25 zu hören erwartet hätten. Dazu kommt c. 77 mit ganz unbegreiflicher Deutlichkeit: *ἐτυράννευε δὲ τῶν Βαβυλωνίων τὸν χρόνον τοῦτον Λαβύνητος*, nachdem in der jetzigen Anordnung c. 74 es bereits hiess: *οἱ δὲ συμβιβάσαντες αὐτοὺς ἦσαν οἵδε, Συέννεσίς τε ὁ Κίλιξ καὶ Λαβύνητος ὁ Βαβυλώνιος*, endlich muss selbstverständlich der Hinweis auf die *ὀπίσω λόγοι* c. 75 der Zeit der Schlussredaction, welcher diese Einfügung angehört, zugeschrieben werden. Der Zusammenhang ist einfach herzustellen: Capitel 73 *Αστυάγεα γὰρ τὸν Κυαξάρεω, ἐόντα Κροίσου μὲν γαμβρὸν, Μήδων δὲ βασιλέα, Κῦρος ὁ Καμβύσεω καταστρεψάμενος εἶχε.* c. 75 *τὰ Κροῖσος ἐπιμεμφόμενον κτλ.*

C. 56—69 enthält den Anfang der Geschichte der Athener und Lakedaimonier, der unmittelbar in den im fünften Buche ebenso unorganisch wie hier eingefügten Stücken fortgesetzt wird. Es ist daher gewiss durchaus wahrscheinlich anzunehmen, es habe Herodot ursprünglich eine die Geschichte Athens und Spartas behandelnde Darstellung abgefasst, und von dieser bei der Schlussredaction den ersten Theil hier, andere Stücke später verwendet. Auf die Unzukömmlichkeit mit *τὸ μέν* und *τὸ δέ*, die Herodot hier bei der Einfügung passirte, und die hier ausgesprochenen Ansichten, die möglicherweise Correcturen zu Notizen der letzten drei Bücher sind, ist bereits früher (oben Seite 42 u. 43) aufmerksam gemacht. Dass diese lydischen Geschichten mit *ὁ δὲ ἀκούσας συνέγνω ἑωυτοῦ εἶναι τὴν ἁμαρτάδα καὶ οὐ τοῦ θεοῦ*, c. 91 schliessen, ergab sich aus ihrer Tendenz. Der folgende Satz leitet zu einer Anzahl von Nachträgen hinüber, die Herodot zur Zeit der Schlussredaction noch zu geben in der Lage war. Es passt aber, was in demselben ausgesprochen ist, nur in dem Theile, der nicht an das Motiv des Proömiums anklingt, (den Kampf der Hellenen und Barbaren zu schildern), das also premirt erscheint. *Κατὰ μὲν δὴ τὴν Κροίσου τε ἀρχὴν .... ἔσχε οὕτω*; was soll aber die *Ἰωνίης πρώτη καταστροφή*, die in der ganzen Geschichte des Lyderreiches nur c. 6 ganz obenhin erwähnt ist und unter den Kriegszügen des Kroisos natürlich, wie alle anderen Eroberungen c. 26 flgde. aufgeführt wird. In Capitel 93 verräth sich überdies die spätere Abfassung durch die Bezugnahme auf die ägyptischen und babylonischen Bauwerke, die mit dem Grabe des Alyattes in Vergleich gebracht werden. Es ist geradezu das Material, welches Herodot nachträglich auf Reisen noch zu Stande brachte, hier am Schlusse gegeben. Die Geschichte von Tyrsenos hat Herodot auch wol erst in Unteritalien erfahren und desshalb hier angebracht. Ich denke, dass kaum wo anders die Umgestaltung, die das Werk durch die Schlussredaction erhielt, so deutlich ist als gerade hier. Dass Herodot diese Zusätze an der Stelle V. 36 zu dem πρῶτος τῶν λόγων rechnete, wird man nur selbstverständlich finden können. Um über die Zeit der Abfassung dieser lydischen Geschichten ein Urtheil zu haben, müssen wir, soweit dies hier in Betracht kommt, uns über das Verhältniss der in denselben gegebenen Nachrichten zu anderen Parallelstellen des Werkes und über den Stand seiner Quellenerkenntniss einigermassen orientiren. Für das Verhältniss der samischen und lydischen Geschichten ist nicht ohne Bedeutung der Vergleich von I. 51, wo von dem silbernen Mischkruge, den Kroisos in Delphi geweiht hatte, gesagt wird: φασὶ δέ μιν Δελφοὶ Θεοδώρου τοῦ Σαμίου ἔργον εἶναι, καὶ ἐγὼ δοκέω, mit III. 41, wo es von dem Ringe des Polykrates heisst: ἔργον δὲ ἦν Θεοδώρου τοῦ Τηλεκλέος Σαμίου; Herodot pflegt stets da, wo er einen Namen zuerst nennt, das Patronymikon beizusetzen. Ebenso wird I. 70 das Heraion mit ἐς τὸ Ἡραῖον als bekannt vorausgesetzt, während erst III. 60 an der mehrfach angezogenen Stelle die Grossartigkeit dieses Gebäudes betont wird. Wenn Herodot mit καὶ ἐγὼ δοκέω der Ansicht der Delphier über den silbernen Krater beistimmt, so macht dies den Eindruck, als ob er bereits vertraut mit den Arbeiten des Theodoros — was er ja durch seine Anwesenheit auf Samos werden konnte, wodurch vermuthlich seine samischen Geschichten entstanden — hier ein Urtheil als Kunstkritiker gäbe. Dagegen zeigt IV. 70, welches ausführlich von der Art des Eidschwures bei den Skythen handelt, im Vergleich mit I. 74 Ende, wo gerüchtweise auch einiges von demselben verlautet, genauere Kunde. Denn nach der Lectüre von IV. 70, wo Herodot, wie dies in den skythischen Geschichten natürlich ist, aus voller Kunde schöpft, muss man unbegreiflich finden, wie der Autor I. 74 hatte behaupten können, die Skythen machten es beim Schwören wie die Hellenen.

Für die Unabhängigkeit der lydischen Geschichten von dem Theile der „griechischen“ Geschichten, der, wie wir unten noch sehen werden, im fünften Buche enthalten ist, spricht die zweimalige Erwähnung des Brandes des delphischen Tempels I. 50. 51. und V. 62. Ein gleiches mag im Vergleich zu II. 180 geltend gemacht werden. Von dem Verhältniss zu den letzten drei Büchern soll unten noch die Rede sein.

Unter den Quellen nimmt die delphische Ueberlieferung den ersten Rang ein. Herodot zeigt bei der Erwähnung der Weihgeschenke Autopsie. Capitel 25 beschreibt er nicht nur genau den Krater sammt dem Untersatz, das Material, aus welchem er gefertigt war, dessen Werth, sondern er nennt auch den Künstler, der ihn vollendet hat und preist dessen Verdienst um die Metallarbeiten. Capitel 50 u. 51 beschäftigt er sich auf's genaueste mit der Form und den Schicksalen der einzelnen Weihegeschenke, ein gleiches beweist die Notiz c. 92 ταῦτα μὲν καὶ ἔτι ἐς ἐμὲ ἦν περιεόντα, τὰ δ' ἐξαπόλωλε τῶν ἀναθημάτων. Ueber die Erkundigungen, die der Autor im Tempel von Delphi eingezogen hat, geben Nachrichten Aufschluss, wie sie uns in c. 14 erhalten sind: die Spenden des Gyges hätten in Delphi Γυγάδες geheissen. C. 20 und zweimal in c. 51 führt Herodot geradezu Delphier als seine Quelle an [1]). Wenn man nun erwägt, wie die Geschichte des Kroisos gerade darauf hinausgeht, das Ansehen des delphischen Orakels in's hellste Licht zu setzen, wie sie erfüllt ist mit Pythiasprüchen, so wird man, glaube ich, nicht zu weit gehen, wenn man annimmt, die ganze Erzählung sei der Hauptsache nach geflossen aus der Tempeltradition, die sich in diesem Heiligthume gebildet hatte, und die man dem Schriftsteller bei Betrachtung der Weihegeschenke erzählte. Delphische Priester waren für ihn in Griechenland, was die ägyptischen ihm im Nillande waren. Ich möchte deshalb lieber nicht mit Schöll [2]) an ein delphisches Archiv recurriren, und auch hier nicht an ein grösseres chresmologisches Gedicht

---

[1]) I. 20 Δελφῶν οἶδα ἐγὼ οὕτω ἀκούσας γενέσθαι, I. 51 φασὶ δέ μιν Δελφοὶ ... und τὸ Δελφοὶ ... λέγουσι. Vgl. Kirchhoff's Ausführung: Nachtr. Bemerkungen S. 52 flgde.

[2]) Philol. X. S. 57. flgde.

denken, aus dem Herodot schöpfte. Aus Capitel 20 und 26 glaube ich auf Bekanntschaft mit Milet schliessen zu dürfen. Milesier selber werden zweimal als Quellen angeführt und die Angabe der Distanz der Altstadt von Milet bis zum Artemistempel auf sieben Stadien scheint mir auch auf Autopsie zurückzugehen. Herodot kennt den Tempel des ismenischen Apolls in Theben, weil er von dem Weihegeschenke des Kroisos daselbst sagt: c. 52 *ἀνέθηκε σάκος τε χρύσεον πᾶν ὁμοίως καὶ αἰχμὴν στερεὴν πᾶσαν χρυσέην, τὸ ξυστὸν τῇσι λόγχῃσι ἐὸν ὁμοίως χρύσεον.* Dass er das Heraion auf Samos kannte, versuchte ich schon vorhin durch die Priorität der samischen Geschichten zu zeigen, zur Unterstützung diene die folgende auf Autopsie beruhende Beschreibung in c. 70. Es heisst von einem Mischkruge: *τοῦτο δὲ ποιησάμενοι κρητῆρα χάλκεον, ζωδίων τὲ ἔξωθεν πλήσαντες περὶ τὸ χεῖλος καὶ μεγάθει τριηκοσίους ἀμφορέας χωρέοντα ἦγον* .... er ward, wie es später heisst in Samos im Heraion aufgestellt, wo ihn Herodot sah und beschrieb. Wir sehen also, dass nichts im Wege steht, diese Arbeit unseres Autors zu seinen älteren zu rechnen. sie ist geschrieben nach den samischen und wahrscheinlich auch nach der Geschichte des Xerxeszuges, welche den Inhalt der letzten drei Bücher ausmacht. In den Zusammenhang des ganzen Werkes eingefügt sind aber, wie aus der Tyrsenosgeschichte sich ergibt, die lydischen Geschichten in Unteritalien oder mindestens nachdem Herodot dort gewesen.

VIII. Geschichte des ionischen Aufstandes.

Dass die Geschichten des ionischen Aufstandes ein für sich ursprünglich bestehendes ganze waren, darauf ist zuerst Schöll [1]), dessen Untersuchungen überhaupt in dieser Richtung den ersten Anstoss gaben, aufmerksam geworden und ist ihm neuestens auch O. Nitzsch [2]) in der Auffassung der betreffenden Stellen gefolgt. Wir sahen bereits wie die *καταστροφὴ τῆς Ἰωνίης*,

---

[1]) Philologus IX. Ueber Herodot's Lebenszeit 4. S. 202 flgde. Philologus X. Herodot's Entwicklung zu seinem Beruf 2. S. 29 flgde. ibid. Herodot's Vorlesungen 3. S. 427 flgde.

[2]) a. a. O. S. 10. Anm. 1.

die erste durch Kroisos, die zweite durch Kyros in dieser Betonung ein Motiv der Schlussredaction ist; das veranlasste den Autor I. 92 den einleitenden Satz zu schreiben, dies nöthigte ihn zu c. 169 bei der Ueberarbeitung, die hier zur Zeit der Zusammenfügung stattfand, hinzuzufügen: οὕτω δὴ τὸ δεύτερον Ἰωνίη ἐδεδούλωτο und in dem Sinne endlich sagte er VI. 32: οὕτω δὴ τὸ τρίτον Ἴωνες κατεδουλώθησαν, πρῶτον μὲν ὑπὸ Λυδῶν, δὶς δὲ ἐπεξῆς τότε ὑπὸ Περσέων. Wenn Herodot ein selbstständiges den Ioneraufstand unter Dareios behandelndes ganze vorliegen und zu verarbeiten hatte, so lag nichts näher als durch diese wie wir ja sahen, der Schlussredaction angehörige Hervorhebung in dem früheren Theile des Werkes, eine Anknüpfung für die spätere Einfügung dieser Einzelarbeit herzustellen. Schöll wurde zu dieser Ansicht gebracht, weil Herodot am Beginne dieser Darstellung V. 30 in einer höchst überflüssigen Weise längst bekanntes recapitulirt, so dass die Vermuthung nahe liegt, in dieser anscheinenden Wiederholung den Rest einer früheren ersten Erwähnung in einer für sich abgeschlossenen Darstellung zu erblicken. Wir sahen c. 21 die persischen Geschichten geschlossen, daran schliesst sich durchaus unmotivirt der spätere Zusatz c. 22, von dem unten bei Betrachtung der letzten drei Bücher die Rede sein muss, der Schlussredaction schon wegen der Verweisstelle angehörend. Capitel 23 beginnen die Vorgeschichten des ionischen Aufstandes und es wird uns hier gesagt, Megabazos habe den Histiaios gefunden, wie er das von Dareios ihm geschenkte Landstück, τῷ οὔνομά ἐστι Μύρκινος, befestigt habe, gerade als ob V. 11 von alle dem noch nicht die Rede gewesen wäre. Dies musste aber nach der jetzigen Anordnung schon dort geschehen, um die Dankbarkeit des Dareios für den Dienst, den Histiaios geleistet hatte, (der IV. 136—141 erzählt ist,) zu zeigen. V. 24 erfahren wir, dass Dareios auf des Megabazos Warnung Histiaios nach Susa berufen habe, und c. 30 heisst es abermals, als ob man noch gar nichts davon wüsste: ὁ γὰρ Ἱστιαῖος τύραννος ἦν Μιλήτου, καὶ ἐτύγχανε τοῦτον τὸν χρόνον ἐὼν ἐν Σούσοισι, auch dass Histiaios Tyrann von Milet war, weiss man bereits aus V. 11 und IV. 137. 138. 141. Die Stelle erweist sich vor allem dadurch, dass hier das Patronymikon das einzigemal bei

Histiaios erwähnt ist als die, wo derselbe überhaupt zum erstenmale genannt ist. Hieher zu ziehen ist noch c. 37 dieses Zusammenhanges, wo von Koes gesagt wird: καὶ Κώην Ἐρξάνδρου, τῷ Δαρεῖος Μυτιλήνην ἐδωρήσατο, als ob man V. 11 nicht auch das schon erfahren hätte; das Patronymikon hat Herodot aber bei der Abfassung der Geschichten des Dareios IV. 97 zu wiederholen für gut gefunden. Durch den Rückweis auf die Thatsache, dass Histiaios einen Boten gebrandmarkt hatte, um damit Aristagoras zu benachrichtigen, noch im selben Capitel 35 mit ὡς καὶ πρότερόν μοι εἴρηται sieht O. Nitzsch (a. a. O. S. 10) sich veranlasst, in der Ausführung von ὁ γὰρ Ἱστιαῖος bis ταῦτα δὲ Ἱστιαῖος einen Zusatz zu sehen, der früher durch das τὸν ἐστιγμένον, als etwas ganz bekanntes überflüssig war. Es mag dem sein wie immer, für die Redactionsänderung spricht dies gleichfalls wie die anderen Argumente. Ich glaube daher, man wird Schöll's Vermuthung acceptiren dürfen und sie hat den nöthigen Grad von Verlässlichkeit, dass nämlich das in der jetzigen Anordnung früher erzählte über Histiaios erst nach dessen Nennung c. 30 folgte und damit des Aristagoras Herrschaft in Milet motivirt wurde. Die neue Reihenfolge der Ereignisse, wie sie durch die Voranstellung des letzten Theiles der persischen Geschichten (des Skythenzuges) geboten war, entwickelte sich an der Gestalt des Megabazos, ganz ebenso, wie bei der ersten καταστροφή Ioniens Harpagos und Mazares zu diesem Zwecke verwendet sind. Wenn es auch vielleicht nicht ganz sicher ist, die alte Form sei gerade so richtig hergestellt, so ist doch die für die Schlussredaction im allgemeinen gemachte Bemerkung ganz zutreffend. Wir werden uns daher nicht zu wundern haben, diese Geschichte des ionischen Aufstandes durch dieselbe auch noch mannigfach mit Zusätzen versehen und durch grössere Einfügungen unterbrochen zu sehen. Dazu gehört c. 36 der bereits mehrfach angeführte Rückweis, auf die nunmehr auch als zu den lydischen Geschichten gehörig betrachteten, auf c. 91 des ersten Buches folgenden Hinzufügungen: τὰ δὲ χρήματα ἦν ταῦτα μεγάλα, ὡς δεδήλωταί μοι ἐν τῷ πρώτῳ τῶν λόγων.

Nachdem nämlich das Unternehmen gegen Naxos und der dabei sich entspinnende Streit des Aristagoras und des persischen Befehlshabers geschildert ist, die Anfänge des Abfalles in Kleinasien ausgeführt sind, sieht sich Aristagoras um Bundesgenossen um, wie es Kroisos im ersten Buche machte, als er gegen Kyros zog, und wendet sich wie jener nach Sparta. Und hier werden die Geschichten des spartanischen und athenischen Staates genau da fortgesetzt, wo sie in der Hinzufügung zu den lydischen Geschichten abgebrochen wurden. Das kann nicht zufällig sein, sondern der Autor vertheilte eben bei der Schlussredaction Stücke eines ihm vorliegenden fertigen Zusammenhanges, der sich mit der Geschichte Athens und Spartas bis auf den Xerxeskrieg beschäftigte, in der Weise, dass der Gesammtanlage einigermassen entsprochen wurde, aber nicht ohne Vermeidung gewisser Härten, wie dies bei der Einfügung im ersten Buche der Fall war, wo man den angeblichen G r u n d der Einfügung eher als einen V o r w a n d aufzufassen geneigt ist. Dieses hier eingefügte Stück, beginnend mit c. 39, (welches anschliesst an I. 65—69,) bis c. 49, wo erst von des Aristagoras Rede, die er in Sparta hielt, Mittheilung gemacht wird, haben wir also in diesem Zusammenhange nicht zu betrachten, wol aber gehört das von c. 49—54 gesagte zu den ionischen Geschichten. Das letztgenannte Capitel setzt nun aber die Geschichte des athenischen Staates da fort, wo sie nach der Darlegung I. 59—64 abgebrochen wurde, diese Darstellung reicht bis c. 97. Hier sieht man noch deutlich, was statt dieser ausführlichen Darlegung, die nunmehr eingeschoben ist, in den ionischen Geschichten gesagt war, indem c. 97 nun freilich in sehr überflüssiger Wiederholung, als ob nicht der ganze vorhergehende Abschnitt dies genügend zeigte, gesagt wird: ..... *ὁ Μιλήσιος Ἀρισταγόρης ὑπὸ Κλεομένεος τοῦ Λακεδαιμονίου ἐξελαθεὶς ἐκ τῆς Σπάρτης ἀπίκετο ἐς Ἀθῆνας· αὕτη γὰρ ἡ πόλις τῶν λοιπέων ἐδυνάστευε μέγιστον.* Von hier an sind wir wieder im Zusammenhang der Geschichte des ionischen Aufstandes, die nun erst an ihrem Ende Redactionsänderungen, die auf die Zeit während oder nach dem unteritalischen Aufenthalt zurückgehen, erfahren hat. Ihr Ende haben wir mit dem schon citirten Satze VI Capitel 33 erreicht, worin gesagt wird, dass so die Ioner zum dritten male unterworfen worden seien. Bei der folgenden Betrachtung übergehe ich alle Stellen, welche hier dafür anzuführen wären, dass diese Stücke später geschrieben sind, als die drei letzten Bücher; dies behandle ich erst, wenn ich eben die in denselben enthaltene Darstellung des Xerxeszuges vornehme. Ueber den Anfang und die hier im jetzigen Verlaufe vorliegende Verwirrung ist eben das nöthige beigebracht.

In dem Zusammenhange der Geschichten des ionischen Aufstandes wird eine in den persischen *λόγοι* erzählte Thatsache als bekannt vorausgesetzt. C. 52 sagt der Autor, der vierte Fluss heisse Gyndes, *τὸν Κῦρος διέλαβέ κοτε ἐς διώρυχας ἑξήκοντα καὶ τριηκοσίας*, was erzählt wurde I. 189. Dafür, dass unser Abschnitt von dem nach c. 33 des sechsten Buches folgenden ursprünglich unabhängig ist, spricht wie schon erwähnt (oben Seite 40), dass VI. 42 sowol, als V. 53 die Parasangen in Stadien umgerechnet werden. Bis gegen Ende der Darstellung verlassen uns die Hinweise nicht, dass dieselbe in ihrer ursprünglichen Conception, die uns eben noch zum Theile erhalten blieb, durchaus die vorangehenden samischen und persischen Geschichten nicht voraussetzt, dass sie also unabhängig von diesen entstanden zu denken ist. Noch VI. 13 heisst es: *ὁ δὲ Αἰάκης ... παῖς μὲν ἦν Συλοσῶντος τοῦ Αἰάκεος, τύραννος δὲ ἐὼν Σάμου .. κτλ.* und doch war schon IV. 138 *Αἰάκης Σάμιος* unter dem Verzeichniss der Tyrannen aufgeführt, welche für die Erhaltung der Isterbrücke stimmten. Freilich muss man an der Stelle des vierten Buches errathen, dass dieser Aiakes der Sohn jenes Syloson ist, von dem III. 149 gesagt war, dass ihm die Perser die Insel Samos menschenleer übergaben; es liegt also sehr nahe zu vermuthen, dass dieser Theil des Werkes, d. h. die Geschichte des ionischen Aufstandes, früher geschrieben ist als jene persischen Geschichten, in welche die oben erwähnte Darstellung der Eroberung von Samos durch Dareios gehört. Wir werden daher nicht mit Stein (Note zu III. 149) in dem Satze: *τὴν δὲ Σάμον σαγηνεύσαντες οἱ Πέρσαι παρέδοσαν Συλοσῶντι*, das *σαγηνεύσαντες* aus VI. 31 interpolirt betrachten, da die eben vorgetragene Ansicht über das Zeitverhältniss beider Theile es ganz gut gestattet, dass Herodot III. 149 den Ausdruck, den er VI. 31 zu erklären für nöthig fand, bereits als bekannt voraussetzte. Wenn Stein geltend macht: σαγηνεύσαντες stimme nicht zu III. 47, wo es heisst, Otanes habe befohlen, alle zu tödten, und dabei den Befehl des Dareios ausser Acht gelassen, so kann ich dies nicht zutreffend finden, da die VI. 31 gegebene Beschreibung des σαγηνεύειν doch nicht ausschliesst, dass man dieses Verfahren auch anwendet, um alle Leute auf einem Eiland umzubringen, worauf es Otanes ankam. Die Verweisstelle VI. 19, die ja an sich nicht geeignet ist, zu entscheiden, ob VI. 77, worauf verwiesen wird, noch derselbe oder ein anderer Logos ist, gewinnt nun die Bedeutung, dass wir dort bereits einen anderen anzunehmen haben; sie lautet: ἐπεὰν κατὰ τοῦτο γένωμαι τοῦ λόγου, τότε μνησθήσομαι; stammt aber gleichfalls aus der Zeit der Schlussredaction, eben so wie eine andere im selben Capitel enthaltene: τῶν δ' ἐν τῷ ἱρῷ τούτῳ χρημάτων πολλάκις μνήμην ἑτέρωθι τοῦ λόγου ἐποιησάμην, wobei an das gesammte Werk zu denken ist. Es ist mir jedoch unerklärlich, wie Stein n. ad loc. sagen kann, an den hier angezogenen Stellen I. 92 und V. 36 sei durch Schuld der Abschreiber die Erzählung von dem Raube der Tempelschätze weggefallen, als ob Herodot an unserer Stelle sagte, er hätte von dem Raube schon öfter gesprochen; man kann also getrost auch II. 159 herbeiziehen und so erscheint dann auch das πολλάκις gerechtfertigt, von den χρήματα ist an allen drei Stellen die Rede. Allenfalls wäre auch I. 158 nicht auszuschliessen.

Die c. 21 folgende Erzählung zieht unsere Aufmerksamkeit dadurch auf sich, dass sie auf unteritalische Quellen zurückgeht. Nachdem der Autor von Sybaris Einnahme durch die Krotoniaten berichtet hat und davon erzählt, wie sehr dies Ereigniss von den Milesiern betrauert wurde, (πόλιες γὰρ αὗται μάλιστα δὴ τῶν ἡμεῖς ἴδμεν ἀλλήλῃσι ἐξεινώθησαν), wird von den Sybariten gesagt: οἳ Λάον τε καὶ Σκίδρον οἴκεον τῆς πόλιος ἀπεστερημένοι. Die nun folgende Erzählung c. 22—25 ist ihrem ganzen Inhalte nach — sie enthält die Geschichte jener Samier in Zankle, welche nicht geneigt waren unter Aiakes Herrschaft auf der Insel zu verbleiben — derart, dass kaum anzunehmen ist, sie sei Herodot vor seinem Aufenthalte in Unteritalien bekannt geworden, sie zeigt Localkenntnisse, die gewiss daher stammen: c. 22 ἡ δὲ Καλὴ αὕτη ἀκτὴ καλεομένη ἐστὶ μὲν Σικελῶν, *πρὸς δὲ Τυρσηνίην τετραμμένη τῆς Σικηλίης.* Ob nun dieses Stück von 21—25 erst zur Zeit der Schlussredaction diesem Zusammenhange einverleibt worden ist, oder ob es mit den übrigen zugleich entstanden ist und uns so den Beweis liefert, dass die Geschichten des ionischen Aufstandes erst nach der unteritalischen Reise entstanden, ist wol auch zu entscheiden möglich. Aus der Art der Einleitung, die mir etwas unvermittelt an c. 20 anzuschliessen scheint, möchte man auf ersteres schliessen. Besonders unverständlich ist der zweite Satz: an diesem Orte interessirt uns doch die Einnahme von Sybaris durch die Krotoniaten gar nicht, das hätte V. 44 flgde. erzählt werden sollen, wo dieses Ereignisses gedacht ist, und der Schmerz der Milesier darüber, der zu der folgenden Notiz überleiten soll, kann uns mit dieser Unebenheit des Zusammenhanges auch nicht befreunden, wenn wir dann von den Athenern erfahren, dass sie den Phrynichos um seiner *Μιλήτου ἅλωσις* willen bestraft hätten, welche letztere Nachricht hier allerdings am Platze ist. Im übrigen bleibt von den ionischen Geschichten nur zu constatiren übrig, dass ausser dieser letzteren Stelle, die, wie wahrscheinlich gemacht ist, später hinzugefügt wurde, nichts vorliegt, was hindert, dieselben in eine frühe Zeit von Herodot's literarischer Thätigkeit zu versetzen, wenngleich sich bei der Vergleichung mit den letzten Büchern ergeben wird, dass die Geschichte des Ioneraufstandes später geschrieben ist, als diese.

IX. Griechische Geschichten.

Es ist bereits betont, was uns zu der Annahme der Existenz derselben führen muss; dass sie jetzt auf das erste, fünfte und sechste Buch vertheilt sind, beweist nichts dagegen. Die Art, wie sie im ersten Buch, im Zusammenhang der lydischen Geschichten erzählt werden, ist curios genug dadurch motivirt, dass Kroisos *ἱστορέων* gefunden habe, Lakedaimonier und Athener seien die hervorragendsten Hellenen, und zum Schlusse einer störenden Unterbrechung von dreizehn Capiteln heisst es: I. 69 *ταῦτα δὴ ὦν πάντα πυνθανόμενος ὁ Κροῖσος ἔπεμπε ἐς Σπάρτην ἀγγέλους.* Auf die Unzulänglichkeit des Anschlusses c. 56 ist bereits auf-

8*

merksam gemacht (oben S. 42), kurz es trifft alles zusammen, um die Annahme zu bestätigen, dass hier etwas ursprünglich nicht in den Zusammenhang gehöriges vorliege. Dazu kommt nun noch, dass aber eben diese jetzt zerstreuten Stücke zusammen ein wol geordnetes ganze ergeben. So unpassend es hier im Verlaufe der Geschichten des Kroisos erscheinen muss, sich in einer gelehrten Erörterung über Dorer, Ioner, Pelasger u. s. w. zu ergehen, so wol ist dies erklärlich und ganz gut am Platze als Einleitung einer sich mit der Geschichte Athens und Spartas beschäftigenden Darstellung. Dazu wurden natürlich bei der Einfügung Redactionsänderungen gemacht, so der erste Satz c. 59 ebenso c. 65. Der Inhalt dieses Stückes ist die Schilderung des Emporkommens des Peisistratos, der Art und Weise, wie er dreimal, schliesslich, um sie zu behalten, die Tyrannis erlangte. Peisistratos beherrscht Athen, von seinen Gegnern war ein Theil im Felde geblieben, ein Theil wie die Alkmaioniden von der Heimat flüchtig. Der Sturz der Tyrannen und Athens Befreiung wird V. 55 flgde. erzählt, indem natürlich auch hier, wo an des Aristagoras Reise nach Sparta und Athen anknüpfend, diese Geschichten berichtet werden, einleitende Redactionsänderungen gemacht werden mussten. Von den Spartanern wird uns in jenem ersten Theile im ersten Buche erzählt, wie es ihnen eben gelungen war, der Tegeaten Herr zu werden und ein grosser Theil des Peloponnes ihnen unterthan war. Capitel 39 des fünften Buches wird dann fortgefahren, dass jener Anaxandridas, unter welchem Tegea bezwungen ward, nicht mehr am Leben war, sondern dass sein Sohn die Herrschaft hatte. Aus dem gesagten ergibt sich bereits, dass wir es hier mit zwei verschiedenen Theilen zu thun haben, deren jeder an einer bestimmten Stelle unterbrochen werden konnte und später wieder fortgesetzt wurde, deren einer die Geschichte Spartas, der andere jene Athens behandelte, so dass es sehr wol denkbar ist, Herodot hätte ursprünglich diese beiden Darstellungen neben einander verlaufen lassen, und sie nur mit einer Einleitung versehen. Nachdem bisher der vollständig genaue Anschluss dieser beiden durch ganze drei Bücher getrennten Theile hervorgehoben ist, soll nun eine kurze Angabe des Inhaltes der im fünften und sechsten Buche enthaltenen athenischen und spartanischen Geschichte folgen. Nachdem Herodot V. 62 kurz von dem Traume des Hippias und der Ermordung des Hipparch durch die Gephyräer Harmodios und Aristogeiton berichtet hat, heisst es: ἡ μὲν δὴ ὄψις τοῦ Ἱππάρχου ἐνυπνίου, καὶ οἱ Γεφυραῖοι ὅθεν ἐγεγόνεσαν, τῶν ἦσαν οἱ Ἱππάρχου φονέες, ἀπήγηταί μοι· δεῖ δὲ πρὸς τούτοισι ἔτι ἀναλαβεῖν τὸν κατ' ἀρχὰς ἤια λέξων λόγον, ὡς τυράννων ἠλευθερώθησαν Ἀθηναῖοι. Dieser Satz gehört der Schlussredaction an und war bedingt durch die Art, wie Herodot versucht hatte, die Fortsetzung der athenischen Geschichten mit der Gesandtschaft des Aristagoras in Zusammenhang zu bringen, er sagte deshalb c. 55: ἀπελαυνόμενος δὲ ὁ Ἀρισταγόρης ἐκ τῆς Σπάρτης ἤιε ἐς τὰς Ἀθήνας γενομένας τυράννων ὧδε ἐλευθέρας. Man sieht, dass Herodot hier nicht mehr alles bringt, was seine athenischen Geschichten vielleicht in einer ursprünglicheren Fassung mochten enthalten haben, darauf deutet auch die kurze Art, in der die ganze Darstellung c. 55 verläuft, es war dem Autor zu thun, möglichst schnell auf die „Befreiung von den Tyrannen“ zu kommen, von der zu handeln er sich durch den Anfangssatz c. 55 genöthigt hatte. Der κατ' ἀρχὰς λόγος ist natürlich der Ἀθηναῖος oder wie er sonst hiess, denn der wurde ja eben da im ersten Buche unterbrochen; der Ausdruck ist uns bereits bekannt aus IV. 82. In der That wird hier auch an die feindliche Stellung, welche die Alkmaioniden den Peisistratiden gegenüber einnahmen, deren Erwähnung I. 64 die Schlussworte gebildet hatte, wieder angeknüpft; wir sind also hier im Stande ziemlich genau die Veränderungen zu erkennen, welche bei der Trennung des Zusammenhanges stattfinden mussten. Dass aber unsere Partie, die athenischen Geschichten, unabhängig gearbeitet sind von dem ersten Buche, von der lydischen Geschichte, in welche eben Theile derselben verwoben sind, erweist dasselbe Capitel 62, wo von den Alkmaioniden gesagt wird, sie hätten den Tempel zu Delphi zum Aufbau überlassen bekommen, was auch I. 50 berichtet war, also als bekannt hätte vorausgesetzt sein können, (abgesehen davon, dass dies natürlich in den auch unabhängig entstandenen ägyptischen Geschichten II. 180 abermals wiederholt war.) Das delphische Orakel nun weist die Spartaner an die Peisistratiden aus Athen zu vertreiben. Unter Kleomenes glückt dies den Spartanern, die Peisistratiden fliehen, Athen ist frei. Ich glaube hier die eben vorgetragene Ansicht, dass die athenischen und spartanischen Geschichten ursprünglich unabhängig waren, noch durch einen Grund stützen zu können. Capitel 64 wird Kleomenes abermals als ὁ Ἀναξανδρίδεω bezeichnet, wiewol kurz vorher c. 39 gesagt war: Κλεομένης δὲ ὁ Ἀναξανδρίδεω εἶχε τὴν βασιληίην. Dafür, dass unsere Partie mit der den Aufstand der Ioner behandelnden erst künstlich verbunden ist, spricht vielleicht am deutlichsten der Schlusssatz von Capitel 65. Hier soll man offenbar an den eigentlichen Vorwurf erinnert werden, deshalb fügte Herodot bei der Schlussredaction hinzu: οὕτω μὲν Ἀθηναῖοι τυράννων ἀπηλλάχθησαν, ὅσα δὲ ἐλευθερωθέντες ἔρξαν ἢ ἔπαθον ἀξιόχρεα ἀπηγήσιος πρὶν ἢ Ἰωνίην τε ἀποστῆναι ἀπὸ Δαρείου καὶ Ἀρισταγόρην τὸν Μιλήσιον ἀπικόμενον, ἐς Ἀθήνας χρηίσαι σφέων βωθέειν ταῦτα πρῶτα φράσω. Dabei passirte es ihm aber, dass er dann im alten Zusammenhang fortfahrend, denselben Ausdruck auffallender Weise, (falls dies nicht so erklärt wird,) wiederholt: c. 66 Ἀθῆναι ἐοῦσαι καὶ πρὶν μεγάλαι, τότε ἀπαλλαχθεῖσαι τυράννων ἐγίνοντο μέζονες. Diese Rechtfertigung einer so langen Einschiebung in die Geschichten des ionischen Aufstandes fiel derart aus, dass sie nur erst recht das Gegentheil bewirkt und uns hier in des Autors Werkstatt blicken lässt. Hierauf erzählt Herodot von der Phyleneintheilung des Kleisthenes und wie er hierin seinen Grossvater, den Tyrannen von Sikyon nachgeahmt habe. Isagoras, sein Gegner ruft den Kleomenes aus Sparta zu Hilfe und Kleisthenes und seine Partei wird vertrieben, indem der König von Sparta als Grund ihrer Verbannung die durch den Mord der Kyloneer auf ihnen lastende Blutschuld anführte. Die Lakedaimonier besetzen die Akropolis, werden aber schliesslich genöthigt, Attika zu verlassen. Es wird dann die Geschichte von Kleomenes gewaltsamen Eindringen in das Erechtheion erzählt, in welches er als Dorer nicht Zutritt hatte, man sieht, wie der in den einleitenden Sätzen, die I. 56 erhalten sind, angedeutete Gegensatz von Dorern und anderen Griechen hier wirksam verwerthet ist. Die Athener schliessen nun mit den Persern ein Bündniss, die Gesandten geben auf ihre eigene Gefahr dem Perserkönig Erde und Wasser. Athen wird nun angegriffen von den rachesuchenden Spartanern, von Chalkis und Boiotien. Es kommt aber nicht zur Schlacht, die Korinther und Demaratos, des Ariston Sohn, der andere König Spartas (neben Kleomenes) ziehen ab und Athen rächt sich an den Boiotern und Chalkideern. Die Berechnung und Aufzählung der Einfälle der Dorer nach Attika, die Capitel 76 enthalten ist und zum Resultate hat, dass dieser letzte der vierte Einfall gewesen, entspricht wieder durchaus der Betonung des Gegensatzes, um dessentwillen auch die Geschichte von Kleomenes Eindringen in das Erechtheion erzählt war. V. 77 folgt dann, allerdings aus dem Zusammenhang nicht mehr zu trennen, eine Notiz, welche die Bekanntschaft des vollendeten Burgbaues zu Athen 432 voraussetzt. Theben verbündet sich mit Aigina gegen Athen und Schiffe der letzteren verwüsten die Küsten. Da erzählt nun Herodot die Geschichte der Feindschaft Athens und Aiginas, um zu motiviren, wieso gerade dieses von den Thebanern als Bundesgenossin ausersehen ward. Diese Darstellung reicht bis c. 89, innerhalb derselben findet sich jene Stelle über das karisch-ionische Gewand. Dass dieselbe ohne Bezug auf I. 146 also unabhängig von der jetzigen Anordnung des Werkes geschrieben ist, wurde bereits betont (oben S. 76). Die Lakedaimonier gelangen durch Weissagungen und da sie einsehen, dass sie von den Alkmaioniden nur als Werkzeuge benützt worden waren, um die Peisistratiden zu vertreiben, zur Einsicht, dass sie eigentlich sehr thöricht gehandelt haben, sie setzen sich deshalb mit Hippias, der in Sigeion weilt, in Verbindung und berufen eine Versammlung der Bundesgenossen, um den Hippias wieder einzusetzen. Da hält der Korinther Sosikles eine Rede, in der er den Versammelten klar macht, dass es dem Princip des spartanischen Staates widersprechen würde, bei Errichtung einer Tyrannis behilflich zu sein; er entwickelt ihnen, dass sie gar nicht wüssten, wie das wäre, wenn ein Tyrann herrsche, er als Korinther wüsste das; er gibt eine Darstellung von Perianders Herrschaft und versichert schliesslich, dass die Korinther sich bei einer eventuellen Restituirung des Hippias ferne halten würden. Hippias gegentheilige Ausführungen nützen nichts, man thut nichts zu seinen Gunsten, er kehrt daher nach Sigeion zurück, dessen früher stattgefundene Eroberung durch die Athener unter Peisistratos beschrieben wird. Hippias sucht nun mit Hilfe der Perser in Besitz seiner Herrschaft zu gelangen, und den athenischen Gesandten am Hofe des Perserkönigs wird die Rücknahme des Hippias als Bedingung gestellt, wenn sie gut fahren wollten. Damit (c. 96) ist das Ende dieses Excurses erreicht und die Geschichte des ionischen Aufstandes setzt wieder ein, in einer Weise, wie wir früher sahen, dass dieser ganze Excurs überflüssig erscheint, da nicht das ganze eben erzählte, sondern die Macht Athens als Grund angeführt wird, weshalb Aristagoras von Sparta vertrieben sich dahin wandte. Damit ist aber unser Autor in seiner Darstellung der athenischen Geschichte da angelangt, wo die Geschichte der Perserkriege beginnt, wie dieselbe denn auch schliesst mit den Worten: *οὐκ ἐνδεκομένοισι δέ σφι* (sc. *τοὺς λόγους τῶν Περσῶν*) *δέδοκτο ἐκ τοῦ φανεροῦ τοῖσι Πέρσῃσι πολεμίους εἶναι.*

Die spartanischen Geschichten haben wir da verlassen, wo V. 39 an das im ersten Buche gesagte anschliesst d. h. bei der Thronbesteigung des Kleomenes [1]). Es wird die Geschichte von der Kinderlosigkeit des Anaxandridas, seines Vaters berichtet, wie er zwei Frauen auf Befehl der Ephoren nahm, von denen die später geheiratete den Kleomenes, seine erste Gemahlin hingegen den Dorieus, Leonidas und Kleombrotos gebar. Dorieus wollte sich nun von Kleomenes nicht beherrschen lassen und ohne sich an das Orakel zu Delphi gewandt zu haben, versuchte er in Libyen eine Colonisation. Dort vertrieben, wendet er sich, nachdem er nun das delphische Orakel befragt, nach Sicilien; es folgt dann eine auf Kunde und persönlicher Bekanntschaft mit Unteritalien beruhende Schilderung dieser Gründung, wie man leicht ersieht. C. 44 *ὡς λέγουσι Συβαρῖται* c. 45 *οἱ δὲ αὖ Κροτωνιῆται ἀποδεικνῦσι* und endlich die Erwähnung eines Grabmales (c. 47) in der eigenthümlichen Weise, wie dies geschieht: *ἐπὶ γὰρ τοῦ τάφου αὐτοῦ ἡρώιον ἱδρυσάμενοι θυσίῃσι αὐτὸν ἱλάσκονται*, sind für diese Ansicht genügende Beweise. Den Schluss dieser Einfügung bildet die Notiz c. 48, dass

---

[1]) Das *οὐκέτι περιεών* nimmt unmittelbar Bezug auf die I. 67 flgde. erzählte Geschichte des Anaxandridas. (Stein n. ad. loc.)

Kleomenes mit Hinterlassung nur einer Tochter Gorgo gestorben sei. Dieser letztere Satz wird wol aus der Zeit der Schlussredaction stammen und nur hier stehen, um einen vorläufigen Abschluss in die Einfügung zu bringen; denn die Geschichte des spartanischen Staates wird fortgesetzt und insbesonders das Verhältniss des Kleomenes, dessen Tod also noch nicht erwähnt sein konnte, zu Demaratos in einem längeren Excurse behandelt, der VI. 51 beginnt; wo der erste Satz natürlich auch, um an die frühere Darstellung einen Anschluss zu haben, durch das *τοῦτον τὸν χρόνον*, — also abermals die blosse Gleichzeitigkeit Motiv der Aneinanderfügung, — umgeändert wurde. Dieser Excurs schliesst mit seinem ersten Satze da an, wo der Autor in der Erzählung der Ereignisse nach dem Ende des ionischen Aufstandes angelangt ist, nämlich als die Aigineten dem Perserkönig Erde und Wasser geben und die Spartaner unter Kleomenes die Insel strafen wegen der von den Athenern ausgegangenen Anklage. Hier fliessen nun die beiden Themata: griechische Geschichte und die des Perserreiches in einander. Die Ereignisse des aiginetischen Krieges sind uns erzählt von dem Standpunkte, welchen die lakedaimonischen Geschichten einnehmen. Die Unterwerfung des thrakischen Chersones, wo Miltiades herrschte, die Neuordnung Ioniens, der erfolglose Zug des Mardonios gegen Hellas, die Unterjochung von Thasos und endlich die Absendung der Gesandten, Aigina's und anderer Inseln Unterwerfung, worauf der Krieg durch die Spartaner erklärt wurde, all' dies ist in der Weise berichtet, wie die persischen Geschichten, vom Standpunkte des Perserreiches. Jedoch ist der Excurs von c. 51 an, von dem eben die Rede ist, keineswegs ganz dem Zusammenhang der spartanischen Geschichten entsprechend, sondern wenn schon der erste Theil desselben von c. 51—61 ursprünglich zu denselben gehört haben mag, so liegt er jetzt an einer Stelle vor, wo er nicht hingehört und ausserdem in einer durch die Schlussredaction amplificirten Form. Der erste Theil desselben gehört nicht hieher, dem supponirten älteren Zusammenhange nach und passt auch gar nicht in den jetzt vorliegenden. Die Geschichte des Ursprunges des Doppelkönigthums der Spartaner musste naturgemäss am Anfange dieser Arbeit über Sparta stehen; hier erweist sie sich aber als späterer Nachtrag dadurch, dass c. 61 noch einmal die Erzählung aufgenommen wird, die der Autor schon c. 51 geben wollte und der Satz: c. 60 ταῦτα μὲν δὲ οὕτω γίνεται ist ein Versuch zwischen dem vorhergehenden und folgenden, was gar nichts mit einander zu thun hat, eine Verbindung herzustellen. Auch keineswegs glücklich ist die Einleitung des Excurses zu nennen: c. 51 „in Sparta verläumdete damals den Kleomenes Demaratos, des Ariston Sohn, der auch König von Sparta war, aber von dem minderen Hause, in sonst nichts geringer als das andere, aber das des Eurysthenes wird als das ältere mehr geachtet"; und c. 60 wird nun abermals wiederholt: „damals verläumdete Demarat den Kleomenes, der auf Aigina war" u. s. w. Wir betrachten also den Inhalt von c. 61 an, da nur diese Erzählung den spartanischen Geschichten als Fortsetzung der früher unterbrochenen Darstellung angehören kann. Diese Nachrichten von des Demaratos Herkunft und von seiner Entsetzung, die bis c. 70 gegeben sind, schliessen in der That inhaltlich vollständig an V. 48, wenn man nur dort den Schlusssatz weglässt. Vollends von c. 70 an, wo von Leotychidas, der an Demaratos Stelle König geworden und von Kleomenes weiterer Regierung berichtet ist, wird die eigentliche Absicht der Darstellung erkennbar, eine Geschichte der spartanischen Könige zu geben und nicht bloss eine erklärende Episode. Es wird von Leotychidas Kindern und seinem Tode erzählt, und dabei der folgenden Darstellung in den letzten drei Büchern vorgegriffen, aber dies ist so auf die τίσις, die er dem Demaratos leisten musste, zugespitzt, dass es ganz gut am Platze scheint. Dann folgt des Kleomenes Unternehmen gegen Aigina und sein Tod, den er sich im Wahnsinn selber gab; für sein schreckliches Ende gibt Herodot die Gründe nach verschiedenen Versionen. Da die Argiver erzählen, es sei dies wegen des Zusammenhauens der in das Heiligthum des Argos geflohenen geschehen, so erzählt unser Autor bis c. 84 die Geschichte dieses Feldzuges. Hier gibt schliesslich Herodot seine Meinung dahin ab, dass Kleomenes wegen des an Demaratos verübten Unrechtes so geendet habe.

Die Aigineten hatten nach Athen zehn Vornehme als Geiseln stellen müssen, die Spartaner nun wollten ihnen den Leotychidas als Geisel stellen; auf die Rede, welche Theasidas hält, wird aber beschlossen, den Leotychidas nach Athen zu schicken, die Athener sind aber auch durch die Erzählung von Glaukos, dem Sohne des Epikydes, die ihnen Leotychidas vorbringt, nicht zur Herausgabe der Geiseln zu bewegen, weshalb er abzieht. Nun gelingt es den Aigineten eine Anzahl vornehmer Athener gefangen zu nehmen, und die letzteren werden im Kriege gegen Aigina, obwol sie ihrem Mangel an Schiffen abgeholfen haben, dennoch besiegt. Damit sind wir bei c. 94 angelangt, wo etwas neues, nämlich die Geschichte des Zuges des Datis und Artaphernes beginnt. Das bisher besprochene gehört den spartanischen Geschichten an, die nun wie vorher die athenischen bis zum Ausbruche der Perserkriege geführt erscheinen, das will sagen bis zum Unternehmen des Datis und Artaphernes, dessen Darstellung, wie wir noch sehen werden, gleichfalls eine abgeschlossene ist. Wir haben eben erkannt, dass zur Zeit der Schlussredaction in diesem Theile eine Hinzufügung oder Umstellung des Zusammenhanges mit Zusätzen gemacht wurde c. 51—61 und es erübrigt noch zu sehen, inwiefern sich diese zehn Capitel nicht nur formell, sondern auch inhaltlich als später geschrieben, kennzeichnen.

In der Genealogie, die c. 53 gegeben ist, will Herodot von einem göttlichen Vater des Perseus nichts wissen, dies stimmt, wie Stein n. ad loc. hervorhebt, zu den im zweiten Buche vorgetragenen Anschauungen über Herakles und über den Irrthum, den sich Hekataios den Priestern in Aegypten gegenüber hatte zu Schulden kommen lassen, so dass hierin für uns ein Beweis zu sehen ist, diese Partie sei hierher gebracht und überarbeitet erst zur Zeit der nach der ägyptischen Reise fallenden Schlussredaction. Für die spartanischen Geschichten, die wir also wol in ihrer ursprünglichen Form uns zu der Zeit abgefasst denken dürfen, bevor unser Autor in Aegypten gewesen war, weist die Bezugnahme in c. 91 auf das Ereigniss der Vertreibung der Aigineten von der Insel im ersten Jahre des peloponnesischen Krieges auf eine eingehende Ueberarbeitung nach oder während dieser Zeit, weil so wenig als früher V. 77 in den athenischen Geschichten hier eine Ausscheidung möglich ist. Warum wir die Abfassung dieser Partie nicht in diese Zeit setzen, kann erst durch die Betrachtung der anderen Anspielungen auf Ereignisse des peloponnesischen Krieges entschieden werden.

Seit der Einfügung der libyschen Geschichten haben wir keine Spur mehr gesehen von dem Einflusse der ägyptischen Reise, und wir werden von derselben auch bei den drei letzten Büchern nicht zu sprechen haben; hier ist noch eine Stelle, welche dieselbe voraussetzt, und zwar gerade der Schluss von c. 60, das anknüpfend an eine II. 167 hervorgehobene Analogie der Spartaner und Aegypter mittheilt, dass wie in Sparta so auch in Aegypten der Sohn das Handwerk des Vaters übt. Es ist an dieser Stelle ganz unmöglich, dass das καὶ τάδε ohne Bezug auf jenes früher gesagte steht, gleichwol ist es ziemlich undenkbar vorauszusetzen, dass jemand dies noch in Erinnerung haben konnte.

Noch erübrigt die Untersuchung eines allerdings nicht zu den spartanischen und auch nicht zu den athenischen Geschichten gehörigen Stückes, das erst zur Zeit der Schlussredaction als Ausfüllung und Uebergang entstanden ist, es reicht von 33 - 51. Davon ist c. 34—42 Vorgeschichte des Miltiades, innerhalb welcher VI. 39 auf die Geschichte des Perserzuges unter Datis und Artaphernes mit τοῦ πατρὸς (sc. Κίμωνος) αὐτοῦ τὸν θάνατον, τὸν ἐγὼ ἐν ἄλλῳ λόγῳ σημανέω ὡς ἐγένετο verwiesen ist; erst in der Darstellung der Ereignisse vor der Schlacht von Marathon c. 103 wird das Versprechen erfüllt, so dass man annehmen muss, als Herodot hier noch nachträglich über des Miltiades Vorfahren eine Einfügung machte, sei diese letztere Darstellung von c. 94 des sechsten Buches an bereits fertig vorgelegen.

Das übrige in diesem Abschnitte enthaltene sind die Eroberungen der Perser und ihr misglückter Versuch unter Mardonios die Griechen anzugreifen. Als ganz späte Arbeit verräth sich diese Partie dadurch, dass Herodot c. 42 ganz aus seiner Schreibweise heraustritt und nach dem Schema von Kriegsjahren zu schreiben beginnt; wir werden noch sehen, dass er noch einmal in einem Zusatz von Kriegsjahren spricht. Freilich wenn Herodot aber die Ereignisse, die nach dem Ende des ionischen Aufstandes sich begaben, wo ihn seine bisher fertigen Arbeiten im Stiche liessen, und vor dem Beginne des Kampfes der Griechen und Perser durch den Zug des Datis und Artaphernes, wo sie wieder begannen, darstellen wollte, abgesehen natürlich von dem, was seine griechischen Geschichten enthielten, so bot sich wol dieses Erzählen nach Jahren von selber. Dass der Autor dabei c. 42 uns noch einmal sagt, wie viel die Parasange Stadien hat, wird man auch begreifen, ebenso wie die abermalige Bezugnahme auf seine polemisch gehaltene Stelle III. 80 in Capitel 43. (Siehe oben S. 11 flgde.) Capitel 40 geht das Schema mit *δευτέρῳ ἔτει τούτων* weiter, und schliesslich konnte er auch den freilich schon bekannten Kleomenes in solchem Zusammenhang c. 50 wieder als des Anaxandridas Sohn bezeichnen. Die hier über die Abfassung einzelner Partien gemachten Beobachtungen werden im folgenden noch meist ihre Bestätigung in der Weise finden, dass wir es bei einer Anzahl der als später geschrieben bezeichneten Stücke ausserdem mit Correcturen für Nachrichten der letzten drei Bücher zu thun haben.

X. Geschichte des ersten Perserkrieges.

Als besonderer *λόγος* ist sie bezeichnet durch die eben angeführte Stelle VI. 39, sie beginnt c. 94 und reicht bis Ende des sechsten Buches. Auch hier finden sich noch Spuren der früheren Unabhängigkeit, indem c. 107 Hippias *ὁ Πεισιστράτου* genannt wird. Ein gleiches lehrt der Anfangssatz VI. 94: *Πεισιστρατιδέων προσκατημένων καὶ διαβαλλόντων Ἀθηναίους*, was schon bekannt ist aus V. 96 (den griechischen Geschichten) *Ἱππίης . . . πᾶν χρῆμα ἐκίνεε, διαβάλλων τε τοὺς Ἀθηναίους* . . . Allein es macht sich auch hier die Richtigkeit unserer Beobachtung geltend, dass eben die Ueberarbeitung dieser letzten Bücher im Vergleich zu jener der ersten vier eine so eingehende war, dass eine leichte Lostrennung der einzelnen Theile nicht mehr angeht. Nur braucht dies nicht irre zu machen, dass wir, genügend unterstützt auch durch das noch erkenntliche einer früheren Selbständigkeit, uns diese letzten Bücher ebenso entstanden denken, wie die ersten. — Freilich ist gleich der Anfang mit dem vorangehenden in Zusammenhang gebracht. Allein Capitel 98 schon ist geeignet, Schwierigkeiten zu machen. Kirchhoff [1]) hilft sich hier in der Weise, dass er annimmt, Thukydides II. 8 und Herodot VI. 98 berichteten von zwei verschiedenen Erdbeben auf Delos; da beide angeben, es sei das erste gewesen, so denkt Kirchhoff, Thukydides habe von dem bei Herodot erwähnten nichts gewusst, als er II. 8 schrieb und Herodot habe sich in Athen zu einer Zeit aufgehalten, als die Nachwirkung dieses Ereignisses, das in's Frühjahr 431 fällt, daselbst nicht mehr zu vermerken war, und er habe so von jenem zweiten Erdbeben nichts erfahren und deshalb gesagt, Delos sei damals zum ersten und letzten male μέχρι ἐμεῦ so heimgesucht worden. Nun sieht sich aber Kirchhoff andererseits doch genöthigt, Herodots Anwesenheit in Athen Winter 431/30 anzunehmen, und denkt sich daher seine Ankunft daselbst Ende Sommer 431. Man kann sich nicht verhehlen, dass es dadurch höchst unwahrscheinlich wird, Herodot habe Ende Sommer von einem Anfang Frühjahr desselben Jahres stattgehabten Erdbeben nichts erfahren, so dass er geradezu behaupten konnte, es sei das von ihm erwähnte Erdbeben auch das letzte gewesen, welches auf Delos stattfand. Wecklein [2]) bemerkt mit Recht gegen Kirchhoff, dass man aus der Behauptung des Thukydides, dass vorher Delos nie ein Erdbeben gehabt habe, geradezu schliessen müsse, Thukydides habe dasselbe wie Herodot, und speciell dessen Ausspruch über dasselbe im Auge. Zur Erklärung wird angenommen, Herodot sei so spät nach diesem Erdbeben auf Delos gewesen, dass die Priester bereits fälschlich dasselbe mit der Geschichte von Datis und Artaphernes in Zusammenhang bringen konnten, während man zu Thukydides Zeit es auf näher liegende Ereignisse bezog. Dafür spricht auch der chronologische Verlauf der bei der Schlussredaction gemachten Zusätze, der es allerdings wahrscheinlich macht, dass Herodot um die Zeit des betreffenden Ereignisses gerade an der Partie des Werkes thätig war. Stein (n. ad loc.) verlegt dasselbe auch in die Mitte der beiden von Herodot und Thukydides fixirten Zeitpunkte und meint, dass die Delier es mit dem einen und anderen

---

[1]) Abfassungszeit. S. 18 flgde.

[2]) Sitzb. d. Münch. Akad. 1876. Bd. I. H. III. S. 254

Ereignisse in Zusammenhang brachten; so würden sich also in der That die Aeusserungen beider Autoren genügend erklären, und das Erdbeben auf Delos braucht nun nicht so spät gewesen zu sein. Damit ist aber noch nicht alles verständlich, denn c. 98 enthält noch andere Schwierigkeiten. Dies war ein Vorzeichen des künftigen Unheiles, meint Herodot, denn unter Dareios, Xerxes und Artaxerxes hätte Hellas mehr Leides erfahren als in den zwanzig Menschenaltern vor Dareios, theils durch die Perserkriege, theils durch den Krieg der beiden hervorragendsten Staaten. Deshalb sei es gar nicht zu wundern, dass Delos, das vorher nicht von Erdbeben war heimgesucht worden, jetzt ein Wunderzeichen erfahren musste. Das *καὶ ἐν χρησμῷ ἦν γεγραμμένον περὶ αὐτῆς ὧδε· κινήσω καὶ Δῆλον, ἀκίνητόν περ ἐοῦσαν*, fehlt in einer Zahl Handschriften. Darauf folgt noch eine Uebersetzung der drei Namen: Dareios, Xerxes und Artaxerxes, was allerdings einigermassen hieher passt, da sie kriegerische Thätigkeit besagen. Man kann nur das eine von vorneherein bestimmt sagen, dass Herodot im ursprünglichen Zusammenhang arbeitend nie so geschrieben hätte, um so weniger, als der alte Zusammenhang ganz gut herzustellen ist: *καὶ τοῦτο μέν κου τέρας ἀνθρώποισι τῶν μελλόντων ἔσεσθαι κακῶν ἔφηνε ὁ θεός, οἱ δὲ βάρβαροι .....* Dass das andere Zusatz ist, beweist die ganz überflüssige Anführung des Patronymikons bei Dareios und der wehmüthige, den Thatsachen nicht ganz entsprechende Zug, der die Stelle allerdings zur Zeit des peloponnesischen Krieges geschrieben, begreiflich erscheinen lässt, als trübe Aussichten in die Zukunft sich eröffneten. Dieser Zusatz unseres Autors, der offenbar ebenso wie der ursprüngliche Text nach jenem Erdbeben geschrieben ist, zeigt, dass wir uns die Abfassung des *λόγος*, der die Geschichte des ersten Perserkrieges behandelt, nicht gar zu früh zu denken haben; ob die beanstandeten Worte Herodot angehören oder nicht, wage ich nicht zu entscheiden. Zu dieser Beobachtung stimmt nun auch c. 119, in welchem eine sehr genaue Kenntniss von Arderikka vorliegt, wie der Schlusssatz: *ἐνθαῦτα τοὺς Ἐρετριέας κατοίκισε βασιλεὺς Δαρεῖος, οἳ καὶ μέχρι ἐμέο εἶχον τὴν χώρην ταύτην φυλάσσοντες τὴν ἀρχαίην γλῶσσαν*, beweist. Mit c. 120 schliesst in ganz trefflicher

Weise dieser kleine Essay, die Spartaner erscheinen auf dem Schlachtfelde und bewundern das Werk der Kämpfer. Der folgende Excurs von c. 121—132, geschrieben die Schuld der Alkmaioniden wegen des angeblichen Verrathes Athens von der Familie abzuwälzen, ist, wie Kirchhoff [1]) gezeigt hat, erst in der Zeit abgefasst, als Perikles während des peloponnesischen Krieges angefeindet wurde und zu seinen Gunsten auf seine Persönlichkeit zugespitzt worden; wie wir wol sagen dürfen, auch erst bei der damals stattfindenden Ueberarbeitung dieser Partie dem Werke einverleibt. Wie früher in dem zur Verbindung eingefügten Theile c. 33—51 der Geschichte des Miltiades eine besondere Aufmerksamkeit geschenkt war, so ist auch in den Capiteln von 132 bis Ende 136 von dessen Unternehmen gegen Paros und seinem Tode die Rede, worauf erst c. 137, nachdem der Feldherr also schon todt ist, seine Eroberung der Insel Lemnos berichtet wird. Dies lässt die Vermuthung berechtigt erscheinen, dass wir Stücke eines grösseren ganzen hier nicht ganz passend geordnet vor uns haben, Theile einer Darstellung, deren Held Miltiades war. Hierher gehört auch die von K. W. Nitzsch [2]) gemachte Beobachtung, dass die Geschichte des Miltiades philaidischer Quelle entnommen sind, dagegen natürlich die im selben Buche mitverarbeitete Alkmaionidenepisode der letzteren Familie sehr günstig gehalten ist.

Wenn es auch nicht gelungen ist, (da eben eine zu eingehende Ueberarbeitung dies unmöglich macht,) nachzuweisen, aus welchen Theilen dies fünfte und sechste Buch besteht, in dem Sinne, dass Anfang und Ende so genau wie dies früher möglich war, ermittelt wurden, so wird die folgende Betrachtung eben jene eingehende Ueberarbeitung als ganz zweifellos erweisen. Mit der Sicherheit, die wir so gewinnen, dass an diese überarbeitete Partie ohne viel zu ändern, die Geschichte des Xerxeszuges angefügt wurde, die Herodot einmal selbstständig ausgeführt hatte, wird auch der Gegensatz, der zwischen dem fünften und sechsten und wieder den drei letzten Büchern besteht, seine Erklärung finden.

---

[1]) Nachträgl. Bemerkungen. S. 57 flgde.

[2]) N. Rh. Mus. 27. Bd. S. 243.

XI. Die Geschichte des Xerxeszuges.

Die Geschichte des grossen Freiheitskampfes der Griechen gibt uns Gelegenheit in diesem Zusammenhange auch eine Frage aus Herodots Leben zu erörtern, da dieselbe sich mit seiner Composition enge berührt, und wie ich glaube, ihre richtige Lösung eben nur finden kann, wenn man sich Herodot's Werk in der ausgeführten Weise entstanden denkt. Es ist dies die Frage, was er in der notorisch bezeugten Vorlesung zu Athen wol vorgetragen habe.

Es wird sich zunächst darum handeln, abgesehen davon das Verhältniss der drei letzten Bücher zu den betrachteten λόγοι in der Weise zu ermitteln, wie dies durch inhaltliche Vergleichung thunlich erscheint. Dass die letzten Bücher eine vielfach mangelhaftere Kunde, als die früheren zeigen, ist mehrfach erkannt [1]). Ebenfalls bereits betont ist ein Umstand, den wir ja schon wiederholt als Kriterium verwendeten: dass die drei letzten Bücher besonders in ihrer Einleitung ganz ohne die vorhergegangenen vorauszusetzen geschrieben sind [2]). Eine ganze Reihe von Personen, die der Leser aus den jetzt vorhergehenden Theilen längst kennt — Dareios und sein Bruder Artabanos, Mardonios, der Spartanerkönig Demaratos — sind noch einmal, wie unbekannte, mit den Namen ihrer Väter genannt; dazu wird ein so ausführlich geschildertes Ereigniss (V. 101) wie die Verbrennung von Sardes, noch einmal als nicht zu vergessende Beleidigung der Perser erwähnt [3]). Dass

---

[1]) Roscher Klio I. 1842 „die Fugen dieses Bauwerkes seien nicht so verstrichen, dass man die früheren oder späteren einzelnen Bausteine nicht erkennen könnte" S. 117/18 führt er an: VII. 61 zu I. 7, II. 98 zu VII. 95, I. 175 zu VIII. 104. Eine Anzahl bei Schöll Philol. IX. S. 203 und 206 flgde.: VII. 163 zu VI. 23 und VIII. 104 zu I. 175. Philol. X. S. 29: VII. 85 zu I. 125, VIII. 106 zu I. 160, IX. 32 zu II. 164—168, VIII. 98 zu III. 126, VII. 54 zu IV. 62, VII. 205 zu V. 41—48, IX. 75 zu VI. 92 und ibid. S. 427 die Wiederholungen betont, VII. 72, I. 72, I. 76, V. 49, ferner VIII. 27. 33 und I. 46.

[2]) G. Rawlinson a. a. O. vol. IX. p. 1. n. 1, nach Blakesley: Herodotus with a Commentary. London 1854.

[3]) Büdinger a. a. O. S. 3 u. 4.

seine Erkenntniss bei Abfassung der letzten drei Bücher keine ganz vollständige war, gesteht der Autor selbst zu [1]). Diese Beobachtung lässt sich noch durch einige Stellen stützen, welche zeigen, dass Herodot längst bekanntes als etwas ganz neues abermals aufführt. Als ob Inaros noch gar nicht vorgekommen wäre, nennt ihn Herodot VII. 7 *Ἀχαιμένεα ... ἐφόνευσε Ἰνάρως ὁ Ψαμμιτίχου, ἀνὴρ Λίβυς* und von Achaimenes heisst es im selben Capitel etwas früher: ... *ἐπιτράπει Ἀχαιμένεϊ, ἀδελφεῷ μὲν ἑωυτοῦ, Δαρείου δὲ παιδί.* Und doch haben wir III. 12 den Mann bereits genannt, ganz ausdrücklich mit dem Patronymikon: ... *τῶν ἅμα Ἀχαιμένεϊ τῷ Δαρείου διαφθαρέντων ὑπὸ Ἰνάρῳ τοῦ Λίβυος* und III. 15 hiess es: *τῷ Λίβυος Ἰνάρῳ παιδὶ Θαννύρᾳ.* Wir sahen schon wiederholt, dass Herodot das Patronymikon (*Ψαμμιτίχου*) stets dann setzt, wenn er den Namen zum erstenmale nennt, dies würde also an diesem Orte noch zu erwähnen sein zu den übrigen Beweisen, (siehe dieselben oben S. 44 flgde.) dass die letzten drei Bücher vor der ägyptischen Reise Herodot's geschrieben sind, nach welcher, wie ja die Autopsie des eben III. 12 beschriebenen Schlachtfeldes von Papremis beweist, dieser Theil des dritten Buches überarbeitet wurde. In diesem Zusammenhang sind noch einige Stellen hervorzuheben. Was man sich unter *Παλαιστίνη Συρίη* zu denken hat, sagt Herodot im dritten Buche [2]) und im siebenten [3]); an ersterer Stelle allerdings genauer, indem er hier, wo er aus seiner Kenntniss des Landes selber schöpft,

---

[1]) VII. 26 *ὅς μέν νυν τῶν ὑπάρχων στρατὸν κάλλιστα ἐσταλμένον ἀγαγὼν τὰ προκείμενα παρὰ βασιλέως ἔλαβε δῶρα, οὐκ ἔχω φράσαι.*

VIII. 128 *ἐξελὼν δὲ ταύτην ὁ Ἀρτάβαζος τῇ Ποτιδαίῃ ἐντεταμένως προσεῖχε, προσέχοντι δὲ οἱ προθύμως συντίθεται προδοσίην Τιμόξεινος ὁ τῶν Σκιωναίων στρατηγός, ὅντινα μὲν τρόπον ἀρχήν, ἔγωγε οὐκ ἔχω εἰπεῖν· οὐ γὰρ ὦν λέγεται.*

IX. 81 *ὅσα μέν νυν ἐξαίρετα τοῖσι ἀριστεύσασι αὐτῶν ἐν Πλαταιῇσι ἐδόθη, οὐ λέγεται πρὸς οὐδαμῶν, δοκέω δ' ἔγωγε καὶ τούτοισι δοθῆναι.*

[2]) III. 5 *ἀπὸ γὰρ Φοινίκης μέχρι οὔρων τῶν Καδύτιος πόλιος γῆ ἐστὶ Σύρων τῶν Παλαιστίνων καλεομένων.* Wo dieses Kadytis zu denken ist, lässt sich nicht entscheiden. (Vgl. Matzat: Herodot's Angaben über Asien. Hermes. Bd. VI. S. 424.)

[3]) VII. 89 *τῆς δὲ Συρίης τοῦτο τὸ χωρίον καὶ τὸ μέχρι Αἰγύπτου πᾶν Παλαιστίνη καλέεται.*

einen Ort als Grenze gegen Aegypten anführt. Sieht man schon nicht recht ein, warum dies zweimal gesagt ist, wenn beide Theile nicht unabhängig von einander geschrieben zu denken sind, so wird die Priorität der Stelle des siebenten Buches wahrscheinlich, wenn man bemerkt, dass sie in den persischen Geschichten I. 105 und in den, wie wir ja wissen, ganz spät abgefassten ägyptischen II. 104. 106 durch die einfache Nennung des Namens als bekannt vorausgesetzt wird. — Es ist persische Sitte lebendige zu begraben; VII. 114 lässt Xerxes dem Namen *Ἐννέα ὁδοί* zu Liebe neun Knaben und neun Mädchen daselbst begraben, und diese grässliche Thatsache in ihrer Wahrheit zu bekräftigen fügt Herodot hinzu, Amestris habe dem Unterweltsgott zu Ehren vierzehn edle Jünglinge begraben lassen; man sieht, es kam dem Autor auf Analogien an, hätte er damals III. 35 schon geschrieben gehabt, so hätte er nur auf die Thatsache zu verweisen gebraucht, dass Kambyses zwölf edle Perser bis an den Kopf habe eingraben lassen; dies letztere erfuhr er aber erst in Aegypten. — Wie Dareios gegen Aegypten und Athen zu Felde ziehen will, da beginnen seine Söhne einen Streit um den Vorrang, *ὡς δεῖ μιν ἀποδέξαντα βασιλέα κατὰ τὸν Περσέων νόμον οὕτω στρατεύεσθαι* (VII. 2). Von diesem Gesetz weiss Herodot in den früheren Büchern nichts; auch wo er Gelegenheit hätte daran zu erinnern I. 208 bei der Uebertragung der Herrschaft durch Kyros an Kambyses vor dem Massagetenzuge, heisst es nur: *τῷπερ τὴν βασιληίην ἐδίδου.* Dass dies nicht n u r p e r s i s c h e Sitte war, erhellt aus I. 92, wo es von der Uebertragung der Herrschaft an Kroisos durch Alyattes [1]) heisst: *ἐπείτε δὲ δόντος τοῦ πατρὸς ἐκράτησε τῆς ἀρχῆς ὁ Κροῖσος;* und dass es überhaupt bei den Persern nicht *ν ό μ ο ς* war, beweist die Erzählung von dem Zuge des Dareios gegen die Skythen, wo keinerlei Designirung eines Nachfolgers erwähnt wird.

Ich glaube nicht, dass Herodot die betreffenden Stellen der persischen Geschichten u n d die in späterer Zeit zu den lydischen gemachte Hinzufügung schon geschrieben hatte und dann erst die Behauptung im siebenten Buche, die sich

---

[1]) Dass damit eine wirkliche Uebertragung gemeint ist, zeigt G. Rawlinson not. ad loc.

durch eben diese Notizen als falsch erweist, aufgestellt hätte. Aus dieser Stelle aber für das zeitliche Verhältniss der Abfassung dieser Partieen mehr schliessen zu wollen, als dass beide Theile unabhängig geschrieben seien, scheint mir um so weniger gestattet, als auch ein anderer Vergleichspunkt kein genaueres Resultat ergibt. Hermotimos trifft den Panionios in Atarneus, *γῆν τὴν Μυσίην, τὴν Χῖοι μὲν νέμονται, Ἀταρνεὺς δὲ καλέεται* (VIII. 106). Im ersten Buche ist erzählt, dass die Chier um den Preis der Auslieferung des Paktyas in den Besitz dieser Landschaft gelangen, und da heisst es wieder c. 160: *ἐπὶ τῷ Ἀταρνέϊ μισθῷ· τοῦ δὲ Ἀταρνέος τούτου ἐστὶ χῶρος τῆς Μυσίης Λέσβου ἀντίος.* Dasselbe ergibt I. 125 *οἱ δὲ ἄλλοι νομάδες, Δάοι . . . . . Σαγάρτιοι* und VII. 85 *εἰσὶ δέ τινες νομάδες ἄνθρωποι Σαγάρτιοι καλεόμενοι, ἔθνος μὲν Περσικὸν καὶ φωνῇ.*

Allein wir haben früher (oben S. 73 flgde.) gesehen, dass die persischen Geschichten gelegentlich der Schlussredaction überarbeitet wurden, und diese Beobachtung findet ihre vollständige Bestätigung darin, dass gerade die der Ueberarbeitung zugeschriebenen, also spät abgefassten Theile, mit den drei letzten Büchern in einem Verhältnisse stehen, dass es unschwer ist in ihnen Correcturen oder Aeusserungen einer anderen erweiterten Sachkenntniss zu sehen. Wir hatten den Abschnitt I. 131—141 als späteren Zusatz erkannt und in der That ergibt sich hier ein Gegensatz zu einer Notiz in den letzten drei Büchern. Die Execution an Sandokes wird nicht vollzogen: VII. 194 *λογιζόμενος ὁ Δαρεῖος εὗρέ οἱ πλέω ἀγαθὰ τῶν ἁμαρτημάτων πεποιημένα ἐς οἶκον τὸν βασιλήιον*; die Begnadigung ist also hier durchaus subjective Handlungsweise des Dareios. I. 137 aber sagt unser Autor, dass, was hier aus des Dareios Willen hervorgehend erscheint, ein für alle Perserkönige geltendes G e s e t z war. Zum selben Ziele führt folgende Betrachtung. VII. 223 erzählt Herodot, dass Xerxes beim Sonnenaufgange vor dem Hauptangriff bei Thermopylai *σπονδὰς ἐποιήσατο*, c. 54 beim Uebergang über den Hellespont heisst es: *σπένδων ἐκ χρυσέης φιάλης* und als Xerxes die pergamenische Burg besteigt c. 43: *χοὰς δὲ οἱ μάγοι τοῖσι ἥρωσι ἐχέαντο.* Vergleicht man damit I. 132, so heisst es hier, wo der Autor sich mit den Sitten der Perser beim Opfern beschäftigt: *οὐ σπονδῇ χρέονται.*

Allerdings ist bei der Darstellung des Zuges des Xerxes eine grosse Assimilation der Perser an griechische Culte bemerkenswerth, dass aber Herodot nicht in dem einen oder anderen Falle [1]) aufmerksam geworden wäre auf den vorliegenden Gegensatz, kann ich mir nur dadurch erklären, dass I. 132 erst nachträgliche Kunde des Autors enthält. Für die Capitel von 167 an sahen wir, dass dieselben sicher erst in Unteritalien ausgearbeitet seien und war dort bereits auf die im folgenden enthaltenen Correcturen zu den letzten drei Büchern verwiesen (oben S. 78), dieselben häufen sich hier in der That in auffallender Weise. Die Myser sind *Λυδῶν ἄποικοι, ἀπ' Οὐλύμπου δὲ οὔρεος καλέονται Οὐλυμπιηνοί* (VII. 74). Dagegen I. 171 bezeichnet Herodot sie als Brüdervölker untereinander und mit den Karern: ... *Μυσοῖσι μὲν καὶ Λυδοῖσι μέτεστι ὡς κασιγνήτοισι ἐοῦσι τοῖσι Καρσί· τὸν γὰρ Λυδὸν καὶ τὸν Μυσὸν λέγουσι εἶναι Καρὸς ἀδελφεούς* [2]). VII. 92 wird uns gesagt, die Lykier stammten aus Kreta und hätten früher Termyler geheissen und von Lykos dem Sohne Pandions, einem Athener, den Beinamen erhalten; I. 173 erfahren wir viel genauer, warum sie Kreta verliessen, dass der Termylername noch in Uebung sei, ebenso werden wir über die Gründe aufgeklärt, warum Lykos von Athen auswanderte. Die folgende Stelle ist nicht ganz zweifellos. Capitel 104 des achten Buches ist die Geschichte von dem Barte der Priesterin bei den Pedasern genau so erzählt wie I. 175 nur mit dem Unterschied, dass das Wunder nach der ersten Stelle zweimal, nach letzterer dreimal stattgefunden haben soll [3]). VII. 117 ist der Tod des Leiters

---

[1]) So opfert VII. 43 Xerxes der ilischen Athena, 191 opfern die Perser der Thetis und den Nereiden, VIII. 55 hören wir von einem Befehle des Xerxes den athenischen Burgcult während der Occupation nicht ausser Acht zu lassen, IX. 37 erfahren wir von einem griechischen Seher im Lager bei Mardonios und VII. 6 gibt Onomakritos am persischen Hofe Orakel.

[2]) G. Rawlinson, not. ad loc. vol. IV. p. 58 meint: Compare I. 171, where the Lydian and Mysian are represented probably with more truth as sister races.

[3]) Die Stelle des achten Buches ist seit Valkenaer als Glosse betrachtet, cf. Bähr: Herodoti Musae 1835 not. ad loc. u. Stein n. ad l. Ersterer vertritt deren Echtheit, ebenso Rawlinson, der meint: Aliquando bonus dormitat. Ohne für die grundlose Hinzufügung als Vertheidiger auftreten

des Athosdurchstiches Artachaies berichtet; der Mann war colossal gross: μεγάθεΐ τε μέγιστον ἐόντα Περσέων· ἀπὸ γὰρ πέντε πηχέων βασιληίων ἀπέλειπε τέσσερας δακτύλους. Hier wäre es dem Autor gewiss erwünscht gewesen sagen zu können, was I. 178 erwähnt ist: ὁ βασιλήιος πῆχυς τοῦ μετρίου ἐστὶ πήχεος μέζων τρισὶ δακτύλοισι, der Artachaies wäre dadurch noch grösser geworden für ein Publikum, das mit dem Masse nicht vertraut war; denn das kann doch nicht vorausgesetzt werden, dass jemand sich noch an die Stelle des ersten Buches erinnern soll. Da trifft es nun ganz gut zu, dass dieselbe einem Zusammenhange angehört, von dem wir oben (Seite 79 flgde.) sahen, dass er erst später eingefügt wurde, so dass Herodot eben bei Abfassung von VII. 117 nicht in der Lage war auf dieses Massverhältniss aufmerksam zu machen.

Dass das Satrapienverzeichniss im dritten Buche erst später in den Zusammenhang der persischen Geschichten gefügt wurde, findet seine weitere Bestätigung in den Correcturen und Gegensätzen, die darin im Vergleiche zu Nachrichten der letzten drei Bücher bestehen. Die Araber werden bei der Aufzählung der persischen Contigente gegen Hellas VII. 69 ebenso angeführt, wie alle übrigen, aus III. 88 aber erfahren wir, dass sie freiwillig Truppen stellten: Ἀράβιοι δὲ οὐδαμὰ κατήκουσαν ἐπὶ δουλοσύνῃ Πέρσῃσι, ἀλλὰ ξεῖνοι ἐγένοντο. ... Im siebenten Buche c. 77 sagt unser Autor: Καβηλέες δὲ οἱ Μηίονες, Λασόνιοι δὲ καλεόμενοι, III. 90 hingegen, wo er auf sie zurückkommt: ἀπὸ δὲ Μυσῶν καὶ Λυδῶν καὶ Λασονίων καὶ Καβαλίων, hält er beide Völker auseinander. Wie konnte Herodot, wenn er diese Partie früher geschrieben hätte als die letzten drei Bücher, den Mardonios sagen lassen: εἰ Σάκας μὲν καὶ Ἰνδοὺς καὶ Αἰθίοπας καὶ Ἀσσυρίους ... καταστρεψάμενοι δούλους ἔχομεν (VII. 9_1), wenn er wusste, was er in dem jetzigen dritten Buche Capitel 97 gesagt hatte, dass die Aethiopen von Kambyses unterworfen [1]), jetzt aber den Persern nur frei-

---

zu wollen, ist der Hauptgrund, der dagegen vorgebracht wird, doch eine unrichtige Vorstellung von der Entstehung von Herodots Werk.

[1]) τοὺς (sc. Αἰθίοπας) Καμβύσης ἐλαύνων ἐπὶ τοὺς μακροβίους Αἰθίοπας κατεστρέψατο und zuvor: οἵδε φόρον μὲν οὐδένα ἐτάχθησαν φέρειν, δῶρα δὲ ἀγίνεον, Αἰθίοπες οἱ πρόσουροι Αἰγύπτῳ...

willig Tribut zahlten, und nicht *δοῦλοι* waren, wie denn auch die Inder eine Stellung haben, die sich von jener der VII. 9 aufgezählten übrigen Völker eben nach unserer Stelle des dritten Buches wesentlich unterscheidet. —

Während wir also für die persischen Geschichten durchaus keinen Unterschied der Quellenkenntniss zu beobachten vermochten, zeigen die zu denselben gemachten Hinzufügungen einen solchen durchgehends und, wie sich ergab, eine bedeutend erweiterte Kenntniss des Autors. Für die Ermittelung des Verhältnisses der samischen Geschichten und der letzten drei Bücher im Bezug auf ihre Abfassungszeit ist ein einziger und dazu unzureichender Berührungspunkt gegeben, der nur einen höchst zweifelhaften Schluss ermöglicht, zumal wir ja sahen, wie trümmerhaft gerade die samischen Geschichten erhalten sind. VIII. 98 gibt Herodot die Beschreibung von der Einrichtung der Reichsstrassenpost in Persien und sagt, dass man dies *ἀγγαρήιον* nenne; III. 126 hingegen spricht er, falls die Leseart richtig ist [1]), einfach von *καί τινα ἀγγαρήιον*, was allerdings dann erst später als VIII. 98 geschrieben sein müsste, da das seltene Wort *ἀγγαρήιον* sonst unverständlich wäre.

Zahlreicher sind die Anhaltspunkte zur Ermittelung des Verhältnisses zu den lydischen Geschichten. Für die gegenseitige Unabhängigkeit sprechen Wiederholungen, deren eine schon oben erwähnt ist. VII. 72 *οἱ δὲ Σύριοι οὗτοι ὑπὸ Περσέων Καππαδόκαι καλέονται* und I. 72 *οἱ δὲ Καππαδόκαι ὑπὸ Ἑλλήνων Σύριοι οὐνομάζονται* und dies einfach acceptirt c. 76, wo von dem Einfall des Kroisos in das kappadokische Pteria gesprochen wird: *ἐνθαῦτα ἐστρατοπεδεύετο, φθείρων τῶν Συρίων τοὺς κλήρους*. (Von V. 49, wo dasselbe steht, ist hier nicht zu sprechen.) Ebenso sagt Herodot VII. 74: *οἱ δὲ Λυδοὶ Μηίονες ἐκαλεῦντο τὸ πάλαι, ἐπὶ δὲ Λυδοῦ τοῦ Ἄτυος ἔσχον τὴν ἐπωνυμίην, μεταβαλόντες*

---

[1]) Statt *ἀγγαρήιον* III. 126 (Krüger und Bähr) lesen Stein, Abicht und Dietsch *ἀγγελιηφόρον*. Aus Abicht (lateinische Ausgabe p. XLIII.) ersieht man, dass Codd. M. P. F. letztere, S. V. T. erstere Leseart haben. Wesseling hat *ἀγγελιηφόρον* für ein Scholion erklärt (Stephanus Thesaurus s. v. *ἀγγαρήιον* Pariser Ausgabe p. 229). Der Scholiast wäre eben auf dieselbe Schwierigkeit gestossen, auf die man stossen muss, wenn man von der Entstehung des Werkes nicht die richtige Vorstellung hat.

τὸ οὔνομα und dasselbe I. 7 οἱ δὲ πρότερον Ἄγρωνος βασιλεύσαντος ταύτης τῆς χώρης ἦσαν ἀπόγονοι Λυδοῦ τοῦ Ἄτυος, ἀπ' ὅτευ ὁ δῆμος Λύδιος ἐκλήθη ὁ πᾶς οὗτος, πρότερον Μηίων καλεόμενος. Ein Vergleich von VIII. 33 und I. 46 lehrt uns, dass Herodot letztere Stelle nicht als bekannt voraussetzen konnte, als er erstere schrieb; im achten Buche heisst es: ... Ἄβας, ἔνθα ἦν ἱρὸν Ἀπόλλωνος πλούσιον, θησαυροῖσί τε καὶ ἀναθήμασι πολλοῖσι κατεσκευασμένον· ἦν δὲ καὶ τότε καὶ νῦν ἐστὶ χρηστήριον αὐτόθι, während man allerdings aus der Geschichte des Kroisos wissen könnte, dass derselbe dahin geschickt habe, das Orakel zu befragen. VIII. 122 sagt Herodot von dem Weihegeschenke der Aigineten in Delphi: ἀνέθεσαν ἀστέρας χρυσέους, οἳ ἐπὶ ἱστοῦ χαλκέου ἑστᾶσι τρεῖς ἐπὶ τῆς γωνίης, ἀγχοτάτω τ ο ῦ Κροίσου κρητῆρος. Herodot war in Delphi und berichtet dies aus eigener Anschauung, er spricht VIII. 39 von einer Nachricht, die ihm Delphier mitgetheilt; Δελφοὶ λέγουσι und der Schluss: οἱ δὲ πεσόντες ἀπὸ τοῦ Παρνησσοῦ λίθοι ἔ τ ι κ α ὶ ἐ ς ἡ μ έ α ς ἦ σ α ν σ ό ο ι beweist dies genügend. Allein genauere Nachrichten über Delphi bekam er doch erst später, als er I. 51 schrieb, da heisst es, dass es z w e i Mischkrüge des Kroisos gab, einen goldenen und einen silbernen, und ihr Platz in dem alten Tempel und nach dem Brande in dem neuen ist angegeben; der silberne blieb ἐπὶ τοῦ προνηίου τῆς γωνίης, das stimmt mit der erst citirten Angabe des achten Buches; ob aber dies noch von der Erinnerung der Leser verlangt werden konnte, und vorausgesetzt werden durfte, dass er gerade an diesen dachte, wenn Herodot einfach ὁ Κροίσου κρητήρ sagte, ist mir nicht glaublich. Die Sache wird sich vielmehr wol so verhalten, dass er vor der Abfassung von VIII. 122 allerdings in Delphi gewesen war, aber von einem zweiten goldenen Mischkruge, den der Lyderkönig als Anathem aufgestellt hatte, noch nichts wusste. — Dafür, dass die skythischen λόγοι später abgefasst sind als die letzten drei Bücher, findet sich eine, aber sehr beweisende Stelle. IV. 62 ἐπὶ τούτου δὴ τοῦ ὄγκου ἀκινάκης σιδήρεος ἵδρυται ἀρχαῖος ἑκάστοισι, καὶ τοῦτ' ἐστὶ τοῦ Ἄρεος τὸ ἄγαλμα ist nämlich ganz unverständlich wegen des fremdartigen Ausdruckes, der erklärt ist VII. 54 Περσικὸν ξίφος, τὸν ἀκινάκην καλέουσι; die erstere Notiz setzt daher die letztere als bereits früher geschrieben voraus. Ein gleiches lässt sich für die libyschen Geschichten und zwar für den, wie wir sahen, älteren Theil derselben, die Gründungssage von Kyrene ermitteln. Wie konnte Herodot im neunten Buche c. 35 behaupten, Tisamenos und Bias seien die einzigen gewesen, welche in das Bürgerrecht der Spartaner aufgenommen wurden, wenn er schon früher IV. 145 von der Aufnahme der Minyer berichtet hätte: *δεξάμενοι δὲ τοὺς Μινύας γῆς τε μετέδοσαν καὶ ἐς φυλὰς διεδάσαντο.*

Noch erübrigt die Untersuchung des Verhältnisses der Geschichten des Xerxeszuges zu den griechischen Geschichten, und zur Darstellung des ionischen Aufstandes. Für den Theil der spartanischen, der V. 39—49 und der athenischen, der V. 55—97 erzählt ist, findet sich je eine Stelle. Capitel 205 des siebenten Buches spricht Herodot von der Art und Weise, wie Leonidas zum Throne kam und verbreitet sich dabei über die Verwandtschaftsverhältnisse, die bereits mit grösster Ausführlichkeit V. 41 flgde. abgehandelt sind. An ersterer Stelle sagt er ohne weiteres, Leonidas sei älter als Kleombrotos [1]), während wir doch an der früheren Stelle gehört hatten [2]), dass sie auch als Zwillinge galten. Hätte sich Herodot V. 41 für erstere Ansicht entschieden, dann müssten wir diese Stelle für VII. 205 voraussetzen, hätte er dagegen in der Zeit, während er, (wenn man dies einmal annehmen will,) von V. 41 bis VII. 205 arbeitete, in dieser Weise seine Meinung geändert, so müsste er an letzterer Stelle einen Grund anführen. Er thut aber keines von beiden und man muss annehmen, es sei V. 41 erst später aus besserer Kunde schöpfend geschrieben. Wenn schon früher gesagt war, was wir über die Thätigkeit der Peisistratiden am persischen Hofe vor Ausbruch des Krieges V. 96 lesen, und wenn man wusste, dass Hippias alles in Bewegung setzte, dass er die Athener verläumdete, so lag es nahe anzunehmen, dass unter Xerxes diese Taktik einfach fortgesetzt wurde, und muss man nur erstaunen wie unbestimmt sich Herodot VII. 6 äussert, wo auch dies mit dem ganz über-

---

[1]) *διξῶν γάρ οἱ* (sc. *Λεωνίδης*) *ἐόντων πρεσβυτέρων ἀδελφεῶν Κλεομένεος... καὶ διότι* π ρ ό τ ε ρ ο ς ἐ γ ε γ ό ν ε ε Κ λ ε ο μ β ρ ό τ ο υ.

[2]) *οἱ δὲ καὶ διδύμους λέγουσι Κλεόμβροτόν τε καὶ Λεωνίδην γενέσθαι.*

flüssigen Zusatz *Πεισιστρατιδέων οἱ ἀναβεβηκότες ἐς Σοῦσα* gebracht ist. Man erfährt in der That nicht, was sie und die Aleuaden ausser den Orakelsprüchen geltend machen. Die letzteren sollen zwar *πᾶσαν προθυμίην παρεχόμενοι ἐπὶ τὴν Ἑλλάδα* gewesen sein, aber doch nicht blos *γνῶμας ἀποδεικνύμενοι*, wie es Ende von c. 6 heisst. Auch der Excurs über die beiden spartanischen Königshäuser und die Rechte der Könige V. 51 bis 61 zeigt sich gleichfalls als später abgefasst. Dass nämlich zwischen den beiden Herrscherhäusern in Sparta ein Altersunterschied bestand, wie dies VI. 51 *ἐὼν (Δημάρητος) βασιλεὺς καὶ οὗτος Σπαρτιητέων, οἰκίης δὲ τῆς ὑποδεεστέρης κτλ.* gesagt ist, hat Herodot noch nicht gewusst, als er VIII. 131 die Genealogie des Leotychidas schrieb, auch VII. 204 noch nicht, wo des Leonidas Stammbaum gegeben ist; denn er erwähnt dies nicht nur nicht, sondern sagt an der Stelle des achten Buches *Λευτυχίδης . . . . . τοῦ Ἡρακλέος, ἐὼν τῆς ἑτέρης οἰκίης τῶν βασιλέων*, was er doch kaum sagen konnte, wenn er wusste, es sei dies die jüngere Familie. Im siebenten Buche c. 150 berichtet Herodot von einer Gesandtschaft des Xerxes nach Argos, um das Land zu gewinnen, dabei machen die Boten geltend Hellenen und Perser seien eines Stammes: *ἡμεῖς νομίζομεν Πέρσην εἶναι, ἀπ' οὗ ἡμεῖς γεγόναμεν, παῖδα Περσέος τοῦ Δανάης, γεγονότα ἐκ τῆς Κηφέος θυγατρὸς Ἀνδρομέδης.* Das ist aber auch Herodot's eigene Meinung, als solche ausgesprochen c. 61 desselben Buches. Der Autor sagt von den Persern: *ἐκαλέοντο δὲ πάλαι ὑπὸ μὲν Ἑλλήνων Κηφῆνες, ὑπὸ μέντοι σφέων αὐτῶν καὶ τῶν περιοίκων Ἀρταῖοι. ἐπεὶ δὲ Πέρσευς ὁ Δανάης καὶ Διὸς ἀπίκετο παρὰ Κηφέα τὸν Βήλου καὶ ἔσχε αὐτοῦ τὴν θυγατέρα Ἀνδρομέδην, γίνεται αὐτῷ παῖς, τῷ οὔνομα ἔθετο Πέρσην, τοῦτον δὲ αὐτοῦ καταλείπει.* Ganz anders erzählt er uns nach persischer Ueberlieferung dieselbe Geschichte VI. 54: *ὡς δὲ ὁ παρὰ Περσέων λόγος λέγεται, αὐτὸς ὁ Περσεὺς ἐὼν Ἀσσύριος ἐγένετο Ἕλλην, ἀλλ' οὐκ οἱ Πέρσεος πρόγονοι· τοὺς δὲ Ἀκρισίου* (Vater der Danae) *γε πατέρας ὁμολογέοντας κατ' οἰκηιότητα Περσέϊ οὐδέν, τούτους δὲ εἶναι, κατάπερ Ἕλληνες λέγουσι, Αἰγυπτίους.* Eines liesse sich nun gar nicht begreifen, falls man annehmen wollte, Herodot habe letzteres schon gewusst, oder vollends schon verfasst gehabt, als er ersteres schrieb. Er zweifelt an der Absendung der Gesandtschaft nach Argos, (cf. VII. 152) er thut alles mögliche, um die Argiver von dem Verdachte, der auf ihnen lastet, zu befreien, er rechtfertigt mit den Worten *ἐγὼ δὲ ὀφείλω λέγειν τὰ λεγόμενα*, dass er die ganze Geschichte überhaupt erzähle, und er hätte das stärkste Argument gegen deren Richtigkeit den Hinweis auf VI. 54, dass das hier VII. 150 von den Persern vorgebrachte gar nicht ihre eigene Ansicht sei, nicht angeführt? — Während er VII. 61 den Zeus als Vater des Perseus nennt, bezeichnet er VI. 53 als die richtige Art der Zählung (*ὀρθῶς*) die, bei welcher man den Gott weglässt (*τοῦ θεοῦ ἀπεόντος*). — Ebenso kann man die spätere Abfassung des Theiles der spartanischen Geschichten, der von VI. 61 ab gegeben ist, nachweisen. VII. 3 nennt Herodot den Demaratos den Sohn des Ariston. Das Zweifelhafte [1]) seiner Abstammung, wie es im sechsten Buche erzählt ist, kann er doch vorher noch nicht erwähnt gehabt haben. Im siebenten sagt er einfach: *ἐστερημένος τῆς ἐν Σπάρτῃ βασιληίης καὶ φυγὴν ἐπιβαλῶν ἑωυτῷ ἐκ Λακεδαίμονος*; dagegen hören wir VI. 67 er sei eines ihm zugefügten Schimpfes wegen aus Sparta geflohen, nicht als abgesetzter König, sondern später *μετὰ τῆς βασιληίης τὴν κατάπαυσιν ὁ Δημάρητος ἦρχε αἱρεθεὶς ἀρχήν*. Freilich ist das VII. 3 gesagte damit nicht im Widerspruch. Dareios nahm ihn freundlich auf und gab ihm Städte, davon ist VII. 104 auch nur eine Spur: *πατὴρ δὲ ὁ σός*, sagt Demaratos zu Xerxes, *ὑποδεξάμενος βίον τέ μοι καὶ οἶκον δέδωκε*, von Städten ist keine Rede. — Sophanes tödtet den Argiver Eurybates, einen Sieger im Pentathlon nach vorausgegangener Herausforderung, (IX. 75.) Noch einmal spricht Herodot von demselben Manne VI, 92, die Argiver führt Eurybates, *πεντάεθλον ἐπασκήσας ... ὁ στρατηγὸς Εὐρυβάτης μουνομαχίην ἐπασκέων τρεῖς μὲν ἄνδρας τρόπῳ τοιούτῳ κτείνει, ὑπὸ δὲ τοῦ τετάρτου Σωφάνεος τοῦ Δεκελέος ἀποθνήσκει.* An der ersteren Stelle kommt es Herodot doch wahrlich darauf an, den Dekeleer in ein recht günstiges Licht zu stellen, sein Sieg hätte gewiss an Bedeutung gewonnen, wenn man hier erfahren hätte,

---

[1]) VI. 65. 66 flgde. wirft Leotychidas dem Demaratos vor, er sei nicht der Sohn des Ariston; auch das delphische Orakel hatte dies bestätigt. Demaratos Bemühen, das Gegentheil zu beweisen, ist der Inhalt der nächsten Capitel.

dass Eurybates bereits drei andere besiegt hatte. Und Herodot hätte dieses λαμπρὸν ἔργον noch zu heben den blossen Rückweis unterlassen?

Für die Unabhängigkeit der Geschichte des ionischen Aufstandes spricht, wie schon mehrfach erwähnt, die Stelle V. 49, wo gleichfalls wie VII. 72. I. 72. 76 der hellenische Name der Kappadokier angegeben ist. Allein, dass die Darstellung des ionischen Aufstandes später abgefasst ist als die des Xerxeszuges, ergibt sich auch unschwer, und mit genügender Zuverlässigkeit. Für VII. 8_2 brauchen wir hier nicht zu unterscheiden, ob die darin enthaltene Rede authentisch ist oder nicht. Wenn nun Herodot, als er VII. 8_2 schrieb: πρῶτα μὲν ἐς Σάρδις ἐλθόντες ἅμα Ἀρισταγόρῃ τῷ Μιλησίῳ, wusste, dass dies nicht wahr sei; was er mit einer Deutlichkeit, die nichts zu wünschen übrig lässt, V. 99 sagt [1]), so musste er, wenn ihm eine Quelle vorlag, an deren Autorität zweifelhaft werden, und er konnte ihr nicht so einfach folgen, oder, wenn er die Rede erfand, konnte ihm ein solcher Verstoss nicht passiren, der ihn unmittelbar verrathen hätte. Es bleibt nur übrig anzunehmen, dass Herodot, als er die Stelle des siebenten Buches schrieb, das noch nicht wusste, was er hätte wissen müssen, wenn er V. 99 vor VII. 8_2 geschrieben hätte. Die mit besserer Quellenkenntniss geschriebene Partie ist auch die des fünften Buches und daher die Correctur in diesem Zusammenhange ganz entsprechend. Wenn also schon dieser Theil der Geschichten des ionischen Aufstandes sich als später abgefasst erweist, so muss dies vollends bei Zusätzen, die hiezu gemacht wurden, der Fall sein; und da spricht denn Herodot VII. 164 von Kadmos dem Sohne des Skythes und VI. 23. 24. ist gleichfalls von einem Skythes die Rede und hier weiss man in der That nicht einmal, ob dies derselbe ist oder nicht. Auch das Stück, welches zwischen dem Ende der Geschichten des ionischen Aufstandes und dem Anfange der Darstellung des ersten Perserkrieges liegt, ist später abgefasst, als die letzten drei Bücher. Die Summe nämlich, welche VII. 118

---

[1]) Charopinos und Hermophantos commandirten, und mit gewissem Nachdrucke corrigirend setzt unser Autor hinzu: αὐτὸς (Ἀρισταγόρης) μὲν δὴ οὐκ ἐστρατεύετο, ἀλλ' ἔμενε ἐν Μιλήτῳ, στρατηγοὺς δὲ ἄλλους ἀπέδεξεν.

angegeben wird, mit deren Aufwand Antipatros den Xerxes bewirthete, hätte für denselben ein noch grösseres Opfer scheinen müssen, wenn unser Autor hier beigefügt hätte, was VI. 46 steht, dass die Einnahmsquelle desselben die Bergwerke jährlich nur 200 höchstens 300 Talente abwarfen.

Es hat sich also gezeigt, dass die letzten Bücher keineswegs die zuletzt abgefassten sind, sondern vielmehr mit der Geschichte des ersten Perserkrieges, mit den persischen Geschichten in ihrer ursprünglichen Bearbeitung und etwa auch den samischen vielleicht gleichzeitig, keinesfalls aber viel früher oder später geschrieben sind; dass hingegen von den Einzelarbeiten Herodots die lydischen, skythischen und libyschen *λόγοι* und die Geschichte der Griechen bis auf die Perserkriege sowie die des ionischen Aufstandes und selbstverständlich auch die aegyptischen *λόγοι* später entstanden sind.

Es stellen sich aber diesem Resultate einige Stellen der letzten drei Bücher in der Weise entgegen, dass ihr Inhalt gerade eine recht späte Abfassung wahrscheinlich macht. Allein gerade diese, deren einige auch als Verweisstellen gegen die unabhängige Entstehung der Geschichte der Xerxeszuges zu sprechen scheinen, erweisen sich als spätere Zusätze, wie denn Herodot selber sagt, dass er zu seinem Werke derartige Hinzufügungen habe machen müssen, was wir in der That bisher bestätigt fanden: IV. 30 *προςθήκας* [1]) *γὰρ δή μοι ὁ λόγος ἐξ ἀρχῆς ἐδίζητο.* Und so wird sich denn zeigen, dass wir die drei letzten Bücher in nur scheinbar engen Zusammenhang mit den früheren gebracht finden. VII. 93 heisst es von den Karern: *οὗτοι δὲ οἵτινες πρότερον ἐκαλέοντο, ἐν τοῖσι πρώτοισι τῶν λόγων εἴρηται* und I. 171 sagt er in der That: *τὸ γὰρ παλαιὸν ἐόντες Μίνω τε κατήκοοι καὶ καλεόμενοι Λέλεγες*; allein Herodot hat gerade dieses Capitel, auf das er hier verweist, nicht gekannt, als er VII. 93 schrieb; denn hier erwähnt er nichts von

[1]) Dass dies Wort hier wirklich diese Bedeutung habe, hat Rawlinson not. ad IV. 30 erkannt, und der Vergleich der Stellen bei Stephanus Thesaurus s. v. Paris. Ausgabe p. 1930 b und Pape Benseler p. 751 a lehrt deren Berechtigung. Herodot selbst gebraucht *προσέθηκαν* IV. 139 in der Bedeutung hinzufügen, beisetzen.

drei Erfindungen der Karer: dem Helmbusch, den Schreckbildern oder Schildzeichen und dem Armriemen am Schilde, was ihm doch da, wo er über die Waffen und Rüstungen sich äusserst, hätte erwünscht sein müssen; er sagt nur: *τὰ μὲν ἄλλα κατάπερ Ἕλληνες ἐσταλμένοι, εἶχον δὲ καὶ δρέπανα καὶ ἐγχειρίδια.* Der Satz von *Οὗτοι* — *εἴρηται* ist daher späterer Zusatz. Noch ein zweites mal versuchte Herodot durch diese lose Anknüpfung die zum Schlusse nur wenig überarbeiteten drei letzten Bücher mit den 6 ersten zu verbinden: VII. 108 *ἐδεδούλωτο γάρ, ὡς καὶ πρότερόν μοι δεδήλωται, ἡ μέχρι Θεσσαλίης πᾶσα καὶ ἦν ὑπὸ βασιλέα δασμοφοφόρος Μεγαβάζου τε καταστρεψαμένου καὶ ὕστερον Μαρδονίου.* Das ist nun ausführlich erzählt am Anfange des fünften Buches und VI. 44. 45; allein diese Stelle passt da, wo sie steht, nicht in den Zusammenhang des Itinerars des Xerxes, und erweist sich daher als spätere Zuthat; es ist eine vorgreifende Bemerkung, da doch Xerxes noch in Doriskos steht. Im fünften Buche c. 22 sagt unser Autor: *Ἕλληνας δὲ εἶναι τούτους τοὺς ἀπὸ Περδίκκεω γεγονότας, κατάπερ αὐτοὶ λέγουσι, αὐτός τε οὕτω τυγχάνω ἐπιστάμενος, καὶ δὴ καὶ ἐν τοῖσι ὄπισθε λόγοισι ἀποδέξω, ὡς εἰσὶ Ἕλληνες.* Dieses Versprechen nun erfüllt Herodot VIII. 137—140, eine durchaus den Zusammenhang unterbrechende Partie, die ganz unvermittelt mit *τοῦ δὲ Ἀλεξάνδρου τούτου* anhebt und die Vorgeschichte des makedonischen Königshauses schildert; wir verbleiben in der That im Zusammenhange, wenn wir lesen: *τοῖσι δὴ πειθόμενος ἔπεμπε, ὡς δὲ ἀπίκετο ἐς τὰς Ἀθήνας.* Allein man glaube nicht etwa in der Zeit, als Herodot von V. 22 bis VIII. 137 arbeitete, sei ihm diese Kunde geworden; er schöpfte das, was er V. 22 sagt, geradezu aus der Kenntniss der drei letzten Bücher, die also schon geschrieben gewesen sein müssen. V. 22 nämlich sagt er: *Ἕλληνας δὲ εἶναι τούτους τοὺς ἀπὸ Περδίκκεω γεγονότας, κ α τ ά π ε ρ α ὐ τ ο ὶ λ έ γ ο υ σ ι, αὐτός τε οὕτω τυγχάνω ἐπιστάμενος,* dass er aber und sein Geschlecht Hellenen seien, behauptet Alexander gerade IX. 45: *αὐτός τε γὰρ Ἕλλην γένος εἰμὶ τὠρχαῖον.* Für eine Anzahl der nun folgenden Ausscheidungen von Theilen der drei letzten Bücher ist wesentlich der künstlerische Standpunkt der kritisch massgebende. Wir werden noch sehen, wie fein gegliedert die herodotische Darstellung ist, und ich will schon hier darauf hinweisen, dass IX. 121: *ταῦτα δὲ ποιήσαντες ἀπέπλωον* (die Athener) *ἐς τὴν Ἑλλάδα, τά τε ἄλλα χρήματα ἄγοντες καὶ δὴ καὶ τὰ ὅπλα τῶν γεφυρέων ὡς ἀναθήσοντες ἐς τὰ ἱρά* [1]), die Darstellung schliesst. Mit *τούτου δὲ τοῦ Ἀρταύκτεω* werden wir scheinbar zu etwas neuem hinübergeleitet, worüber wir aber nichts erfahren. Die im folgenden erzählte Geschichte beweist für uns gar nichts, als dass Artembares des Artayktes Ahne dem Kyros nahe stand, das hätte aber in der That Herodot IX. 116 sagen sollen, wo er von ihm nichts wusste, als er sei ein *ἀνὴρ Πέρσης*. An den Namen knüpft unser Autor noch eine Notiz an, die mit dem Ende der Darstellung durch einen Satz verbunden ist, der eigentlich gar nicht herodotisch ist: *καὶ κατὰ τὸ ἔτος τοῦτο οὐδὲν ἔτι πλέον τούτων ἐγένετο*; allerdings es kommt noch einmal ein solcher Satz bei Herodot vor VI. 42: *καὶ κατὰ τὸ ἔτος τοῦτο ἐκ τῶν Περσέων οὐδὲν ἔτι πλέον ἐγένετο τούτων ἐς νεῖκος φέρων Ἴωσι, ἀλλὰ τάδε μὲν χρήσιμα κάρτα τοῖσι Ἴωσι ἐγένετο τοῦτον τοῦ ἔτεος*; man meint ja Thukydides zu lesen, der nach Jahren schreibt. Aber gerade an dieser letzteren Stelle sahen wir (oben S. 124), dass Herodot eben aus Verlegenheit einen Anknüpfungspunkt zu finden so schrieb; ein gleiches Motiv scheint hier sehr begreiflich, wenn man sieht, wie diese beiden Erzählungen eigentlich so gar nichts mit einander zu thun haben und nun doch verbunden werden sollten. Herodot liebt überhaupt an die Nennung des Namens solche Zusätze zu knüpfen, so IX. 108—114 an Masistes. Ohne ein Wort zu ändern fügt sich der Schluss von 107: *τῇ ναυμαχίῃ φυγὼν ἀπίκετο*, an 114: *οἱ δὲ ἐκ Μυκάλης ὁρμηθέντες Ἕλληνες*. Wie hätte Herodot den uns nothwendigen und bedeutenden Zusammenhang so auffallend unterbrechen dürfen, um das, was nach des Masistes Tod erst bekannt sein konnte, zu erzählen. Gewiss nach letzterem dürfen wir annehmen, es liege uns hier ein aus späterer Kunde stammendes Stück vor [2]). Betrachten wir den Schluss des siebenten Buches, so ist ebenso gewaltsam ein

---

[1]) Vgl. Büdinger a. a. O. S. 5, Anm. 2.

[2]) Dass in dem nicht etwa eine Episode zu sehen sei, die Herodot als Ruhepunkte der Darstellung einzuflechten beliebt, wird sich noch bei Betrachtung einiger der letzteren zeigen.

Satz zerrissen und dazwischen eine den Zusammenhang unterbrechende Anekdote erzählt. Es schliesst sich: *οἱ μὲν δὲ ταῦτα ἐποίευν, τοῖσι ἐπετέτακτο ποιέειν* an VIII. 1 *οἱ δὲ Ἑλλήνων ἐς τὸν ναυτικὸν στρατὸν ταχθέντες ἦσαν οἵδε* und mit *ἄνειμι δὲ ἐκεῖσε τοῦ λόγου τῇ μοι πρότερον ἐξέλιπε* sagt Herodot nur, hier hole ich etwas nach, was ich früher vergessen habe; aber freilich ist das, durch wessen Verschulden, weiss ich nicht, an eine sehr unrichtige Stelle gekommen. Man hat dieses Capitel auch für eine Fälschung erklärt [1]), das massgebende war jedoch dabei stets die ungehörige Stelle, an der dasselbe steht, und dass dies gerade nicht zu befremden braucht, ist, glaube ich, gezeigt. VII. 139 ist ein Raisonnement über das im siebenten bis neunten Buche erzählte, ist eine Replik auf Vorwürfe, die man Herodot über seine Begünstigung der Athener machte, die doch eben nur nach Kenntniss der letzten drei Bücher gegen ihn erhoben werden konnten [2]). Allein diese Einschiebung ist so gut mit dem übrigen verbunden, dass Anfang und Ende ohne Veränderungen zu finden nicht angeht. VII. 214 bringt Herodot die Nachricht, es gäbe noch eine Angabe über das Ende desjenigen oder derjenigen, welche dem Xerxes den Weg über das Gebirge gezeigt hätten. Sie scheidet sich leicht aus: 213 *χρόνῳ δὲ ὕστερον, κατῆλθε γὰρ ἐς Ἀντικύρην, ἀπέθανε ὑπ' Ἀθηνάδεω, ἀνδρὸς Τρηχινίου* 215 *Ξέρξης δὲ ἐπεὶ* .... Es enthält nämlich diese Geschichte eine höchst merkwürdige Stelle: VII. 214 *τοῦτον αἴτιον γράφω*; das einzige mal, dass er in den letzten drei Büchern von *γράφειν* [3]) spricht, das stimmt nun sehr gut: bei einer späteren schriftlichen Redaction wurden solche Einfügungen gemacht. Damit verliert auch die versprochene und nicht mehr berichtete *αἰτία* des Todes des Ephialtes an beweisender Kraft in dem Werke einen Torso zu sehen. In der That ist ja Herodot diese Erzählung nicht glaublich; daher er sie erst bei einer späteren Ueberarbeitung der Vollständigkeit wegen nachholt. Für die folgenden Stellen hat

---

[1]) Vgl. Krüger n. ad l. S. 103 d. IV. Heftes, der auch sprachliche Bedenken hat.

[2]) Ueber die Begünstigung Athens in denselben vgl. das unten gesagte.

[3]) Wo Herodot sonst selbst spricht, gebraucht er *λέγω*.

im Gegensatz zu Kirchhoff, der sie als zum ganzen gehörig betrachtete, und so zur Ansicht der so späten Abfassung der letzten drei Bücher kam, G. Rawlinson [1]) zuerst richtig erkannt, dass es Zusätze späterer Zeit in den ursprünglichen Zusammenhang sind. Es setzen diese Angaben Herodots die Kenntniss von Ereignissen des peloponnesischen Krieges voraus, die Herodot zu haben allerdings in der Lage war, jedoch nicht in der frühen Zeit, in welche wir die Abfassung von VII—IX gerückt sehen, sondern nach seiner Rückkehr von Thurioi, falls nicht schon nach dieser Stadt selbst Nachrichten zu unseres Autors Kenntniss kamen. Durch Kirchhoff [2]) ist aber unzweifelhaft festgestellt, dass Herodot nach 433/2 abermals nach Athen kam, in welchem Jahre der Bau der Propylaeen, die V. 77 Herodot bei Angabe des Aufstellungsortes eines Weihegeschenkes vollendet kennt, in der That beendigt wurde. In c. 137 des siebenten Buches ist ein dem zweiten Jahre [3]) des peloponnesischen Krieges angehöriges Ereigniss erwähnt, das die Fortdauer der *μῆνις* des Talthybios darthun soll. Die Gesandten der Lakedaimonier Aneristos und Nikoleon werden von Sitalkes verrathen und mit Aristeas von Korinth in Athen hingerichtet. C. 138 *Ἡ δὲ στρατηλασίη κτλ.* ist der Zusammenhang mit *οὕτω ἡ Ταλθυβίου μῆνις καὶ ταῦτα ποιησάντων Σπαρτιητέων ἐπαύσατο, καίπερ ἀπονοστησάντων ἐς Σπάρτην Σπερθίεώ τε καὶ Βούλιος* mit Hinweglassung des *τὸ παραυτίκα* hergestellt. Ein anderes Ereigniss, wie Rawlinson (a. a. O. note ad l.) darthut, in das Jahr 431 gehörig bildet die Folie von IX. 73. Hier nehme ich die Ausdehnung der Einfügung so weit an als Rawlinson [4]) beginnend mit *οὕτω ὥστε* und werde dies näher zu begründen versuchen. Das folgende steht nämlich in einem eigenthümlichen Causalnexus zum vorhergehenden. Herodot sagt: Die Dekeleer haben in Sparta keine Abgaben zu leisten und erhalten den Vorsitz bei Festen, so dass auch in dem Kriege, der später zwischen

---

[1]) a. a. O. introd. essay. p. 21 n. 3 u. n. 6.

[2]) Abfassungszeit, S. 18.

[3]) Vgl. Thukydid. II. 67 ed. Krüger.

[4]) Bei der ersten Einschiebung nimmt Rawlinson einen weit grösseren Umfang an a. a. O. intr. ess. p. 26 note 6.

Athenern und Peloponnesiern ausbrach, die Lakedaimonier die ganze übrige Gegend verwüsteten, Dekeleia aber verschonten. Was soll nun das für eine Zeit sein: ἀτέλειά τε καὶ προεδρίη διατελέει ἐς τόδε αἰεὶ ἔτι ἐοῦσα (IX. 73), doch nicht die des Krieges der Athener und Peloponnesier, von der im folgenden mit οὕτω ὥστε eingeleiteten Satze die Rede ist, in der Dekeleia geschont wird? Natürlich ist der Zeitpunkt gemeint, als Herodot dies zum erstenmale schrieb und die folgende Notiz ist ohne eigentlichen Zusammenhang, so wie man nun liest, angefügt. Damit ergibt sich unmittelbar, dass Kirchhoffs [1]) Annahme über die Ausdehnung der Episode und seine Hypothese von der Unkenntniss einer Landessage von Dekeleia vor dem Ausbruch des peloponnesischen Krieges, durch welchen letzteren man auf den Ort erst aufmerksam wurde, nicht richtig sein kann, weil die letztere nicht haltbar ist. Tritt schon hier das notizenhafte der Einfügung zu Tage, so ist es auch gestattet derselben Kategorie die Stelle VII. 233, wo die Einschiebung beginnt mit τοῦ τὸν παῖδα, zuzurechnen. Der hier erwähnte Ueberfall von Plataiai [2]) fand statt im Sommer des Jahres 429 [3]).

Vergleicht man von den Einfügungen, die auf Ereignisse des peloponnesischen Krieges gehen, die im fünften und sechsten Buche mit jenen, die im siebenten bis neunten enthalten sind, so musste für die Stellen V. 77, VI. 91, und VI. 121—132 abgesehen von der ganz verwirrten Stelle VI. 98 behauptet werden, dass ihre Verwerthung eine dem Zusammenhang so entsprechende ist, dass durchaus eine neue Niederschrift und eingehende Ueberarbeitung gerade dieser Partieen des Werkes in Athen,

---

[1]) Abfassungszeit, S. 21.

[2]) Thukyd. II. 2 flgde.

[3]) Dass in VII. 235 die Einnahme Kytheras durch Nikias 424 als Folie nicht anzunehmen sei, hat Kirchhoff, Abfassungszeit S. 27 dargelegt. Als Herodot VII. 106 schrieb, lebte Artaxerxes noch, wie Kirchhoff (Abfassungszeit 25/26) gezeigt hat, jedoch warum der Zusatz VII. 114 erst im hohen Alter der Amestris geschrieben sein muss, sehe ich nicht ein. Kirchhoff ist natürlich geneigt so weit als möglich herabzugehen; aber γηράσασα kann auch inchoativ sein und heisst: „Als Amestris in die Jahre kam.“ Jedenfalls ist VII. 114 geschrieben vor III. 135, vgl. oben S. 131.

nicht früher als in dem Jahre 433/2 angenommen werden muss. Die hingegen ganz zufälligen Randnotizen entsprechende Art jener Anspielungen im siebenten bis neunten Buch schliesst eine solche Ueberarbeitung aus, und man wird sich denken müssen, Herodot habe diesen letzten Theil seines Werkes, ohne viel zu ändern nach der Umarbeitung des vorangehenden angefügt. Es ist in der That zu verwundern, dass man auf die grosse Schwierigkeit noch nicht aufmerksam wurde, die sich Kirchhoffs Ansicht entgegenstellt. Es wäre denn doch ein höchst merkwürdiger Zufall, wenn beispielsweise gerade als Herodot von Leontiades das betreffende schrieb, mindestens kurz vorher, die Nachricht von dem Tode seines Sohnes einlangte, und so dieses Zusammentreffen sich in allen Fällen, in denen Herodot solche Anspielungen machte, wiederholt hätte. Denkt man sich diese Notizen als Zusätze, als welche sie ihrer Natur nach sich erweisen, so fällt diese Schwierigkeit von selbst weg.

Und noch ein drittes lässt sich aus der Betrachtung des Xerxeszuges gewinnen, nämlich die Bestätigung der Ansicht, die letzten drei Bücher seien für athenisches Publicum geschrieben, was Herodot, da er sie daselbst vorlas, wie ich unten zu erweisen suche, berücksichtigen musste. Kirchhoff [1]) hat bei der von ihm angenommenen Vorlesung der dritthalb ersten Bücher auch zu sehen geglaubt, dieselben seien für Athener in Athen geschrieben. Dagegen hat bereits Büdinger [2]) gerechte Einsprache erhoben, und es bleibt davon als Thatsache allerdings nichts übrig, als dass diese Partie in Athen geschrieben ist.

Ich hoffe nun zeigen zu können, wie viel auffallender eine solche Tendenz den letzten drei Büchern zukommt. Es ist dies von allen denen bereits betont worden, die für Herodots Vorlesung eben diesen Theil seines Werkes annahmen. So hat denn auch Schöll [3]) dies beispielsweise schon für drei Stellen hervorgehoben. Vielleicht am augenscheinlichsten geht es aus IX. 39 hervor. Die Ausläufer des Kithairon gegen

[1]) Abfassungszeit 6. Bemerkungen 56.

[2]) a. a. O. S. 4 u. 5. Ich halte Büdinger's Ansicht für richtig, trotz der Argumentirung von Wilamowitz, wenn man dessen Berufung an den „guten Geschmack", (Hermes Bd. XII. S. 331. Anm. 11) so nennen darf.

[3]) Philol. X. S. 421. Für IX. 28. VIII. 143. VII. 138.

Plataiai zu nennen die Boioter Τρεῖς κεφαλαί, und um den Athenern dies verständlich zu machen, sagt er: Ἀθηναῖοι δὲ Δρυὸς κεφαλάς. Zwischen Sestos und Madytos ist ein rauher, in's Meer vorragender Fels gegenüber von Abydos, und um nun den Athenern dies näher zu rücken, erwähnt er VII. 33 des Artayktes Kreuzigung unter Xanthippos Commando; eine derartige Verdeutlichung eines Locales durch die That eines Atheners, konnte doch nur für dessen Landsleute geschrieben sein, und nur von ihnen verstanden werden. Herodot hat schon in seiner eigenen Zeit den Vorwurf erfahren, dass er die Athener zu sehr in den Vordergrund gestellt habe, weshalb er später das apologetische Capitel 139 des siebenten Buches einfügte, ganz abzusehen von dem gleichen Vorwurf, den Plutarch in der Schrift περὶ κακοηθείας gegen ihn erhob. Wie musste sich jeder Athener fühlen, wenn er die Partie VII. 140—188 etwa hörte oder las, wie Athen es war, das bei der Gesinnungsverschiedenheit der Griechen trotz der üblen Orakelsprüche und durch die ausgesandten Späher bekannt mit den ausserordentlichen Vorbereitungen der Perser gegen sie doch den Impuls zur Vertheidigung gab; um wie viel steigt noch sein Verdienst, wenn man dann erfährt, wie Gelon, die Korkyraier und Kretenser, dieser hohen Gesinnungen unfähig, die Unterstützung verweigern. Diese Stadtbevölkerung fasst den heroischen Entschluss, ihre Stadt zu verlassen, Weiber, Greise und Kinder auf die Inseln in der Nähe und nach Troezen zu bringen; in der That Herodot brauchte diese Thatsachen nur zu erzählen, um in anderer Griechen Herzen das Gefühl des Neides um so grossen Ruhm zu erwecken.

Beweisender aber für meine Behauptung sind Erwähnungen Athens bei kleineren Anlässen und Detailangaben. VII. 51 Kyros hat alle Ioner unterworfen, nur die Athener nicht, VII. 182 das Schiff des Atheners Phormos allein von den drei Wachtschiffen entrinnt den Persern. VII. 203 die Athener schützen das Meer, während der Schlacht im Engpass von Thermopylai, VIII. 21 sind es die Athener zuletzt von allen betheiligten, die den Kampfplatz von Artemision verlassen; bei eben dieser Schlacht haben sie edelmüthig auf das Commando verzichtet (VIII. 3). Sie belohnen den Lemnier Antidoros den einzigen, der von den Persern überging (VIII. 11); der Muth der Griechen wird wieder gehoben, als 35 attische Schiffe zu Hilfe kommen (c. 14). Am meisten in der Schlacht zeichnen sich auch die Athener unter ihnen Kleinias aus (c. 17), von letzterem wird, um ihn zu rühmen, etwas sehr überflüssiges berichtet, er habe nämlich eine Triere mit 200 Mann ausgerüstet, was ja doch als Leiturgie ganz selbstverständlich ist.

Wieder sind es die Athener (VIII. 42), die zur Schlacht von Salamis die meisten und besten Schiffe stellen; man denke nun, dass man sich in Athen doch bewusst sein musste, dass gerade die eigene Seemacht es gewesen, auf deren Basis die Symmachie des Aristeides entstanden war, und man wird die zündende Wirkung der Darstellung der ersten Bewährung dieser Flotte im Perserkriege zu würdigen verstehen, zugleich aber sich sagen müssen, dass diese so beabsichtigte Pointirung doch für andere Zuhörer oder Leser verloren gehen musste.

IX. 105 wird ebenfalls ein Factum erwähnt, das Athener speciell interessiren musste; Herodot sagt ihnen, ihr Landsmann Hermolycos sei später umgekommen und liege am Geraistos begraben, eine beiläufige Bemerkung, die Nichtathenern ganz gleichgiltig sein musste. Nach der Schlacht bei Salamis wendet sich Themistokles, da er die übrigen Griechen nicht dahin bringt die Perser zu verfolgen, an die Athener, VIII. 109. Vollends die Antwort der Andrier in c. 111, wer konnte im Jahre 480 sagen: *ὡς κατὰ λόγον ἦσαν ἄρα αἱ Ἀθῆναι μεγάλαι τε καὶ εὐδαίμονες καὶ θεῶν χρηστῶν ἥκοιεν εὖ*, Athen existirte doch gar nicht nach der Salamisschlacht; allerdings 15 Jahre später, da war das wichtig und liessen sich die Athener gewiss gerne sagen, dass es so schon nach der Salamisschlacht gewesen war; aber dass unser Herodot sich derartiges zu Schulden kommen lässt, ist eine nicht angenehme Beobachtung, um so weniger als sie nicht vereinzelt ist.

Wenn Herodot mit Behagen darstellt VIII. 140, wie Athen so recht eigentlich der Mittelpunkt geworden ist, wie die Gesandten der Perser und der Lakedaimonier um seinen Beitritt sich bewerben, und die Versammlung in hochherzigen Worten die angebotene Freundschaft der Barbaren zurückweist, so ist dies den Verhältnissen entsprechend und gewiss berechtigt.

Aber VIII. 10 widerspricht er sich selbst, wenn er behauptet: *Ἀθηναίων γὰρ αὐτοῖσι* (den Persern) *λόγος ἦν πλεῖστος ἀνὰ τὰ στρατόπεδα*, während aus dem Gespräche des Demaratos mit Xerxes hervorgeht, dass man auf die Lakedaimonier am meisten hielt (VII. 234); und nicht etwa erst nach ihrem Heldenkampf in den Thermopylen: schon VII. 218 vor dem Zusammenstoss fürchtete Hydarnes die Phoker seien Lakedaimonier. Was sollte es denn doch heissen, wenn VIII. 142 die Spartaner in ihrer Rede von den Athenern sagten: *οἵτινες αἰεὶ καὶ τὸ πάλαι φαίνεσθε πολλοὺς ἐλευθερώσαντες ἀνθρώπων*; auch das hörte sich in Herodots eigener Zeit sehr schön an, war aber für die Ereignisse vor der Schlacht von Plataiai nicht wahr. Sind diese letzten Beobachtungen auch nicht geeignet, die Authenticität der betreffenden Reden zu erweisen, so sind doch auch diese, und vielleicht nicht am wenigsten im Stande die Richtigkeit des früher aufgestellten Satzes zu erweisen.

Wir sehen also diese letzten drei Bücher in einer frühen Zeit geschrieben und speciell für Athen geschrieben, und da tritt denn eine Bestätigung ein, wie sie erwünschter nicht gedacht werden kann, in der Nachricht von einer Vorlesung, die Herodot in Athen gehalten habe. Ueber dieselbe sind bisher höchst widersprechende Ansichten aufgestellt worden. Während Dahlmann [1]) sich nur ganz unbestimmt über dieselbe äussert, liess C. G. L. Heyse [2]) zum erstenmale, soviel ich sehe, auf die Frage sich näher ein und handelt darüber in seinem dritten Capitel [3]). Er betrachtet als das für diese Vorlesung geeignetste in dem uns erhaltenen Werke die Geschichte der Perserkriege; also etwa einen Theil des VI. und das VII—IX. Buch. Ganz

---

[1]) Forschungen auf dem Gebiete der alten Geschichte II.₁ Herodot, aus seinem Buch sein Leben, Altona 1823. S. 33: „Wie es sich auch mit der von ihm (Plutarch) erzählten Vorlesung verhalte."

[2]) De Herodoti vita et itineribus, dissert. inaug. Berol. 1826. Recensirt Jenaer Literaturzeitung Octob. 1828. Nr. 87. S. 49 flgde. Der Recensent verwirft die Vorlesung in Athen und meint S. 53 zur Stelle des Plutarch, ohne auf Eusebios Rücksicht zu nehmen, die Geschichte der Vorlesung und der Belohnung habe sich entwickelt aus der Beobachtung, dass Herodot in der Geschichte der Perserkriege Athen in den Vordergrund stelle.

[3]) a. a. O. de recitatione Athenis habita S. 50 sqq.

seiner Ansicht folgt Bähr [1]) in den seiner Herodotausgabe beigefügten Excursen.

Hüllmann [2]) ist der Ansicht, Herodot habe in demselben Jahre 444 in Olympia und in Athen seine Vorlesung abgehalten; dagegen C. Fr. Hermann [3]) geneigt ist, unseren Autor erst nach 412, nach der Niederlage der Athener auf Sicilien in Athen vorlesen zu lassen; dazu bestimmt ihn unter anderem auch die Erwähnung von Ereignissen aus dem peloponnesischen Kriege in den drei letzten Büchern, wiewol er nicht gerade mit dieser Beschränkung sich die Geschichte der Perserkriege vorgelesen denkt. G. Lahmeyer [4]), dessen Abhandlung über die Schrift Plutarchs de malignitate Herodoti allerdings andere Fragen behandelt, kommt dabei auch auf Herodots Vorlesung in Athen zu sprechen. Er folgt Heyse, indem er die Perserkriege als deren Stoff bezeichnet; allein da er an der Vorlesung zu Olympia als einer Thatsache festhält, so ergeben sich ihm Schwierigkeiten für die Angabe des Eusebios bezüglich des Zeitansatzes, und er meint schliesslich, dass sie einige Jahre vor der Niederlage der Athener in Sicilien stattfand: „Quamquam accuratius quidem tempus definire non possum."

Es folgten hierauf die Abhandlungen von Schöll, von denen die eine sich dahin ausspricht, dass Herodot zuerst die Geschichte der Perserkriege schrieb, die der Verfasser als unmittelbare Fortsetzung des Proömium betrachtet; durch die übrigen Theile sei dieser Zusammenhang unterbrochen worden. Er denkt sich Herodot dies schreibend auf Samos und die Autopsie griechischer Locale, die er anzunehmen gezwungen ist, wird durch Ausflüge dahin erklärt. Auf die beigebrachten Begründungen ist nicht weiter einzugehen. Später determinirt er dies dahin, dass er auch die Vorgeschichte des Xerxeszuges als vorgelesen annimmt und zwar vom Ioneraufstande an, der wieder eine Einflechtung persi-

---

[1]) Herodoti Musae 1835. vol. IV, p. 348.

[2]) Griechische Denkwürdigkeiten, Bonn 1840, S. 171.

[3]) Bei Bähr a. a. O. vol. II. p. 661.

[4]) De libelli Plutarchei, qui de malignitate Herod. inscribitur et auctoritate et auctore, Göttingen 1848, p. 52 sqq.

scher Geschichten von der Erhebung der Dareios an enthalten musste, und er sucht diese Annahme mit einigen Gründen zu stützen. Da die Alkmaionidengeschichte genau auf die Epoche passe, so sei nach Abschluss des 30jährigen Friedens 445 die Vorlesung anzusetzen, was bei Eusebios bestätigt werde. Der englische Uebersetzer Herodots George Rawlinson [1]), der diese seine Ausgabe mit höchst werthvollen Noten, unterstützt von seinem Bruder Sir Henry Rawlinson und dem verstorbenen Gardener Wilkinson versehen hat, scheint geneigt eine Vorlesung Herodots, trotz der sich ihm ergebenden Schwierigkeiten anzunehmen. A. Kirchhoff [2]) kommt zu dem Resultate, dass Herodot die ersten Bücher, bis III. 119 incl. mindestens, zwischen 449 und 442 Anfang in Athen ausgearbeitet und wahrscheinlich dort vorgelesen habe. Stein [3]) wendet sich in der Einleitung zu seiner Schulausgabe mit einfacher Negirung gegen Kirchhoff, dem er „eine Reihe sehr unsicherer und zum Theile unrichtiger Annahmen" vorwirft und dessen Unternehmen er als missglückt bezeichnet; jedoch die Vorlesung in Athen hält er für wahrscheinlich [4]) und meint, dass gewisse abgeschlossene Theile, verarbeitete Reiseberichte ohne Zusammenhang vorgelesen wurden. Im übrigen fand Kirchhoffs Ansicht ziemlich allgemeine Zustimmung. Büdinger [5]) hingegen kehrt mit andeutenden Begründungen zu der Anschauung zurück, dass es die Geschichte der Perserkriege war, die Herodot in Athen vorlas; modificirt jedoch dies mit Rücksicht auf die bei Rawlinson angeführte Beobachtung bezüglich des Anfanges des VII. Buches dahin, dass er es auf die drei letzten Bücher mit gewissen nöthigen Auslassungen beschränkt. Abicht [6]), der letzte Herausgeber

---

[1]) History of Herodotus 2nd edition. London 1862 vol. I. introd. essay pag. 13.

[2]) Abfassungszeit, S. 10 u. nachträgl. Bemerkungen dazu, S. 56, wo noch näher 445—443 als Zeitpunkt fixirt ist.

[3]) Herodotos 4. Aufl. Berl. 1877, Vorrede. p. XXII.

[4]) p. XXIII.

[5]) a. a. O. S. 5.

[6]) Herodot für den Schulgebrauch erklärt. 1874. S. 14. Auch die ältere Ausgabe: Herodoti historiae. vol. II, Lipsiae 1869 enthält nichts neues für unsere Frage.

Herodots endlich statuirt, ohne auf die hier obwaltenden Meinungsunterschiede einzugehen, in seiner Vorrede, die Vorlesung Herodots in Athen und enthält sich, obwol ihm die letztgenannte Arbeit bekannt ist [1]) jedes Urtheiles.

Es muss vor allem darauf Gewicht gelegt werden, ob die Nachrichten, welche uns über eine Vorlesung Herodots in Athen berichten, Glauben verdienen, und dies um so mehr, da dieselben mehrfach angezweifelt sind. Es liegen uns zweierlei Ueberlieferungen vor: eine bei Eusebios, die andere bei Plutarch. Unter den wahrscheinlich aus Julius Africanus geschöpften Angaben des Eusebios [2]), wie sie uns als Fragmente bei byzantinischen Chronographen erhalten sind [3]), findet sich zu Ol. 83_4 Ἡρόδοτος ἱστορικὸς ἐτιμήθη παρὰ τῆς Ἀθηναίων βουλῆς ἐπαναγνοὺς αὐτοῖς τοὺς βίβλους. Dies übersetzt Hieronymos [4]) zum selben Jahre: Herodotus cum Athenis libros suos in concilio legisset, honoratus est. Die besten Lesearten des Armeniers [5]) haben zu Ol. 83_3 Erodotus Athenis libros legens honoratus est; einer der codices hat librum [6]), und einer setzt das Ereigniss Ol. 83_4 [7]).

Ueber die Auslegung dieser drei Stellen sind diejenigen, welche sich neuerer Zeit mit Herodot beschäftigte haben, verschiedener Ansicht, so sagt z. B. George Rawlinson [8]), es sei die Nachricht vorzuziehen, welche auf Ol. 83_4 laute und fügt bei [9]), dass dies am Feste der grossen Panathenaeen gewesen

---

[1]) a. a. O. S. 10. Anmerkung, ist dieselbe blos citirt.

[2]) Eusebi Chronicorum canonum quae supersunt lib. II ed. Schöne vol. II.

[3]) Synkellos 470. 19. ed. Dindorf. bei Schöne p. 106 Z. 31—33.

[4]) p. 107. Z. 16 a. a. O.

[5]) Schöne, p. 106. Z. 9 u. 10.

[6]) Die Handschr. N nach Schöne, von ihm zuerst benützt, von P. Nerses 1856 in Tokat gefunden; bei den Mechitaristen in Venedig befindlich. — Die Leseart ist nicht ohne Bedeutung.

[7]) Wie Hand: Hall. Encycl. II.$_6$ S. 381_2 dazu kommt von einer Angabe auf 84_1 zu sprechen, kann ich nicht einsehen.

[8]) a. a. O. Intr. Essay p. 13. n. 1.

[9]) note 2, dass diese Annahme unmöglich richtig ist, wird das folgende ergeben.

sei. Kirchhoff [1]) hält diese für eine der verbürgtesten Nachrichten aus Herodots Leben; allein es scheint ihm nicht gerathen, mit Scaliger [2]) diese Vorlesung in den musischen Agon der grossen Panathenaeen zu verlegen; er sieht in den Quellenstellen keine Berechtigung hiezu und meint, Herodot habe sein Werk durch zufällige Vorträge in's Volk bringen wollen. Die andere Nachricht ist bei Plutarch: *περὶ κακοηθείας τοῦ Ἡροδότου* [3]). Gelegentlich der Schlacht von Marathon wird Herodot Parteilichkeit für die Athener und Gehässigkeit gegen die Spartaner vorgeworfen und emphatisch äussert sich der Verfasser: ein Mensch wie Herodot wolle griechische Geschichte schreiben und hauptsächlich attische betreiben und wisse nichts von dem Festzug, den noch zu seiner (Plut.) Zeit die Athener in Agrai feiern um der Hekate für den Sieg zu danken. Dieses Vergessen entschuldige Herodot einigermassen gegenüber dem Vorwurf, dass er von den Athenern, weil er ihnen geschmeichelt, Geld bekommen habe: *εἰ γὰρ ἀνέγνω ταῦτ' Ἀθηναίοις, οὐκ ἂν εἴασαν, οὐδὲ περιεῖδον ἐνάγειν τὸν Φειδιππίδην παρακαλοῦντα Λακεδαιμονίους ἐπὶ τὴν μάχην, ἐκ μάχης γεγενημένον, καὶ ταῦτα δευτεραῖον εἰς Σπάρτην ἐξ Ἀθηνῶν (ὥς αὐτός φησι) ἀφίγμενον· εἰ μὴ μετὰ τὸ νικῆσαι τοὺς πολεμίους Ἀθηναῖοι μετεπέμποντο τοὺς συμμάχους· ὅτι μέντοι δέκα τάλαντα δωρεὰν ἔλαβε ἐξ Ἀθηνῶν, Ἀνύτου* [4]) *τὸ ψήφισμα γράψαντος, ἀνὴρ Ἀθηναῖοις οὐ τῶν παρημελημένων ἐν ἱστορίᾳ Διύλλος εἴρηκε.*

Gehen wir den Ueberlieferern nach, so ist Diyllos ein auch sonst bekannter Autor, der Ol. 112—122 blühte [5]), er konnte allerdings die Schätze des Metroons in Athen benützen [6]) oder aus der Atthis des Hellanikos schöpfen, falls dieser darüber berichtete, und schliesslich gab es noch andere attische Chroniken.

---

[1]) Abfassungszeit p. 10/11.

[2]) Scaliger animadversiones zu Eusebios p. 97.

[3]) Plutarchi moralia ed. Wyttenbach, Oxford 1795 vol. IV.

[4]) Dieser Mann mit dem Ankläger des Socrates identificirt hatte C. Fr. Herrman a. a. O. dahin gebracht die Vorlesung nach 412 anzusetzen; es liegt aber gar kein Grund dazu vor.

[5]) Müller fragmenta hist. graec. II. 360.

[6]) Worauf es Kirchhoff Abfassungszeit S. 11 ankömmt.

Aus Diyllos kam die Nachricht in Plutarch. Es ist bestritten worden [1]), dass Plutarch der Verfasser der Schrift über Herodots Bosheit sei, in der That hat aber Gustav Lahmeyer [2]) bis zur Evidenz die Nichtigkeit dieser Bedenken dargethan, gleichwol spricht z. B. Rawlinson stets von einem Pseudo-Plutarch, so oft er auf diese Schrift kommt [3]).

Hieronymos hat sich in der Uebersetzung geirrt, indem er die Vorlesung vor die βουλή verlegte, es ist dies vielmehr beim Synkellos richtig so, dass die βουλή die Behörde ist, welche, um einmal Plutarchs Angabe zu verbinden, unserem Autor 10 Talente gab. Nach gewöhnlichem Sprachgebrauch [4]) bedeutet βουλή in Athen den Rath der 500, nur sehr selten den Areopag; das Amt, welches derselbe hier ausübt, ist: einem Historiker für Vorlesung seiner Schrift eine Belohnung zuzuerkennen. Als finanzielle Behörde Athens hatte der Rath der 500 nicht nur das Recht dies zu thun, sondern wenn die Thatsache richtig ist, kann nur der Rath der 500 diese Belohnung ertheilt haben [5]). Betrachten wir nun, um über die vorliegenden Angaben ein Urtheil zu bekommen, einige analoge Fälle [6]). Demokedes, der berühmte Arzt, bekam nach Herodots [7]) eigener Angabe in Athen jährlich etwa 2500 Thaler, 100 Minen attisch. Nach einer allerdings jungen Inschrift [8]) bekamen 3 Auleten, 3 Tragöden und 3 Komiker ausser Verpflegung 50 korinthische Minen [9]), etwas über 833 Thaler, daher 91 Thaler durchschnittlich. Wie sehr aber Uebertreibungen gerade bei solchen Angaben von späteren Autoren beliebt wurden, liest man nur zu häufig. Nach Athenaios [10]) — die Nachricht stammt

[1]) Von Bähr: Pauly, Realencyklopädie s. v. Herodotus.

[2]) De libelli Plutarchei, qui de malignitate Herodoti inscribitur et auctoritate et auctore, Göttingen 1848.

[3]) a. a. O. vol. I. introd. essay. p. 13.

[4]) Vgl. Stephanus Thesaurus und Pape Benseler. s. v.

[5]) Boeckh: Staatshaushalt der Athener. I. Bd. II. B. c. 3.

[6]) Vgl. Böckh. I. Bd. B. 1. c. 21.

[7]) Herod. III. 131.

[8]) C. I. G. vol. II. Nr. 1845.

[9]) Umgerechnet nach Hultsch griech. u. röm. Metrologie, S. 260.

[10]) Athenaeus XIV. 623 d. Teubnerische Ausgabe erzählt von einem

aus Aristeas: τὰ περὶ κιθαρῳδῶν — soll der Kitharöde Amoibos für ein jedesmaliges Auftreten 1 Talent bekommen haben. Plutarch berichtet noch einmal über eine solche Belohnung [1]): die Schauspieler Polos und Aristodemos sollen für ein jedesmaliges Auftreten ein Talent bekommen haben.

Man kann sich von Hesychius Milesius [2]) versichern lassen und Suidas [3]) hat es ihm auch abgenommen, dass der Dichter Choirilos von Archelaos einen Stater in Gold per Zeile bekommen habe. Am Panathenäenfeste, an dem doch gewiss die Kosten nicht gescheut wurden, gab es auch Belohnungen und eine Anzahl derselben ist inschriftlich sicher. So sind einmal [4]) nach Böckhs Herstellung folgende Ansätze: der erste Kitharöde erhält mit Einschluss des Kranzes 2500, der fünfte 300 Drachmen, die zwischenliegenden daher wahrscheinlich 1200, 600 und 400; der erste Flötenspieler 300, der zweite 100 Drachmen.

Mommsen [5]) citirt eine andere Inschrift, nach welcher der erste Preis im Kitharspiel ein Kranz im Werthe von 1000 Drachmen war und 500 Drachmen baar [6]). Und Herodot sollte nun nicht weniger als 15717½ Thaler bekommen haben, um einmal bei Kirchhoffs Annahme zu bleiben zwischen 446 und 444; und im Jahre 406 bekommen die Arrangeure des Panathenäenfestes, die Athlotheten [7]), alles in allem 5 Talente 1000 Drachmen?

Vergegenwärtigen wir uns den Weg, den diese Nachricht

Kitharöden Amoibos, der zu seiner Zeit gelebt, also etwa Commodus Zeit, wo Belohnungen wol ziemlich hoch sein mochten, und er hält diesen Zeitgenossen für einen ebenso trefflichen Künstler als den alten, ὅν φησι Ἀριστέας, ἐν τῷ περὶ κιθαρῳδῶν ἐν Ἀθήναις κατοικοῦντα καὶ πλησίον τοῦ θεάτρου οἰκοῦντα, εἰ ἐξέλθοι ᾀδόμενος τάλαντον ἀττικὸν τῆς ἡμέρας λαμβάνειν.

[1]) Vita decem oratorum p. 268 der Tübinger Ausgabe.

[2]) Fragm. 7 bei Müller frag. hist. graec. V. IV. p. 177. a.

[3]) Suidas s. v. Choirilos ed. Bernhardy p. 1691, Bd. II 2.

[4]) Da Pittakis: l'ancienne Athènes mir nicht zugänglich war, so citire ich nach Mommsen Heortologie p. 382 dieses Werkes.

[5]) Griechische Heortologie v. Aug. Mommsen, S. 139.

[6]) Vgl. noch über öffentliche Belohnungen Lysias XXI. 1. bei Sauppe orat. Attici, p. 121 und Andokides, ibid. p. 356.

[7]) Böckh, Staatshaushalt I. Bd. II. B. c. 12.

machte vom Steine im Metroon in Diyllos, von diesem in Plutarch, wobei uns freisteht noch eine Reihe von Mittelspersonen weiters anzunehmen, und es wird wol überflüssig sein, eine Conjectur, sei es epigraphischer, sei es palaeographischer Natur zu machen.

Fragen wir nun noch bei der Verschiedenheit der vorliegenden Zeitbestimmungen nach der wahrscheinlicheren derselben, so muss folgende Erwägung massgebend sein: es ist nicht wahrscheinlich, dass diese Vorlesung während des Krieges stattfand, man sieht doch, dass wesentlich die heldenhafte Betheiligung Athens und Spartas an dem Befreiungskampfe der Gegenstand der Vorlesung war, das vorzutragen war aber erst nach dem Abschluss des 30jährigen Friedens möglich. Dieser hatte stattgefunden um den Anfang des Jahres 445 [1]), nach diesem Datum also kann die Vorlesung angesetzt werden.

Noch bleibt zu erwähnen die Vermuthung Scaligers, die Vorlesung habe am Panathenäenfeste stattgefunden. Die grossen Panathenäen waren nach Harpokration [2]) ein pentaëterisches Fest und wurden regelmässig begangen, wie denn noch Demosthenes in der ersten philippischen Rede [3]) dies den Athenern vorhalten konnte.

Man könnte vermuthen, dass im Falle ein äusserer Krieg drohte, die mit so grossen Feierlichkeiten verbundenen Panathenäen verschoben wurden; es ist in der That nicht bekannt, wie es im Jahre der Pest in Athen gehalten wurde, allein für ein anderes Jahr aus dem peloponnesischen Kriege sind wir aus Thukydides unterrichtet. Fasst man die Stelle V. 47 so, wie sie Unger [4]), ich glaube richtig, erklärt, so sieht man, dass die gegebene Bestimmung auf Erneuerung eines Bundes von

---

[1]) Schäfer: De rerum post bellum persicum gestarum .... temporibus. Bonn 1865. S. 24.

[2]) Harpocration lexicon ed. Maussac, Paris 1614, p. 228, s. v. *Παναθήναια*.

[3]) Philipp. A, §. 50. 3. ed. Rhedanz.

[4]) Unger: Der attische Kalender während des peloponnesischen Krieges. Sitzungsber. der phil. philolog. histor. Klasse der k. bair. Akademie. 1875. S. 35 flgde.

den Panathenäen und Olympien aus doch nur fixirt werden konnte, wenn dies eben feststehende Ereignisse waren, so etwa wie unsere Osterfeier oder ein anderes kirchliches Fest auch jederzeit gefeiert wurde und gefeiert wird. Es liegt daher, (denn Thukyd V. 47 setzt voraus, dass im dritten Olympiadenjahre die Panathenäen gefeiert werden), kein Grund vor, zu zögern die pentaëterische Reihe herzustellen, da man noch zwei Anhaltspunkte hat: ein inschriftlich [1]) bezeugtes Panathenäenfest und ein durch Lysias zeitgenössische [2]) Aufzeichnung gesichertes. Die grossen Panathenäen wurden daher auch in unserem Falle Ol. 83_3 gefeiert, (Sommer 446/5); um den 1. Januar 445, also noch Ol. 83_3 ward der dreissigjährige Friede geschlossen, die Panathenäen waren bereits vorüber und da die Mehrzahl unserer Angaben bei Eusebios auf Ol. 83_4 lautet, so glaube ich es am besten so zu halten, dass ich annehme zwischen Sommer 445 und Sommer 444 habe diese Vorlesung stattgefunden, ohne dass ich näher die Gelegenheit, bei welcher man Herodot vortragen liess (etwa die kleinen Panathenäen) bezeichnen möchte. Noch eines erklärt sich nämlich dadurch ganz leicht; es existirt eine Nachricht [3]), die für die ältere Feier des Panathenäenfestes unzweifelhaft lässt, dass Homer im alleinigen Besitz des musischen Agon [4]) war, so dass es eines förmlichen Volksbeschlusses [5]) bedurfte, dass Choirilos von Samos seine Dichtung

---

[1]) C. I. G. Nr. 251. Ol. 110_3, Archon Chairondas.

[2]) Lysias XXI. 1, Sauppe orat. Att. p. 121. Ol. 92_3, Archon Glaukippos.

[3]) Lycurgus in Leocraten §. 102 Sauppe orat. Att. p. 392: *οὕτω γὰρ ὑπέλαβον ὑμῶν οἱ πατέρες σπουδαῖον εἶναι ποιητὴν, ὥστε νόμον ἔθεντο καθ᾽ ἑκάστην πεντετηρίδα τῶν Παναθηναίων μόνου τῶν ἄλλων ποιητῶν ῥαψῳδεῖσθαι τὰ ἔπη;* Lykurg lebte 386—328 a. Ch. Ich denke mir nämlich, falls Herodot an den Panathenäen vorgetragen hätte, müsste eine ähnliche Rhapsodirung angenommen werden.

[4]) Vgl. Mommsen a. a. O. S. 138.

[5]) Die Nachricht ist bei Hesychios Fragm. 7. Nr. 75. vol. IV. p. 177 a bei Müller a. a. O. Suidas benützt s. v. (Bernhardy II_2 p. 1691) diese Notiz, wie Naeke: Choerilus, Leipzig 1817, p. 51 dargethan hat. *Χοιρίλος, Σάμιος ποιητὴς ἔγραψε τὴν Ἀθηναίων νίκην κατὰ Ξέρξου ...... σὺν τοῖς Ὁμήρου ἀναγιγνώσκεσθαι ἐψηφίσθη.*

Perseis vortragen durfte. Choirilos [1]) ist beiläufig 70 Jahre alt geworden und Ol. 94_3 bei Archelaos gestorben, 93 Ende und 94 Anfang mit Lysander gewesen, ungefähr Ol. 77 geboren, etwa 12 Jahre jünger als Herodot, er floh etwa Ol. 81_4 von Samos [2]). Er wird also, nachdem er von Herodot angeregt worden sein soll und auch jünger war, thatsächlich später bei den Panathenäen aufgetreten sein, und es wäre nicht einzusehen, wenn Herodot schon Ol. 83_3 seinen Vortrag gehalten hätte, warum dann bei Choirilos mit solchem Aplomb überliefert worden wäre, er habe nur nach Volksbeschluss neben Homer seine Perseis vortragen dürfen. Die Vorlesung in Athen wird noch bestätigt, leider nur von einem schlechten Gewährsmann von Lukian [3]); die Mittheilung der *μάχαι Περσικαί* verlegt er aber nach Olympia. Dass die ganze Vorlesung dort fingirt sei, hat nach längerer Controverse, seit Dahlmann sie bestritt, Schöll endgiltig bewiesen [4]). Wenn daher in dieser erwünschten Weise die aus der inneren Kritik gewonnenen Resultate durch Nachrichten von aussen bestätigt werden, so ist uns damit eine neue Gewähr für deren Richtigkeit gegeben und erübrigt nur noch zu zeigen, dass diese letzten drei Bücher den Anforderungen,

---

[1]) Naeke l. c. p. 27 sqq. c. II. und III.

[2]) Bei Suidas s. v. Choirilos findet sich folgende Nachricht: *φυγεῖν τε ἐκ Σάμου καὶ Ἡροδότῳ τῷ ἱστορικῷ παρεδρεύσαντα λόγων ἐρασθῆναι οὗτινος αὐτὸν καὶ παιδικὰ γεγονέναι φασί.* Naeke, p. 28 meint: Herodoti discipulus vel quod malo auditor factus est et deliciae. Diese von Suidas selber mit Vorbehalt gegebene Nachricht ist wol nur eine Schlussfolgerung aus dem *εὐειδῆ πάνυ τὴν ὥραν.* Es spielen bekannte Motive herein: beide flüchtig, (Herodot von Halicarn. Choirilos von Samos) Choirilos von Herodot angeregt ähnlich wie Thukydides in der Anekdote bei Suidas (ed. Bernhardy I_2, p. 1194 s. v. Thuk; wie Rawlinson: Herodotus introd. essay p. 15 nachweist, aus Marcellinus vit. Thuk. §. 54. ed. Krüger *Θουκυδίδου συγγραφή* Berlin 1860, S. 194, vgl. Suidas, s. v. *ὀργᾶν* II 1. p. 1148). Eine Einwirkung Herodots mag immerhin stattgefunden haben.

[3]) Lukian ed. Jacobitz, Teubner 1852, p. 391. c. 1. *τὸ μὲν οὖν περινοστοῦντα νῦν μὲν Ἀθηναίοις νῦν δὲ Κορινθίοις ἀναγιγνώσκειν* .... vgl. c. 2. a. a. O. p. 392. *Ἡρόδοτος ὁ τὰς μάχας τὰς Περσικὰς Ἰαστὶ συγγεγραφώς, ὁ τὰς νίκας ἡμῶν ὑμνήσας* und c. 7. a. a. O. p. 393 *τὰς Ἑλληνικὰς νίκας διεξιόντα ὡς ἐκεῖνος διεξῆλθε.* —

[4]) Schöll. Philologus X. S. 410 flgde.

die das athenische Publikum von 445/4 an sie stellen konnte, entsprachen.

Es ist früher[1]) gezeigt worden, dass die zwei Rückweise aus den drei letzten Büchern auf die ersten und aus den früheren auf letztere spätere Einschiebungen sind. Viel häufiger finden sich Vor- und Rückweise innerhalb der drei letzten Bücher selbst[2]) und mag darin auch ein Zeichen erblickt werden, dass sie ursprünglich ein abgeschlossenes ganze bildeten. Nach Ausscheidung der ersteren ist es möglich, die Form wieder herzustellen, in welcher Herodot 445/4 in Athen die drei letzten Bücher vorlas. Dasselbe Thema also, das Aeschylos in den Persern dramatisch, das Choirilos von Samos episch besang, den Sieg der Athener und übrigen Griechen über Xerxes hat Herodot in historischer Darstellung behandelt. Auch an sein Werk wurde der Maasstab gelegt, der an alle geistigen Schöpfungen der damaligen Zeit gelegt ward, und der auch heute bei deren Beurtheilung angewendet werden muss: das Werk sollte künstlerischen Anforderungen genügen. Nicht umsonst hatte das griechische Drama die gesetzmässige Entsprechung von Strophe und Antistrophe entwickelt, im Baustil war nicht umsonst der Gegensatz des Tragens und Lastens zum harmonischen Ausgleich gelangt, indem jedem Architecturglied eine seiner Function, so zu sagen, entsprechende Sprache verliehen ward, die eben durch ihre Wahrheit ästhetisch zu wirken vermochte. — Die Strenge der älteren Kunstperiode

---

[1]) S. 141 flgde.

[2]) VII. 80 nach vorwärts auf die Mykaleschlacht im IX. B., VII. 81 rückwärts auf die Rede des Artabanos VII. 10, VII. 74 kein eigentlicher Verweis auf B. VI, denn der als bekannt vorauszusetzende Feldherr heisst hier *'Αρταφέρνης ὁ 'Αρταφέρνεος, ὃς ἐς Μαραθῶνα ἐσέβαλε ἅμα Δάτι*, VIII. 92 bezieht sich Herodot auf VII. 179. 181, VIII. 113 weist auf VIII. 100, IX. 64 bezieht sich auf VII. 204., IX. 71 auf VII. 231 wegen des Aristodemos und IX. 78 ist die Schändung der Leiche des Leonidas erwähnt vgl. VII. 237, IX. 98 zieht Herodot einer Analogie mit der Artemisionschlacht, die Anfang des VIII. Buches dargestellt war, VIII. 67 bezieht sich auf VII. 99, IX. 101 mit *ὡς καὶ πρότερόν μοι εἴρηται* auf IX. 57, VII. 113 auf VII. 107, VII. 184 auf VII. 97, VII. 217 auf VII. 212, VIII. 93 auf VIII 87, VIII. 95 auf VIII. 81.

war gemildert und der Genius eines Pheidias hatte zu schaffen begonnen. Vor einem in diesen Ideen, in solcher Umgebung lebenden Volke, das ein für das schöne ausserordentlich fein entwickelter Sinn vor allem auszeichnete [1]), konnte Herodot nur ein künstlerisch geordnetes, fein durchdachtes und bearbeitetes Werk vortragen. Später war man nicht mehr so feinfühlend und wer es auch immer gethan habe, man zerriss den Zusammenhang und machte aus dem vorgelesenen drei Bücher, drollig genug, indem man die Sätze zerstückte. Wie wir oben (S. 6 und 7) gesehen haben, ist es gerade der Uebergang vom siebenten zum achten und von diesem zum neunten Buche, der am gewaltsamsten dem bestehenden Zusammenhang widerspricht. Dieser innere Grund für die enge Verbindung wird noch unterstützt durch ein äusseres Merkmal: beidemale ist es eine mit μέν und δέ verbundene Periode, die durch die Büchereintheilung auseinandergetrennt wurde. Dies also kann uns nicht hindern in der Geschichte des Xerxeszuges ein ganzes zu erblicken. Die folgende Betrachtung wird sie uns als ein Meisterstück historischer Composition kennen lehren und zeigen, wie sehr Herodot den Anforderuugen, die ein feingebildetes Publikum an ihn stellte, zu entsprechen verstand. In diesen kleineren Arbeiten, aus denen wir Herodots Werk entstehen sahen, zeigt sich die Vollkraft seiner Leistungsfähigkeit; bei der Schlussredaction, die er wol auch nicht beendet hat, erlahmte sie und das ganze blieb hinter den Theilen zurück.

Betrachte man nur die Exposition, wie in allmäliger Steigerung von c. 1—20 die Motive, welche Xerxes zum Kriege treiben, entwickelt werden. Vom Vater überkam er den Krieg gegen Aegypten und Hellas (1—2), mit theilweiser Unterstützung eines Griechen an seinem Hofe zum Throne gekommen

[1]) In der Architectur, wo man es mit commensurableren Grössen zu thun hat, als „Episoden" und „ursprünglicher Zusammenhang" es sind, ist man auf ganz ausserordentliche Feinheiten gerade beim Parthenon aufmerksam geworden, ich erinnere an das, was man schon im Alterthum mit dem technischen Ausdrucke ἔντασις der Säule bezeichnet, an die leise Einwärtsneigung der umlaufenden Säulenreihe und die durch Ziller's Untersuchungen wol constatirte, beabsichtigte leichte Krümmung der horizontalen Linien des Unterbaues.

(3. 4) treibt ihn eben seine persische und griechische Umgebung in den Krieg (5—7). Aus den Hofkreisen heraus tritt er mit dem Plane vor die Versammlung der persischen Edlen; auch sie stimmt demselben bei (8—10), nur Artabanos räth ab (c. 10). Auch dieser Widerspruch bestärkt Xerxes Vorhaben, das anfänglich nicht so ernst war (c. 5). Zweimal erscheint ihm ein Gesicht, das ihn in den Krieg ziehen heisst, dessen Wahrhaftigkeit erprobt wird, indem es dem Warner Artabanos auch erscheint (12—19). Entschlossen, den Feldzug zu unternehmen, wird dem König ein Traum auf Sieg gedeutet (19). In einem zweiten Theile wird uns die Grossartigkeit der persischen Kriegsrüstungen entwickelt und bis c. 132 hören wir von Hellas Kampfbereitschaft nicht ein Wort, nur Demaratos spricht zu ihren Gunsten (100—105); so erscheint das kleine Hellas erdrückt von der Uebermacht, bevor noch der Kampf begonnen. Diese Kriegsvorbereitungen sind zunächst technischer und administrativer Natur (20—40). Eine kurze Einleitung, welche auf das folgende, die ungeheuren in Bewegung gesetzten Massen, in lebhaften Ausdrücken vorzubereiten sucht (20—21), führt uns zur Darlegung der Vorarbeiten, wobei Herodot sich aber hütet, uns eine trockene Aufzählung zu geben, als: Durchstechung des Athos, Verproviantirungsmassregeln, Ueberbrückung des Hellespont. Nachdem er vielmehr die Anlage des Athoscanales (21—25) und die Verproviantirung geschildert (25), lässt er das Heer aufbrechen (26) und bringt durch die Erzählung der Episode von Pythios und dessen Söhnen in kunstvoller Weise Leben in die Darstellung (27—30). Wir sind so bis Sardes gelangt (30—38), nun wird die Ueberbrückung des Hellespont geschildert und durch einen Kunstgriff führt uns nun Herodot zum zweiten Theile dieses die Kriegsvorbereitungen behandelnden Abschnittes hinüber, nämlich zur Schilderung des Heeres. Er hat nämlich das tragische Schicksal (38—40) der Söhne des reichen Lyders getrennt von der behaglichen Schilderung der gastlichen Aufnahme des Xerxes (27—30), und indem er das Heer zwischen dem geviertheilten Leibe des ältesten der Söhne marschiren lässt, hat er den Uebergang gewonnen, um von dem Heere selbst zu sprechen. C. 40—61 enthält vorbereitendes über die Grösse des Heeres, in Abydos

besichtigt Xerxes dasselbe und wird von wehmüthiger Stimmung beim Anblicke der unendlichen Menge ergriffen (44—54), die Brücke über den Hellespont bewährt sich, das Heer überschreitet dieselbe (54—57). Wie von nun an bis Ende 132 stets ist das Landheer zuerst und dann die Flotte besprochen, so ist denn auch hier c. 58 von der Ankunft der letzteren in Doriskos die Rede, die Musterung daselbst (59—61) gibt dazu den besten Anlass. Nachdem nun alles durch diese vorbereitenden 21 Capitel auf einen Punkt versammelt ist, folgt die detaillirte Beschreibung der grossen Streitkräfte (61—100); zuerst des Landheeres zu Fuss (61—81), der Feldherren und des Trosses (81—84), der Reiter und Wagen (84—89), dann der Flotte und deren Befehlsbaber (89—97). Sowie c. 40—61 einleitend zu diesem dritten Theile der militärischen Vorbereitungen dem strategischen war, so ist c. 100—105 gleichsam das Nachwort dazu, das auch eine episodische Unterbrechung des Zusammenhanges gewährt. Es ist die Unterredung des Xerxes mit Demaratos, die uns angesichts dieser gegen Hellas in Bewegung gesetzten Streitkräfte aus dem Munde des landesflüchtigen Spartanerkönigs zum erstenmale, (vorbereitend für den nächsten grösseren Abschnitt: die Kriegsrüstungen der Hellenen,) die Versicherung gewährt, dass Hellas sich nicht einfach werde erdrücken lassen. In der That erfahren wir auch bald in den Capiteln, welche den Uebergang vermitteln c. 132 flgde., dass nicht alle Hellenen Erde und Wasser gaben. Ohne dies Gespräch hätte das in dem Zuhörer wol die Vorstellung einer wahnwitzigen Selbstüberschätzung von Seite der Griechen entstehen lassen, ein Gedanke, dessen Aufkommen der Autor mit feinem Gefühle vermied. Die folgenden Capitel 105—108, enthaltend die Belohnung einzelner, schliessen sich schicklich an die Erwähnung dieser grossen Leistungen an. C. 108—132 enthält wieder das Itinerar, erst des Landheeres (108—122), dann der Flotte (124—132) bis an den Peneios; dazwischen eingefügt ist (122—124) die Durchschiffung des Athoscanals, die Bewährung auch dieses technischen Werkes. C. 132 enthält die Rückkunft der nach Hellas mit der Aufforderung der Unterwerfung gesandten Herolde, damit den Uebergang zu der anderen der beiden kriegführenden Parteien. Durch Aufzählung der Namen und Erwähnung derer, die medisch gesinnt waren, werden diese der weiteren eingehenden Betrachtung vorweggenommen (134—167). Mit der Episode von Talthybios sind wir im Zusammenhang griechischer Kriegsvorbereitungen. So hat es Herodot verstanden, indem er die persischen Rüstungen schilderte, fast ohne dass wir es merkten, Heer und Flotte mittelst der denselben von den Ingenieuren gebahnten Wege, selbst Zeugnissen der grossartigen Leistungsfähigkeit des Perserreiches, an Ort und Stelle des Kampfes zu führen.

Allein auch an schlimmen Vorbedeutungen, trotz der günstigen Auspicien und der grossen Kraftbethätigung fehlte es für die Perser nicht [1]). Ein Sturm zerstört die Brücke über den Hellespont (c. 34) eine Sonnenfinsterniss, zwar zu Xerxes Gunsten gedeutet, bleibt ein schreckhaftes Ereigniss (13). Im troischen Lande geht ein Gewitter über das Lager hin und erschlägt eine Anzahl Soldaten (42). Nach dem Uebergang über die Brücke gebiert ein Pferd einen Hasen und als das Heer noch in Sardes war, war eine monstruose Geburt zum Vorschein gekommen; Xerxes bekümmert sich um beides nicht (57). In den folgenden 60 Capiteln, (im Vergleich zu 138 für die Perser), werden die Kriegsvorbereitungen der Griechen geschildert. Noch einmal wird uns in's Gedächtniss gerufen, dass die Hellenen nicht alle eines Sinnes waren, sondern es auch solche gab, die die Perser willkommen hiessen, oder aus Furcht vor denselben keinen Kampf wagten. Um so ehrenvoller für Athen, das den Anstoss zur Vertheidigung gibt (140); der Apollon in Delphi wird befragt und sein Spruch von Themistokles gedeutet (140—145). Mit Aigina wird Frieden geschlossen und Athen sucht der gemeinsamen Sache Bundesgenossen zu gewinnen (145). Die Aussendung der Späher nach Asien lässt Athen unter den Druck der Erkenntnisse kommen, die dem Hörer dieser Darstellung bereits bekannt sind, und als rechtes Gegenbild zu Athens patriotischem Thun wird das Erscheinen einer persischen Gesandtschaft in Argos geschildert (146—153). Damit schliest dieser erste Abschnitt griechischer Rüstungen, den man etwa „Initiative Athens“ nennen kann. Nun behandelt unser Autor die Unterstützung, die diesem

---

[1]) Vgl. Schöll: Philol. X. S. 40. und 69 flgde.

heroischen Unternehmen von aussen zu Theil werden sollte (153—172): Gesandte der Athener bei Gelon, dessen Emporkommen (153—157) geschildert ist, ausführliche Unterredung mit demselben (157—163), worauf dann die Vorkehrungen, die Gelon trifft, betrachtet werden (163—168); Gesandte auf Korkyra (168) und auf Kreta (169—172), und alle diese Bemühungen bleiben resultatlos, nirgends Unterstützung. Die kleine Griechenversammlung aber auf dem Isthmos geht ein auf das Hilfegesuch der Thessaler die Peneioslinie zu halten, die freilich dann aufgegeben wird, und man entscheidet sich für den der kleineren Zahl entsprechenderen Thermopylenpass (172—179). Die griechische Flotte nähert sich Artemision, das Local von Thermopylai und Artemision wird geschildert, sowie ein erstes Gefecht zwischen persischen und griechischen Wachtschiffen. Kurz vor dem ersten Zusammenstoss nun wird uns noch einmal die ungeheuere gegnerische Ueberlegenheit durch die schwer in's Gedächtniss fallenden Zahlen in Erinnerung gerufen. Bisher hatten die Perser keine Einbusse erlitten, wie c. 184 gesagt wird, die Vorarbeiten hatten sich trefflich bewährt; nun beim Aufbruch der persischen Flotte erleidet dieselbe Schädigung von Stürmen (188—193), bis sie in Aphetai anlangt; auch gelingt es den Hellenen, einen kleinen Vortheil zu gewinnen. C. 196—198 endlich ist das Vorrücken des Xerxes bis an den Thermopylenpass beschrieben und wir stehen nun vor einer Doppelentscheidung zu Land und zur See. Das wesentliche derselben ist nun durch die ungemein analoge Darstellung der beiden Schlachten betont und drängt sich so dem Leser der eben ausgesprochene Gedanke durch die Disposition von selbst auf. C. 197 die Geschichte des Zeus Laphystios ist eine jener erheiternden Episoden, die Herodot wählt, um dem Hörer oder Leser Ruhepunkte der Darstellung zu gewähren.

Ich versuche nun die ganz conforme Composition dieser beiden Schlachtschilderungen im folgenden anschaulich zu machen:

VII. (199—202.)

Der Kampfplatz der Griechen.	Ueber den Kampfplatz hat Herodot (vielleicht nicht ganz berechtigt) VII. 176 gesprochen.

(202—208.)	VIII. (1—6.)
Die Streitkräfte, moralische Haltung, der Feldherr.	Zahl der Schiffe, Bemannung, moralische Schwäche, mangelhafte Führung.
(208—219.)	(6—8.)
Die Perser vor der Schlacht, vergebliche Angriffe. Der Verräther, Umgehung der Griechen.	Die Perser schicken Schiffe zur Umgehung ab.
(220—223.)	(8—10.)
Benachrichtigung der Hellenen von der Umgehung, darauf erfolgende Beschlüsse.	Der Taucher meldet die Umgehung, die Hellenen berathen.
(223—226.)	(10.)
Kampf und Heldentod derer, die im Passe blieben, Hindeutung auf den Abfall der Thebaner zu den Persern.	Das erste Seegefecht, Vorbereitung auf den zu hoffenden Abfall der Ioner zu den Griechen.
(226—233.)	(11.)
Hervorragende Kämpfer, Ruhm der Gefallenen.	Die Geschichten des Lykomedes und Antidoros.
	(12—15.)
	Stürme und deren Folgen für beide Theile, moralische und materielle Unterstützung.
	(15—19.)
	Angriff der Perser, hervorragende Kämpfer.
(233.)	(19—21.)
Abfall der Thebaner.	Themistokles will die Ioner zum Abfall bringen. Abzug der Hellenen.
(234—239.)	(22—24.)
Die Perser nach der Schlacht.	Griechen und Perser nach der Schlacht.

Man sieht also, wie strenge Stück für Stück sich gegenüber stehen; dass Herodot die Analogie selbst entgegentrat, beweist wol VIII. 15 *ἦν δὲ πᾶς ὁ ἀγὼν τοῖσι κατὰ θάλασσαν περὶ τοῦ Εὐρίπου, ὥσπερ τοῖσι ἀμφὶ Λεωνίδην τὴν ἐσβολὴν φυλάσσειν.*

Dem einen Verzweiflungskampf der Hellenen in den Thermopylen stehen, wie es die Thatsachen erforderten, die zwei unter sich conform construirten und jener erstgenannten gleichgebauten Beschreibungen der zwei Seegefechte gegenüber. Und welch' schneidenden Gegensatz weiss nicht der Schriftsteller durch diese Art der Darstellung zu erzielen. In c. 203 sprechen die anrückenden Hellenen den opuntischen Lokrern und den Phokern Muth ein, von dem Feldherrn heisst es, dass er ὁ θωμαζόμενος μάλιστα gewesen sei, die sämmtlichen kämpfenden Spartaner haben Söhne, sie können sich dem Vaterlande opfern, eine jüngere Generation steht hinter ihnen; das μηδίζειν der Thebaner vermag kaum einen Misston in das ganze zu bringen und endlich der Bericht des Spähers c. 208 gibt dem Hörer und Leser das beste Zeugniss für den Geist, der diese Schaar beherrscht. Anders vor Artemision, da müssen die Athener edelmüthig auf den Oberbefehl verzichten, um den man sich gezankt und es bedarf einer Bestechung, die abermals im Interesse Gesammtgriechenlands die Athener auf sich nehmen, um die Flotte zum Dableiben zu vermögen, die Gottheit kommt zu Hilfe und doch ist das Ende — dass die Griechen auf die Nachricht von dem Heldentode der Streiter im Thermopylenpass, von Artemision abziehen, freilich die Athener zuletzt.

Wie weiss Herodot für die Ioner zu gewinnen, indem er sie den Thebanern gegenüberstellt; sie, die es mit Athen gut meinen, die sich mit ihm verbinden wollen, sind diejenigen, auf welche sich unsere Hoffnung des endlichen Ausganges zu Gunsten der Hellenen stützt. All' diese Pointen werden aber bloss durch die Disposition dem Hörer und Leser vorgehalten. Verhältnissmässig rasch wird nun der Uebergang zu dem nächsten grossen Ereigniss gefunden, der Schlacht von Salamis; ich glaube hier ist absichtlich ein loserer Zusammenhang gewählt, um die strenge Gliederung zu durchbrechen und dem Zuhörer Gelegenheit zur Sammlung für das folgende zu ermöglichen, das Hauptereigniss, die Schlacht von Salamis. Xerxes lässt die Todten bestatten, eine Angelegenheit zwischen Thessalern und Phokern wird erzählt; mit c. 31 beginnt der Weitermarsch der Perser, das Heer theilt sich, ein Theil rückt mit Xerxes nach Athen ein anderer gegen Delphi, um dort zu plündern, allein ausserordentliche, wunderbare Ereignisse schrecken den letzteren ab. Wir erfahren dann von dem Eintreffen der griechischen Flotte bei Salamis. Die Schlacht umfasst die Cap. 40—96, auch hier ist eine gewisse absichtliche, kunstmässige Gliederung nicht zu verkennen. C. 40—50 schildert die Sammlung der Griechen bei Salamis und ihre Streitkräfte; c. 50—56 Xerxes stürmt Athen und verbrennt es; c. 56—65 der Rath der Feldherren vor der Schlacht. C. 65 ist eine weiter nicht im engeren Zusammenhange stehende Episode. (66—69) Streitkräfte und Berathungen der Perser. (70—74) das griechische Landheer. (74—96) die That des Themistokles und deren Folgen. Es entsprechen sich: (50—56) und (70—74) die Thaten des persischen und das Verhalten des griechischen Landheeres, endlich die Berathungen griechischerseits (56—65) und (66—69) persischerseits. Mit c. 43 beginnt die Aufzählung der Streitkräfte, sie reicht bis c. 49. Dieses letztere vermittelt nun dadurch, dass es von dem Beginne der Versammlung der Feldherren berichtet, die durch das Eintreffen des Boten von Athen in ihren Berathungen einen andern Standpunkt einzunehmen genöthigt sind, die Erzählung dessen, was inzwischen persischerseits vorgefallen ist. Der Schluss von Cap. 55 und die mannigfachen Hinweise auf den Götterschutz [1]), unter dem die Griechen stehen, lassen die Befürchtungen, dass es etwa schlimm gehen könne, geringer erscheinen. Während man bei den Berathungen im griechischen Lager noch im unklaren ist, ob man bleiben oder abziehen solle, da greift ein Mann in die Handlung ein, der mit festem consequentem Vorgehen, frei von allen mystischen Einflüssen schon lange die Triebfeder aller Entschlüsse ist. Themistokles hat VII. 143 die 200 Kriegsschiffe erbauen lassen, er hat VII. 144. den Orakelspruch von den hölzernen Mauern richtig gedeutet, er hat VIII. 5 die Spartaner bei Euboia be-

[1]) Die Götter wollen den Kampf VII. 141, VIII. 41, die Erzählung von der Burgschlange, VIII. 55 der sprossende Oelzweig, VIII. 64 das Erdbeben VIII. 65, der Staubwirbel von Eleusis VIII. 77, das Orakel des Bakis c. 94, die Strafe der flüchtigen durch die Götter, die *κέληκα θείῃ πομπῇ* und der *ἄνεμος ζέφυρος* c. 96 alles hat eine mystische, übersinnliche Bedeutung.

stochen, und hat VIII. 23 den Abfall der Ioner eingeleitet, er führt auch hier die Entscheidung herbei. So charakterisirt Herodot einen Mann, dessen Andenken bei ihm und der Zuhörerschaft nicht gut war, dessen Verdienst er jedoch nicht unterschätzt wissen will. Der Schluss dieses Buches und der Anfang des folgenden behandelt dann die Ereignisse unmittelbar nach der Schlacht bis zur Wiederaufnahme der Feindseligkeiten auf beiden Seiten. Von c. 97—107 werden die Eindrücke auf persischer Seite geschildert, im Lager bei Xerxes und daheim in Asien. Rein episodisch wird an die Rückführung der Knaben des Xerxes durch Artemisia die Geschichte des Hermotimos angefügt, so recht als Ruhepunkt für den Hörer, der angestrengt wie erforderlich, den Gang der grossen Kriegsereignisse verfolgt. Es ist dies ein ähnliches Bedürfniss, wie das in der Architectur empfundene, den leeren, decorativ verwendbaren Raum zwischen den Triglyphen durch die Metopenfiguren zu beleben und auszufüllen, dem Echinus der dorischen Säule den Blätterkranz farbig aufzusetzen und das Giebelfeld mit figürlichen Darstellungen zu erfüllen. Von c. 107 an ist der Rückzug und die theilweise Verfolgung der persischen Flotte geschildert, Themistokles Gesandtschaft an Xerxes, um ihn zur Flucht zu bewegen. Mardonios bleibt in Boiotien, die Flucht des Xerxes über den Hellespont und die abermalige Sammlung der Hellenen bei Salamis, die Siegesfeier daselbst; dies sind kurz aneinander gereiht die Ereignisse unmittelbar nach der Schlacht, wie sie auch Herodot ohne festere Ordnung darstellt.

Im folgenden entsprechen sich etwa die Belagerung von Potidaia und Olynth durch Artabazos und die Versuche der Hellenen von Aigina aus bis gegen Delos hin Boden zu gewinnen. Mardonios bezieht die Winterquartiere und macht während derselben Versuche, Athen zu gewinnen. Der Schlacht von Plataiai selbst geht noch voraus die abermalige Besetzung Athens und hier wird nun das Verdienst der landesflüchtigen Athener in ihrem Ausharren in das günstigste Licht gestellt; sie einigen sich mit Sparta, Mardonios verlässt Attika und nun wird die Schlacht in Boiotien geliefert. Auch diese Schlachtschilderung gliedert sich in Abschnitte und aus diesen ist am ehesten die Analogie mit den früheren und der noch folgenden zu erkennen. C. 19—33 beide Heere nehmen Stellung, Aufzählung der Streitkräfte, (33—37) episodische Erzählung von den Sehern. C. 38—43 die Perser von Orakelsprüchen und Berathungen geleitet, Artabazos und Mardonios, (43—57) Orakel für die Griechen, ihr Verhalten vor der Schlacht, Pausanias und Amompharetos. C. 57—76 die Schlacht selbst und die ausgezeichnetsten Kämpfer, c. 76 Episode von der Koërin. C. 77—85 die Griechen nach der Schlacht. Man vergleiche die früheren Titelbezeichnungen in den Schlachtbeschreibungen und man wird finden, dass ähnliches sich wiederholt; auch mit der folgenden Seeschlacht, die zeitlich sich zur Schlacht von Plataiai ebenso verhält, wie die von Artemision zu der in den Thermopylen, sind Berührungspunkte, aber eine so strenge Entsprechung findet nicht statt. Zuerst erfahren wir auch, wie die Griechen nach Asien gelangen, dann folgt die Episode von Euenios (92—96), entsprechend den Sehergeschichten (33—37); dann folgt die Beschreibung des Kampfes und die Nennung derer, die sich hervorthaten. Die übrigen Ereignisse lassen sich abermals kurz abthun; sie reihen sich chronologisch und mehr oder minder pragmatisch an die früheren an. C. 86—89 wird Thebens Bestrafung, die Erfüllung dessen, was man auf dem Isthmos verabredet, dann (89) die Flucht des Artabazos erwähnt. Das wichtige an dem folgenden ist noch das Schlussmotiv, das hervorgekehrt wird, c. 90—92 schliesst man mit Samos einen Bund, c. 98 fordert Leotychidas die Ioner zum Abfalle auf, und nachdem Athen während des Kampfes die Entscheidung gegeben (102), fallen die Samier und Milesier von den Persern ab (104); es gipfelt dies in den Worten c. 105: *οὕτω δὴ τὸ δεύτερον Ἰωνίη ἀπὸ Περσέων ἀπέστη.* Mit dem gemeinsamen Zusammenschluss der Ioner c. 106, der Ankunft der Hellenen am Hellespont c. 114, wo der letzte Rest der persischen Invasion, den die Griechen noch zu zerstören hoffen, die Hellespontbrücke zertrümmert gefunden wird, und mit der Belagerung von Sestos durch die Athener, „mit dieser siegreichen Heimkehr nach Griechenland von der dem Trojanerkriege vergleichbaren Fahrt nach dem Osten,“ war, um Büdingers [1]) Worte zu ge-

[1]) a. a. O. S. 5.

brauchen, ein würdiger Abschluss der Geschichte, wie der alten Allianz, so des Befreiungskampfes gegeben.

Schluss.

Wir haben also im Gegensatz zu den meisten der geläufigen Anschauungen über die Entstehung von Herodots Werk die Vorstellung bekommen, dass dasselbe hervorgegangen sei aus einer Anzahl Einzelarbeiten, die durch eine Schlussredaction vereinigt und dabei noch überarbeitet wurden. Diese Schlussredaction fand statt für den ersten Theil des Werkes in Unteritalien, für den letzten Theil in Athen, wohin Herodot von Thurioi zurückkehrte. Es erschien uns wahrscheinlich, dass Herodots samische Geschichten auf Samos selber entstanden, durch seine Anwesenheit daselbst veranlasst sind, dass er dann von dieser Insel aus Gelegenheit bekam nach Griechenland zu reisen. Vielleicht hatte er schon damals seine medisch-persischen Geschichten verfasst, noch bevor er nach Athen kam und daselbst die Geschichte des Xerxeszuges ausarbeitete, die er 445/4 vortrug. Es liegt durchaus kein Grund vor, anzunehmen, dass nicht auch die Geschichte des Zuges des Datis und Artaphernes schon zu dieser Zeit entstanden sei. Von Athen aus scheint der Autor Reisen unternommen zu haben, als deren Frucht, soweit sie Griechenland berührten, uns die lydischen Geschichten, die Darstellung des ionischen Aufstandes und die athenisch-spartanischen Geschichten vorliegen In Athen schrieb Herodot auch seine skythischen Geschichten, vor deren Abfassung er die Reise nach Thrakien und Skythien gemacht haben muss. Dann reiste unser Autor, wie wir sahen, zwischen 445/4, (da er vor seiner Vorlesung noch nicht in Aegypten gewesen war), und 432, jedenfalls aber näher dem ersteren Jahre nach Aegypten und schrieb in Athen, nachdem er dahin zurückgekehrt war, die ägyptischen und vervollständigte seine libyschen Geschichten. Wenn nicht alles trügt, wurde er gerade wegen dieser letzteren Arbeiten genöthigt Griechenland zu verlassen. Wir haben gesehen, dass er ganz erfüllt mit unhellenischen Anschauungen aus dem Nillande zurückkehrte; da Herodot wol nicht nur das einemal 445/4 in Athen, sondern wol auch sonst Theile seines Werkes mittheilte, so ist es erklärlich, dass man ihm bedeutete, sich mit solchen Ansichten nicht vernehmen zu lassen. Zu dieser Auseinandersetzung stimmt nun aufs beste die sonstige Ueberlieferung. Plutarch [1]) berichtet, dass er dem Aristophanes von Boiotien entnehme, Herodot habe die Thebaner um eine Geldunterstützung angegangen und dieselbe sei ihm verweigert, sowie seine Thätigkeit als Lehrer der Jugend ihm untersagt worden. Dasselbe, Verfolgung von Seite der Mitbürger ist das Motiv, das Suidas und die Grabschrift für die Auswanderung angeben, freilich für die Auswanderung aus der Heimat Halikarnass nach Thurioi, was an sich undenkbar ist, da von Halikarnass aus der Autor doch nicht an einer athenischen Colonie theilnehmen konnte [2]). Man wird wol in den beiden von einander abhängigen Ueberlieferungen bei Suidas und in der Grabschrift eine ungenaue Wiedergabe ihrer Vorlage zu sehen haben. Das Schicksal, welches Herodot traf, ist nicht ohne Analogie, dem Pheidias [3]) wurde blos deshalb der Process wegen *ἀσεβεία* gemacht, weil er des Perikles und sein eigenes Bild auf dem Schild der Athenastatue im Parthenon verewigt hatte, Aeschylos [4]) wurde um desselben Grundes willen vor

---

[1]) Müller. Frgm. hist. graec. IV. 337. b. aus Plut. de malign. c. 31. Markell. *βίος Θουκυδίδου* c. 27 ed. Krüger p. 189 berichtet ähnliches von Korinth. Vgl. Dio Chrysost. or. XXXVII. 7 ed. Emper. p. 522.

[2]) Suid. s. v. *Ἡρόδοτος* ed. Bernhardy vol. I. 2. p. 893 *ἐλθὼν εἰς Ἁλικαρνησσὸν καὶ τὸν τύραννον ἐξελάσας ἐπειδὴ ὕστερον εἶδεν ἑαυτὸν φθονούμενον ὑπὸ τῶν πολιτῶν ἐς τὸ Θούριον ἀποικιζόμενος ὑπὸ Ἀθηναίων ἐθελοντὴς ἦλθεν.*

Stephanus Byz. s. v. *Θούριοι* ed. Westermann. Leipzig 1839, p. 139.

Ἡρόδοτον Λύξεω κρύπτει κόνις ἥδε θανόντα,
Ἰάδος ἀρχαίης, ἱστορίης πρύτανιν,
Δωριέων πάτρης βλαστόντ' ἄπο, τῶν ἄρ' ἄπλητον
Μῶμον ὑπεκπροφυγὼν Θούριον ἔσχε πατρῆν.

[3]) Plut. Perikl. c. 31 ed. Sintenis.

[4]) Aelian var. hist. V. 19 ed. Hercher. Paris Didot p. 350. Ethica Nicom. Aristot. III. 1 ed. Zell. vol. I. p. 11.

Gericht citirt, noch in Alkibiades Zeit liess man sich dessen freilich schwere Frevelthat nicht gefallen.

In Thurioi nun entstand der Plan seines Gesammtwerkes und er gelangte mit der Schlussredaction, die nun freilich die jetzige Reihenfolge der Bücher einhielt, bis in die Mitte des fünften Buches, kehrte dann nach Athen zurück und setzte sie da fort. Wir sahen, dass dieselbe bald mehr, bald minder eingehend war, bisweilen den Charakter einer Ueberarbeitung annahm, manchmal blos compilatorisch blieb, und die einzelnen fertigen Stücke dem Grundplane entsprechend in einander fügte. Die Resultate der Reise nach dem Osten sehen wir in Thurioi bereits verwerthet und da wir oben (S. 78) sahen, dass Herodot wahrscheinlich früher Asien und dann Aegypten bereiste, so darf man beide vielleicht in dieser Reihenfolge in Verbindung bringen. So sehr war der Autor aber doch an das ihm vorliegende Material gebunden, dass, wie ich glaube, die Erkenntniss der ursprünglichen Form der Einzelarbeiten, aus denen das Werk erwuchs, bis zu einem gewissen Grade noch möglich ist. Auch die Uebersiedlung während der Schlussredaction war auf Herodots Arbeitsweise nicht ohne Einfluss geblieben, wie der ganz verschiedene Tenor der vier ersten und fünf letzten Bücher beweist. In dieser Weise aufgefasst hat der chronologische Verlauf der von Kirchhoff verwendeten Stellen seine volle Berechtigung und Erklärung. So versteht man auch, dass Plinius [1]) von Herodots schriftstellerischer Thätigkeit in Thurioi berichten konnte, für die uns ausser den Hinzufügungen der Schlussredaction sonst keine Bethätigung erhalten ist. — Wenn ein Autor aber in der hier ausgeführten Art mit einer Zusammenarbeitung beschäftigt ist, mochten ihm Verstösse wie die hervorgehobenen passiren, die bei einer gleichmässigen Ausarbeitung nicht erklärlich wären.

[1]) Plin. hist. nat. XII. 4. 18 ed. Sillig p. 334.

Nachträge und Berichtigungen.

S. 5. Anm. 1 soll heissen: schon Diodor kannte sie (XI. 37), Lukian Herod. sive Aët. etc.

S. 10. Anm. 4 Herodots Werk wird als seine λόγοι bezeichnet: Himerius decl. XIV. 27 ed. Warnsdorf, Suidas s. v. Ἡρόδοτος, endlich bei Photios bibl. cod. 60 ed. Bekker p. 19 Ἡροδότου ἱστοριῶν λόγοι θ΄.

S. 125. Zu den griechischen Geschichten ist wohl auch noch zu rechnen VIII. 73, worin den Zusammenhang durchaus unterbrechend die den Peloponnes bewohnenden Völker aufgezählt sind. Dies Stück ist bei der Schlussredaction verwerthet, aber an einer sehr unpassenden Stelle.

S. 171. Die Reise Herodots nach Skythien vor die ägyptische zu setzen berechtigt II. 104, bei der Unmittelbarkeit der Aufzeichnung ist die Reihenfolge massgebend, wenn Herodot sagt: *φαίνονται μὲν γὰρ ἐόντες οἱ Κόλχοι Αἰγύπτιοι· νοῆσαι δὲ πρότερον αὐτὸς ἢ ἀκούσας ἄλλων λέγω .... εἰρόμην ἀμφοτέρους καὶ μᾶλλον οἱ Κόλχοι ἐμεμνέατο τῶν Αἰγυπτίων ἢ οἱ Αἰγύπτιοι τῶν Κόλχων.* Jedenfalls aber zeigen uns dies die nach der ägyptischen Reise zu den skythischen Geschichten gemachten Zusätze. —

Die Bekanntschaft Herodots mit Unteritalien in den ersten drei Büchern ist neuestens auch Ch. Röse (Neue Jahrb. f. Phil. etc. Bd. 116. S. 260. Anm. 7) aufgefallen und von demselben übereinstimmend mit mir gegen Kirchhoffs Ansicht verwerthet.

Zeitfracht Medien GmbH
Ferdinand-Jühlke-Straße 7
99095 Erfurt, Deutschland
produktsicherheit@kolibri360.de